# Historia Portugueza E De Outras Provincias Do Occidente Desde O Anno De 1610 Até O De 1640 Da Felice Acclamação De El Rey Dom João O 4o...

Manoel Severim de Faria

# Historia Portugueza

E DE

## Outras Provincias do Occidente

DESDE O ANNO

# DE 1610 ATÉ O DE 1640

DA

### Felice Acclamação de El Rey

# DOM JOÃO O 4.º

ESCRITTA EM TRINTA E HUMA RELAÇÕES

## Por MANOEL SEVERIM DE FARIA

### Chantre da Sé de Evora

FORTALEZA
—
TYP. STUDART — Rua Formosa, n.º 46
—
1903

VOLUME QUE PERTENCEU Á COLLECÇÃO VIMIEIRO

*Copiado na parte que diz respeito ao Brazil,*
*pela 1.ª vez publicado e annotado pelo*

# Barão de Studart

# Com um Appendice de quarenta e quatro Documentos, ineditos, pertencentes á Collecção Studart

# COMMEMORANDO

o tricentenario da chegada dos primeiros
Portuguezes ao Ceará.

1683 - 1983

# HISTORIA PORTUGUEZA

E DE OUTRAS

## Provincias do Occidente escripta em trinta e uma Relações por Manoel Severim de Faria (1)

---

(1) O presbytero Manoel Severim de Faria, conego e chantre na Cathedral de Evora, nasceu em Lisboa em 1583 do consorcio (2.ᵃ) de Gaspar Gil Severim, escrivão da Fazenda Real, com D. Juiana de Faria, e falleceu com 72 annos de edade aos 16 de Dezembro de 1655.

E' autor de um sem numero de obras em diversos generos, das quaes grande parte passou ao poder dos Condes de Vimieiro. Muitos desses volumes da bibliotheca Vimieiro, que Innocencio e outros suppunham incendiada por occasião do terremoto de 1 de Novembro de 1751, enriquecem hoje os archivos da Bibliotheca Nacional de Lisboa tendo sido adqueridos por quantia relativamente pequena. Da celebre livraria de Manoel Severim, para cuja acquisição e augmentos despendeu elle a maior parte dos rendimentos do pingue beneficio, que lhe cedera o tio, o chantre Balthazar de Faria Severim, fala com enthusiasmo o P.ᵉ José Barbosa.

O P.ᵉ José Barbosa, que foi academico do numero da Academia Real das Sciencias, fez importantes acrescentamentos á obra de Manoel Severim intitulada *Noticias de Portugal*. Dessa obra possuo um exemplar, 3.ᵃ edic., publicada em Lisboa nas Officinas de Antonio Gomes, 1791.

Numa de suas *Noites de insomnia* Camilio Castello Branco tornou conhecido um inedito de Manoel Severim, de 20 de Setembro de 1649, sob a epigraphe *Observações dos males que Deus permittiu para bem de Portugal*.

Da Relação enviada a Diogo do Couto (2) **estando no Estado
da India.** Anno de 1610 té 28 de Fevereiro de 1611.

As Frotas do Brazil e Guiné vierão tambem a sal-
vam.ᵗᵒ por andar o mar pacifico com as Pazes de Inglaterra
e oLanda. (3)

Da Relação enviada ao Padre Francisco Dias da Companhia
de Jesus. Do primeiro de Março de 1611 até 12 do mes (?) de 1612.

Do Brazil chegou a frota a salvam.ᵗᵒ e foi das
mayores q' este anno veyo. Erão 74 Navios afora os
Galeões, em q' vinha a fazenda da Nao que o anno passado lá foi aportar. Trouxerão vinte e huma mil caixas
de Assucar (4). Dão novas de na terra haver pas, e abun-

---

A Severim de Faria dedicou frei Vicente do Salvador sua
*Historia do Brasil*, concluida em Dezembro de 1627.

Em Barbosa Machado se lê uma lista não pequena de ma-
nuscriptos do illustre chantre.

(2) Foi o continuador das *Decadas* de João de Barros e o notavel autor do *Soldado pratico da India*. Nasceu na cidade de Lisboa
em 1542 e falleceu na India (Goa) em 1616. A' sua autoridade
se soccorro Manoel Severim no Discurso «Dos meios com que Portugal pode crescer em grande numero de gente para augmento da
Milicia, Agricultura e Navegação».

(3) A 9 de Abril de 1609 firmou-se em Anvers a Tregoa dos
doze annos entre Hespanha e Hollanda, assignando El-Rei D. Felippe
no mez de Julho em Segovia um Tratado de 38 artigos.

Por descuido nesse Tratado se introdusiu uma expressão equi-
voca, que deu azo a que a Hollanda continuasse a considerar como
inimigos os territorios hespanhoes e portuguezes situados ao Sul
do Equador.

(4) Muita razão tinha D. Diogo em dizer a El-Rei: E creia-
me V. M. que as verdadeiras minas do Brazil são o assucar e o páo-
brazil de que V. M. tem tanto proveito sem lhe custar de sua fazenda
um só vintem.

dancia, posto q' gr.<sup>dea</sup> dessenções entre o Bispo (5) e o G.<sup>or</sup> (6), de modo q' tem posto interdito em algumas partes, mas tudo terá fim com a chegada de Gaspar de Sousa q' vay governar aquelle Estado.

Desde Abril de 1615 até Março de 1616.

No Brazil se deu principio em 26 de Outr.º de 1614 (7) á Conquista do Rio e Provincias do Maranhão parte oriental do novo mundo, e a mais fertil delle em Rios, plantas e animaes, e minas de ouro e prata. Pello que foi sempre esta empreza muy dezejada assim dos naturaes do Brazil como dos deste Reyno. E porque as novas deste successo chegarão já neste anno, se dará noticia delle, posto que aconteceo no de 614.

Partio p.ª esta conquista Jeronimo de Albuquerque (8)

(5)  D. Constantino Barradas. Fallecéu a 1 de Novembro de 1618.

(6)  D. Diogo de Menezes, chegado ao Brasil em fins de 1607. Seus relevantes serviços foram galardoados com o titulo de Conde de Ericeira. A desaffeição que votava aos jesuitas e aos padres em geral se manifesta até nos escriptos feitos por sua influencia, o livro *Rasão do Estado do Brasil*, por exemplo.

(7)  O anno de 1614 está visivelmente errado. A expedição de Jeronymo de Albuquerque é de 1613, tendo sahido do Recife a 1 de Junho.

(8)  Terceiro filho de Jeronymo de Albuquerque e da india Maria do Espirito Santo, filha do principal Arco Verde. Falleceu no Maranhão no seu engenho Cunhaú, ficando do seu consorcio com Catharina Feijó tres filhos: Antonio de Albuquerque Maranhão, Mathias de Albuquerque Maranhão e Jeronymo de Albuquerque Maranhão. Este ultimo mataram os Hollandezes em 1631.

Adoecendo e sentindo-se morrer, deixou por successor no cargo de capitão-mor e governador ao filho Antonio de Albuquerque, rapaz de 22 annos, ao qual deu o povo por adjunctos Maciel Parente e Diogo da Costa Machado (e não Domingos da C. M. como dizem os historiadores a começar por Berredo).

Possuo uma longa reclamação contra actos do Jeronymo de Albuquerque e de seus dous filhos por Maciel Parente em data de 12 de Novembro de 1618.

Os desatinos de Antonio de Albuquerque, que foram taes que chegou elle a metter em ferros o adjuncto Maciel Parente, com 300 Portuguezes entre soldados e Gente do mar, e duzentos e sincoenta Indios levando em sua Companhia o sargento mór Diogo de Campos (9), afora Gregorio Fragoso (10), Francisco de Frias e Antonio de Albuquerque (11), Cappitães muy conhecidos naquellas partes, que voluntariamente e sem soldo quizerão hir nesta empreza (12). Fizerão a jornada em dous mezes com grandes

---

moveram a Diogo da Costa Machado a ir ao Reino em Outubro de 618, mas aconselhado a fazer a viagem por Pernambuco de lá o fez voltar ao Maranhão o Governador Geral do Estado com ordem expressa de dirigir os negocios da conquista concomitantemente com Antonio de Albuquerque, e no caso deste não se sujeitar de assumir sosinho o governo. Realisando-se a 2.ª hypothese, assumiu Diogo da Costa o governo em Abril de 1619.

De todos esses successos deu elle conta a El-Rei em carta de 20 de Dezembro de 619, que faz parte da minha Collecção.

Por uma subsequente Provisão do governador Diogo de Mendonça Furtado teve mercê dessa serventia Antonio Moniz Barreiros.

O Regimento dado a Jeronymo de Albuquerque por Gaspar de Sousa traz a data de 22 de Junho de 1614. E' um dos Docs. que publico em Appendice.

(9) Diogo de Campos Moreno, notavel na historia colonial, autor da *Jornada do Maranhão*.

(10) Sobrinho de Jeronymo de Albuquerque, sendo seus paes Alvaro Fragoso, de Lisboa, e D. Joanna de Albuquerque.

(11) Filho primogenito de Jeronymo de Albuquerque e seu successor como acima ficou dito.

(12) Alem desses foram companheiros de Jeronymo de Albuquerque o alferes Christovão Vaz Muniz, alteres Conrado Lino, Antonio Ribeiro, que prestou ao lado de Mathias de Albuquerque relevantes serviços no levante dos tupinambás em Cumá, sargento Francisco de Novaes, João Netto, homem pardo, e sua mulher, mestiça, essa com praça de soldado e servindo de enfermeira, Francisco de Araujo de Moura, que serviu o cargo de almoxarife e teve mercê de 3 annos de escrivão da fazenda do Maranhão, Martim Callado Betancourt, muito amado dos soldados, que era filho de Manoel Ribeiro e serviu de capitão do forte de S. José, João Gonçalves Baracho, Manoel Vaz de Oliveira, Luiz de Andrade e Luiz Machado, os ultimos cinco servindo de capitães dos caravellões.

Belchior Vaz foi outro companheiro de Jeronymo de Albuquerque que o tomou ao passar pelo presidio de Seará. Tendo accompanhado a Martim Soares na exploração das terras do Maranhão, arribou ás Antilhas e foi ter a Portugal, donde voltando a

riscos e trabalhos, por serem aquellas costas incognitas, e muy cheas de baixos em algumas partes das quaes descobre a maré tanto, que ficavão todas as embarcações em secco, posto que muytas vezes forão navegando á vella pella mesma vaza. A 26 de Outr.º tomarão terra em gaxenduba (13) seis legoas pello rio Maranhão dentro e duas e meya da Ilha grande (14), que he de vinte legoas de comprido, em que havia tres annos que estavão os Francezes fortificados com muytas embarcações, e artelharia, e senhores de todos os povos da Ilha e sircunvezinhos.

Tendo os Francezes noticia da chegada da nossa gente, tomarão com traição e debaixo de pacto de paz alguns homes e indios nossos, dos quaes sabendo o pouco numero da gente, e a falta da saude que no nosso Forte (15) havia, detriminarão logo de lhe fazer deixar o sitio, p.ª

tempo, accompanhou a Jeronymo de Albuquerque na sua 2.ª expedição.

Ao chegar a armada á ilha das Guaiabas foi elle o escolhido pelo capitão-mor para com 6 homens e todo o gentio, que com elles viera, acampar no sitio Guaxenduba, onde se construiu o forte de Santa Maria.

A' construcção desse forte seguiu-se a de um outro na ilha de Itapari, sede dos inimigos Francezes.

Fizeram parte tambem da expedição frei Cosmo de S. Damião, e frei Manoel da Piedade, grande conhecedor da lingua dos indigenas.

(13) «Guacenduba» escreve Simão Estacio na sua Relação Summaria das cousas do Maranhão (1624). Candido Mendes não determina o ponto Guaxenduba, diz apenas que é a costa fronteira á ilha da Bahia de S. José.

(14) Graças ás indicações de Manoel Severim pode-se precisar hoje o local Guaxenduba.

Sobre o sitio de Guaxenduba publicou o Dr. Cesar Augusto Marques interessante Memoria na Revista do Instituto Historico Brazileiro tomo 48, parte 2.ª

(15) Elegeu com esse designio (o de fundar um reducto) a doze leguas de distancia na terra firme o elevado sitio que se dizia Guaxinduba, escreve Teixeira de Moraes em sua *Relação Historica e Politica.*

o que forão com muytas embarcações artilhadas a nos queimar as nossas, que erão mancas, e estavão em seco por amor da maré, com que ficarão os nossos cercados e privados de todo o soccorro. Dando-se com isto os Francezes por senhor do campo, mandarão a 20 de Novembro 50 canoas sobre o nosso Forte, das quaes desembarcarão com grande estrondo de artilharia e Trombetas tres mil Tupinambas frecheiros com 200 Francezes, gente escolhida, em que entrarão m.tos personages de nome e principal Nobreza de França. Tanto que tomarão terra no quarto da Alva, se senhorearão de hum serro distante hum tiro de Falcão (16) do nosso Forte, e com toda a presteza se fortificarão nelle, fazendo estacadas, e vallos de altura de duas braças tal que parecia impossivel poderem-se romper. Vendo o sargento mor o aperto, em que as cousas estavam, disse a Jeronimo de Albuquerque que não havia p' que fazer dilação, porque só de Deus, e de seus braços podião esperar remedio. E repartindose por seu conselho a gente, tomou o cappitão mor setenta soldados comsigo, e se lançou em sillada detraz do monte, e o sargento mor cometendo o serro com o restante da gente, que era pouco maes, se pellejou valerozam.te de ambas as p.tes até que vazando a maré, lhe tomou as costas do monte o cappitão mor, e carregando de improviso sobre os inimigos os pos em desbarato, degolando 160 Francezes e passante de 2$ indios, e dos que fugirão se salvarão muy poucos, afogandose grande numero delles no Rio Queimarão-se 46 embarcações de remo de 20 por banda, saquearão-se os quarteis, e se alcançou perfeita victoria pelejando-se des das onze do dia

---

O Dr. Augusto Fausto de Souza num trabalho seu sobre tortificações do Brasil publicado na Revista do Instituto Histórico Brazileiro dá o forte de Guaxenduba como construido na bahia de S. José perto da foz do rio Monim, 12 legoas distante de S. Luiz.

Este forte portuguez foi construido sob os planos do engenheiro Francisco de Frias e tinha a denominação de S. Maria.

(16) Nome antigo dado ás peças de calibre 3,

até as quatro da tarde, ficando onze dos nossos mortos
e 18 feridos. (17).

Com esta perda ficarão os Francezes tão quebrantados
que ao outro dia mandou Monsieur de Raverdiere (18)
hum Trombeta com hua carta ao nosso Cappitão mor,
em que se queixava da má guerra, que lhe fazíamos,
pois havendo maes de tres annos que estava em posse
daquella Ilha e terras por El Rei de França, e com poderes do Papa, o vinhamos inquietar e perturbar, que-
brantando as pazes, que havia entre o seu Rey e o nosso,
Pello que pois todos erão Catholicos não era bem se
derramasse tanto sangue christão, nem pelejassem os vaçallos sendo os Reys tão parentes e amigos; Pello que
lhe parecia bem fazerem tregoas, e que entretanto fossem
hum Portuguez e hum Francez dar noticia do succedido
a Portugal e a França e o que elles rezolvessem isso
se seguisse (19). Aceitarão-se estas condições pello aperto

----

(17) Possuo um Doc. firmado pelo proprio Jeronymo de
Albuquerque narrando esses successos de 19 (e não de 20) do Novembro, o terrivel assalto dos Francezes e o desbarato delles. Iam
os assaltantes em 7 embarcações de alto bordo e 46 canoas e se
contavam por 200 Francezes e 2000 indios frecheiros.
  (18) Daniel de la Touche, Senhor de la Ravardiere e chefe
dos Francezes occupantes do Maranhão.
  A permanencia dos Francezes no Maranhão traz um cunho
muito diverso da dos Hollandezes, invasores do Brasil; aquelles
respiram um como ar de fidalguia e de sentimentos generosos, pro-
pagam o christianismo, colonisam a terra captando o amor dos sel-
vicolas, e os trazendo ao gremio da civilisação; estes, sedentos de
ouro, levam por toda parte a desolação e a ruina, opprimem a consciencia dos vencidos, açulam as peiores paixões dos indios contra
os Portuguezes.
  Na expedição de Daniel do La Touche, Francisco de Rasily
e Nicolau Harlay haviam ido quatro frades capuchinhos, sendo delles
superior Claudio d'Abbeville, que escreveu a *Histoire de la Mission
des Peres Capucins en la Isle du Maragnon et terres circonvoisins*.
  A Ivo d'Evreux, outro dos quatro, se deve a *Viagem ao Norte
do Brazil durante os annos de 1613 e 1614*.
  (19) Gregorio Fragoso foi o emissario que por parte dos
Portuguezes seguiu para Paris com de Prata afim de tratar dos
negocios do Maranhão por cuja posse brigavam os Portuguezes, de

em que ainda estavão os nossos por falta das embarcações; porem vindo a Portugal forão mal recebidas as tregoas e mandou S. Mg.<sup>de</sup> que no Brazil se fizesse hua nova Armada p.ª acabar de lançar da terra os Francezes.

A 29 de Março surgirão sobre Pernãobuco sinco urcas e hum pataxo, as quatro das quaes erão de 800 tonelladas, muy cheias de gente e armas porq' hião p.ª a India. E pondo-se diante da Ilha grande sahirão com tres lanchas a fazer agoada e tomar refresco, porem ao melhor tempo deu sobre elles Martim de Saa (20) com oito canoas, e sem defficuldade lhe tomou logo as duas Lanchas com toda a gente, e lhe quebrou 150 pipas, que tinha na agoada. E porque a 3.ª Lancha com toda a preça se retirava lhe derão caça Balthezar da Costa e Gaspar da Costa com as suas canoas de modo que a forão render debaixo das suas Naos a tiro de arcabus com morte de todos os Olandezes, que dentro hião, tomando só por prizioneiro o Mestre de Campo, de quem souberão que aquella Armada hia p.ª a India, e muy falta de agoa, por cuja cauza erão já mortas 150 pessoas. Pello que se entende que com a perda que aqui tiverão das lanchas, gente e vazilhas terião muyto mal successo na viagem. De novo está nomeado p.ª Governador deste Estado D. Luis de Souza Senhor de Beringel (21).

---

Jeronymo de Albuquerque e os Francezes do Senhor de La Ravardiere.

Ao mesmo tempo tomaram caminho de Lisboa os emissarios Diogo de Campos e Mathieu Maillard.

(20) Governou o Rio de Janeiro nos primeiros annos do seculo 17 e uma segunda vez em 1623. Foi elle o fundador da aldeia de S. Pedro de Cabo Frio.

(21) Eis ahi aclarado um texto da historia Pernambucana sobre o qual tocaram, e isso mesmo de leve, só Loreto Couto e frei Antonio de S. M. Jaboatão.

D. Luiz de Souza, alem do governo de Pernambuco, teve o do Rio de Janeiro como successor de seu pae D. Francisco de Sousa (1611) e foi governador geral do Brasil (1617-1622).

De Março de 1616 até Fevereiro de 1617.

Chegou a frota do Brazil felizm.ᵗᵉ a Lix.ᵃ e com ella se soube do bom successo das cousas do Maranhão, aonde depois do desbarate dos Francezes chegou Alexandre de Moura em Outr.º (22) de 615, e com algum soccorro q' da

---

(22) No dia 2 de Outubro, diz Frei Francisco de N. S. dos Prazeres na *Poranduba Maranhense.* Engano. A armada de Alexandre de Moura sahiu do Recife a 5 de Outubro. Isso é que foi.

Entre os que embarcaram com Alexandre de Moura foram Francisco de Lião que esteve no Maranhão até a entrega dos Francezes, embarcou-se com Francisco Caldeira de Castelo Franco para o descobrimento e conquista do Gram Pará, ajudou o fazer a fortaleza de Bethlem, foi em companhia de Pedro Teixeira fazer pazes com as Aldeias do Caeté, e por estes e outros serviços foi a 1 de Maio de 619 provido pelo capitão mor Jeronymo Fragoso d'Albuquerque no posto de sargento vago pelo accesso do Antonio de Carvalho Fajardo ao posto de alferes; Pedro Valdes; Diogo de Campos ——————— Martim Soares Moreno, o fundador do Ceará; Paio Coelho de Carvalho; Manoel de Sousa de Sá, ou d'Eça, como escrevem alguns; Gregorio Fragoso; Alvaro da Camara, que foi capitão do forte de S. Francisco, soldado pratico, casado, e que mereceu as melhores referencias de Alexandre de Moura; Manoel Freire, que foi por capitão de um caravelão com alguma gente á sua custa; Balthazar Alvares Pestana, que serviu de alferes, capitão e sargento mor na conquista; Belchior Vaz, que serviu de capitão da aldeia de Pacoriuba de que era principal Mandiocapuba e de quem já tratamos; Maciel Parente, descobridor de minas, que foi um dos 2 adjunctos nomeados pelo povo para governar com o filho do capitão mor Jeronymo de Albuquerque, e mais tarde serviu como capitão mór do Pará (1626), governador do Maranhão e foi o donatario da capitania do Cabo do Norte (1637).

Ha de B. Maciel um *Memorial* para conservar e augmentar a Conquista e Terras do Maranhão, que Candido Mendes publicou nas *Memorias* em hespanhol, lingua em que foi escripto e o Barão do Rio Branco em hespanhol e francez para servir de documento dos nossos direitos ao contestado do Amapá.

O *Memorial* é provavelmente de 1628 quando esteve elle em Madrid.

A Bento Maciel succedeu no governo do Pará Manoel de Souza de Sá, que tomou conta a 6 de Outubro de 1626.

Bahia (23) mandarão aos nossos corcarão a Fortaleza dos Francezes tão estreitam.te q' os inim.os a deixarão a partido das vidas e algumas fazendas, entregando nas mãos dos nossos a Fortaleza, que he fortissima, e assim mesmo, toda a artelharia que nella havia, com que ficou S. Mag.de S.or daquelle Rio, porto e Ilhas, q' são de suma importancia. E o Capp.am com os maes dos Francezes se vierão na mesma frota ao Reino (24) porq' temem q' em França lhe cortem as cabeças por largarem a Fortaleza aos nossos. (25)

---

Faziam parte tambem da expedição de Alexandre de Moura os jesuitas Diogo Nunes e Manoel Gomes.

Berredo, frei Francisco de N. S. dos Prazeres e outros confundiram-se substituindo os nomes desses pelos de Luiz Figueira, Benedicto Amodei e Lopo do Couto, que vieram ao Maranhão, sim, mas alguns annos depois.

O P.e Diogo Nunes nasceu em 1549 em S. Vicente, diocese do Rio de Janeiro, entrou para a Ordem em 1563 e teve a formatura em 1595.

O P.e Manoel Gomes nasceu em Cano, diocese de Evora, em 1572, entrou para a Ordem de Jesus em 1586 e professou em 1604. Conhecia perfeitamente a lingua Brasilica. Foi procurador do Collegio de Pernambuco.

O P.e Lopo do Couto nasceu em Ervedal, diocese de Evora, em 1588, entrou para a Ordem de Jesus em Evora em 1606, e professou o 4.º voto em 1624. Foi ministro do Collegio da Bahia.

O P.e Benedicto Amodei nasceu em 1583 em Bevona, Sicilia.

(23) Um poderoso auxilio para a empreza do Maranhão foi o que sahiu do Recife a 11 de Junho de 1615 sob o commando de Francisco Caldeira de Castello Branco e Jeronymo de Albuquerque de Mello.

Essa armada esteve na Enseada do Mocuripe e em Jericoacoara e teve falas com a gente do principal Diabo Grande.

(24) Diz Teixeira de Moraes: levou comsigo La Ravardiere a Pernambuco onde entrou triumphando a 15 de Março de 1616 e diz Berredo (410) que se fazendo á vela em 9 de Janeiro para Pernambuco desembarcou em 5 de Março em Olinda, assistido do senhor de la Ravardiere que não só achou naquella Capital todas as attenções que correspondião ao seu merecimento, mas tambem por emprestimo o dinheiro que lhe foi necessario.

(25) Não cortaram-lhe a cabeça em França, mas em Lisboa tiveram-o os vencedores preso por tempo, na torre de Belem.

De Março de 1617 até o de 1618 inclusive.

Do Brazil chegou a frota a salvamento. A nova povoação do Maranhão, depois de lançarem os Francezes fora vay em augmento, e dahi se mandou fazer de novo outra Fortaleza na bocca do Rio das Amazonas, q' he o que demarca o Brazil do outro continente do Peru. P.ª este descobrim.<sup>to</sup> nomeou S. Mag.<sup>de</sup> por capp.<sup>m</sup> mor Fran.<sup>co</sup> de Castello Branco (26), com titulo de Descobridor e primeiro conquistador do d.º Rio, e por Piloto mor a Antonio Vicente (27). Partiu do Maranhão a 25 de Dez.<sup>ro</sup> de 615 (28),

---

As pretenções de La Ravardiere não esfriaram com a derrota infligida, pois a 13 de Outubro de 1621 recebia Mathias de Albuquerque carta d'El-Rei avisando-o que elle se tinha offerecido aos Estados de Hollanda para tornar com gente e navios com o fito de se estabelecer e se fortificar nas terras do Maranhão. Recebida a confidência, Mathias de Albuquerque, apezar de doente havia 2 mezes, seguiu para o porto do Recife e deu todas as providencias que o caso requeria, enviando para o Reino conta de todas as medidas tomadas em carta de 21 de Novembro de 1621 com o respectivo Auto das deliberações assentadas com elle pelo Sargento mor Manoel de Sousa de Abreu e capitães dos diversos fortes Alvaro Galvão Cordovil, Francisco Tavares, Salvador de Azevedo, Diogo de Miranda, Duarte Ximenes e Nuno Pimenta do Avellar. Esses docs. vão publicados no Appendice. O offerecimento de La Ravardiere, porem, não foi levado a effeito.

(26) Francisco Caldeira de Castello Branco, a quem já nos referimos.

(27) Antonio Vicente Cochado. Foi o encarregado por D. Diogo de Menezes de sondar varios pontos da Costa da Bahia.

Entre os Mappas, que se encontram no livro *Razão do Estado do Brasil* ha um que diz:

«Diligentissima demonstração da sonda dos Abrolhos da Costa do Brasil desde o rio dos frades, e ponta de Corumbabo até o rio das caravellas, feita por mandado do Governador D Diogo de Menezes o anno de 1610, pelo capitão e sargento mor daquelle estado, sendo pilotos Antonio Vicente e Valerio Fernandes.»

Cochado figurou mais tarde na expedição de Luiz Aranha ao Amazonas e Cabo do Norte.

(28) Ha uma corrente quasi unanime de opiniões a considerar como realisado a 3 de Dezembro de 1615 o facto importantissimo da fundação da povoação de Belem do Pará por Francisco Caldeira Castello Branco.

Vão nella Pereira de Berredo, o primeiro a adoptal-a, o Je-

tomarão porto na bocca do Rio em altura de hum grao e meyo da banda do Sul, onde fundarão hum Forte, a q' puzerão nome: Prezepio de Bellem (29) por partirem dia de Natal p.ª esta empreza, e á Região chamarão: Felis Lusitania.

---

suita José de Moraes, Southey, Baena, Accioli, Barão de Guajará. Todos elles escreveram que a expedição partiu do Maranhão quando já avançado o mez de Novembro e aportara a Belem a 3 do mez seguinte.

Em opposição, porém, ao dizer unanime desses autores de rara competencia surgem dois outros a contrarial-os e a affirmar que a saida da expedição tivera logar a 25 de Dezembro.

São elles Adolpho de Varnhagen, o illustre autor da Historia Geral do Brasil, que em breve terá sua terceira edição esplendidamente annotada por Capistrano de Abreu, e Lucio d'Azevedo, o autor dos Estudos da Historia Paraense. Disse-o o primeiro em uma simples nota ao seu notavel trabalho firmando-se na asseveração do capitão André Pereira, que foi um dos expedicionarios; affirmou-o o segundo firmando-se no testemunho do citado André Pereira, e mais ainda num precioso documento pertencente á Bibliotheca de Evora, uma chronica manuscripta devida á penna do Jesuita Jacyntho de Carvalho, ido por duas vezes ao Pará, em 1695 e 1722.

Não andou certo Varnhagen em dizer que Francisco Caldeira dera á nova povoação o nome de *N. Senhora de Belem*, mas acertou quando adopta o testemunho de André Pereira.

Mui avisado foi Lucio de Azevedo em acostar-se a Varnhagen, e feliz em poder trazer á discussão a luz que se projecta do precioso trecho do chronista da Companhia de Jesus.

Vem confirmar Manoel Severim a asserção desses dois; vem elle completar a André Pereira e ao Jesuita Carvalho, sendo que em data si é quasi contemporaneo do primeiro procedeu de muitos annos ao segundo.

Eis por terra a data 3 de Dezembro. Sobre ella não será possivel insistir mais deante do testemunho de Severim de Faria, que do facto tratou no momento em que foi realisado.

Fique assim adquerido para a historia do Norte do Brasil que a expedição de Francisco Caldeira sahiu do Maranhão a 25 de Dezembro de 1615.

A Relação por André Pereira sobre a expedição de Francisco Caldeira vem transcripta na *Viage del Capitan Pedro Texeira aguas arriba del Rio de las Amazonas* por Jimenez de la Espada e reprodusida nos Annaes da Bibliotheca do Pará, tomo 1.º

(29) E não Cidade de Nossa Senhora de Belem, como disse Varnhagen (Hist. Geral do Brasil).

Escreveo o Capp.<sup>am</sup> de lá a 8 de Março de 616 q'
o Rio tem 25 legoas de bocca, com m.<sup>tas</sup> Ilhas dentro,
q' o fazem parecer Archipelago. Na Foz estão quatro
em tal distancia q' por os canaes, q' ficão entre huma
e outra podem entrar Naos de todo o porte, e assim
mesmo m.<sup>tas</sup> legoas adiante por elle asima. Ha na terra
mostra de Perolas, das quaes mandarão algumas, e esperanças de Minas segundo de fóra parece. A gente he
aprasivel e não mostrou a esquivança q' os prim.<sup>ros</sup> Des-
cobridores nella experimentarão. São os homens alvos,
e gr.<sup>des</sup> frecheiros, andão nus, trazem os cabellos com-
pridos como mulheres e não tem barbas, por onde se
cuida q' os q' prim.<sup>ro</sup> virão esta gente lhe derão o nome
de Amazonas. Hum principe destes, chamado........
grande, he o monarcha de toda a terra, a quem os mais
obedecem.

Estas novas chegarão muy tarde ao Reino porq.
ainda q' da Bahia se vay ordinariam.<sup>te</sup> com vento popa
p.<sup>a</sup> o Maranhão, e com impeto das agoas, q' correm p.<sup>a</sup>
o Occidente, pela mesma rezão q.<sup>do</sup> voltão achão os ventos
ponteiros, e as correntes tão contrarias q' por nenhum
modo as podem vencer; e assim é necessario fazerem-se
na volta do Cabo Verde e dahi tomarem ao Brazil o q'
he causa de grande dilação, pelo q' se tem entendido q'
m.<sup>to</sup> mais facil será proverse e governarse o Maranhão
por via de Portugal (30) q' pela Bahia.

Na Barra de Jagari, sete legoas para o Sul da
Bahia, deu á costa hum peixe (31) mayor q' Balea, o qual
tinha em cada queixada 25 dentes verdes mayores q'
grandes dedos, e as barbatanas do rabo como cabo de

---

(30) E foram essas difficuldades apontadas por Manoel Severim um dos motivos da creação do Estado do Maranhão.

(31) E' do gosto dos chronistas Portuguezes citar o apparecimento de monstros marinhos; no Roteiro de Gabriel Soares, Cap.
126, ha a descripção de um desses animaes, de tamanho colossal,
que deu á costa em Itapoan, Bahia, no verão de 1584.

cavallo, com huma tromba de Elephante no rosto, e acodindo gente a o desfazer por amor do azeite lhe acharão na garganta e intestinos passante de 16 arrobas de ambar, o maes delle gris.

Em S. Paulo de Pirateninga 250 Legoas da Bahia p.ª o Sul achou Salvador Correa humas gr.<sup>des</sup> Minas de prata, das quaes se fes este anno experiencia, e mostra render a prata dobrado maes que as do Potosi. Juntam.<sup>te</sup> ha outras de ouro, donde se tirou grão q' pezou doze mil reis. No Rio Real 40 Legoas da Bahia p.ª o Norte se abrirão outras Minas de Prata, e dos ensayos se mostra q' por quintal de terra vem a sahir 24 patacas. Na Itapoam, a seis. sete. outo legoas da Bahia se acharão outras quazi do mesmo rendim.<sup>to</sup>. de q' se mandarão amostras a S. Mag.<sup>de</sup>

Desde o 1.º de Março de 1618 até todo Fevereiro de 1619.

No Brazil se continua com a povoação do Maranhão e S. Mag.<sup>de</sup> mandou alguns Navios q' carregassem de gente nas Ilhas p.ª se fazerem lá novas Collonias (32), e pedio

---

(32) A principal leva de colonos foi a que veio com o capitãomór Jorge de Lemos de Betancor que chegou ao Maranhão a 11 de Abril de 619 com 46 dias de viagem da Ilha de S. Miguel.

A partida da Ilha de S. Jorge fora a 13 de Dezembro de 1618.

A offerta de Jorge de Lemos era para levar ao Pará duzentos casaes (1000 pessoas) de gente dos Açores e a sua custa mas chegados que foram ao Maranhão recusaram-se a seguir, preferindo ficar no Maranhão. Isso mesmo refere elle com minudencias a El-Rei em carta de 22 de Maio, que faz parte da minha Collecção.

Uma C. R. de 12 de Abril de 617 fez mercê a Jorge de Lemos, caso elle realisasse suas promessas, de uma commenda de 400$000 e da capitania de Pernambuco por tempo de 3 annos na vaga dos providos antes de 14 de Março do dito anno.

Teve nomeação de almirante da expedição Manoel Correa de Mello, fidalgo da Casa Real, o qual andou arribado por muito tempo.

Com a chegada de Jorge de Lemos e de sua gente ao Maranhão assentaram o capitão-mór Diogo da Costa Machado e o provedor da fazenda Luiz de Madureira combinar com aquelle para que se creasse Camara.

aos Religiosos de Santo Ant.º na Congregação q' em Lix.ª fizerão por ser.º huma nova Custodia p.ª aquella conquista. A Religião lha concedeo com condição q' desse S. Mag.ᵈᵉ lic.ª p.ª se fazerem de novo sinco cazas no Reino e huma ordinaria p.ª maes 12 collegiaes em Coimbra com q' possa haver maes recepções, e lectrados p.ª continuar esta empreza.

Tem se achado q' no Maranhão ha excelente sitio p.ª canas de assucar, e que ha alli mor quantid.ᵉ de pao do Brazil q' nas outras Capitanias debaixo. Colhese na terra muitos Algodões e legumes e he tão caroavel de mandioca que semeada de tres semanas parece de tres mezes. Tem gr.ᵈᵉ abundancia de pescado, principalmente de peixeboi. Esta fertilidade se acha mais na terra firme q' na Ilha aonde está a fortaleza de S. Luis (33), q' se tomou aos Francezes q' não he tão abundante destas cousas. antes a tem por doentia, falta de caça, não boa p.ª canas, Todo o gentio pede com gr.ᵈᵉ instancia o Bautismo, e assim se espera huma gr.ᵈᵉ conversão. No Rio das Amazonas aonde está a nossa povoação do Presepio de Bellem dizem que vive a gente de ordinario ao longo do Rio, em certas guaritas sobre agoa, debaixo das quaes recolhem as suas cousas e q' fazem para se defenderem melhor dos visinhos com q.ᵐ andão em continuas discordias.

----

Reunido o povo por um bando e procedida a votação, sahiram por eleitores Ruy de Souza, capitão Pero da Cunha d'Avila, alferes Simão da Cunha, Alvaro Barbosa Mendonça, sargento-mór Affonso Gonçalves Ferreira e o capitão Bento Maciel Parente. Os quatro primeiros pertenciam á gente de Jorge de Lemos. Assentaram então os 6 eleitores escolher para juizes os capitães Symão Estacio da Silveira e Jorge da Costa Machado, para vereadores Alvaro Barbosa e o sargento-mór Antonio Vaz Borba e para procurador Antonio Simões.

Jorge de Lemos depois de uma estada de quasi 4 mezes em Maranhão seguiu para o Pará.

(33) Desde os primeiros povoadores são unanimes os que falam do Maranhão em apregoar as excellencias da sua terra firme. Veja-se no Appendice a Carta de Diogo da C. Machado.

A Bahia vay em gr.<sup>de</sup> crescem.<sup>to</sup> e della sahirão este Anno 46 Navios carregados de Assucar e ricas Mercadorias p.ª o Reino, q' som<sup>te</sup> em dinhr.º trouxerão 600$ patacas afora outra prata em barras. Huma das cousas q' tem acrescentado esta cid.<sup>e</sup> he o comercio do Rio da Prata porque todos os q' vão de Espanha p.ª lá, ou tornão, fazem escalla por este porto por acharem este cam.º maes seguro e abreviado q' não o de Panamá.

A nova povoação e Forte q' se mandou fazer no Cabo frio, q' está 18 legoas do Rio de Janeiro p.ª o Norte se tem achado que he de m.<sup>to</sup> effeito p.ª prohibir o comercio dos Francezes e Olandezes q' alli carregavão de pao.

Chegando este Anno duas Naos destes Pyratas aquelle porto, os da Povoação lhe defenderão a terra galhardam.<sup>te</sup>; o que vendo elles se forão ao Rio das Caravellas com a mesma tenção, porem os moradores de Porto Seguro deixando-os desembarcar lhe tomarão depois as lanchas e dando nelles matarão e ferirão os que se lhe puzerão em resistencia e prenderão os maes com o seu capp.<sup>am</sup> q' por Abril de 618 trouxerão á Bahia p.ª se m.<sup>dar</sup> fazer delle just.ª

Desde o 1.º de Março de 1619 até o ultimo de Fevereiro de 1620.

As couzas do Brazil vão prosperas. De lá chegou a Frota a salvam.<sup>to</sup>, ainda q' não teve este successo Martim de Souza de Sampayo (34), q' do Reino hia por Capp.<sup>am</sup> mor de Pernambuco, e levava comsigo sua m.<sup>er</sup>, filhos e familia nhum Navio, o qual encontrando duas Naos Olandezas as envestio e pelejou com ellas com m.<sup>to</sup> esforço e sem se querer entregar foi abalroado e morto com

_____

(34) Esse nome não figura nas listas dos governadores de Pernambuco por Varnhagen (Hist. Geral) e Pereira da Costa (Rev. Inst. Arch. Pern.)

todos q.ᵗᵒˢ no Navio hião sem escaparem de 66 pessoas maes q' quatro homens. Depois de ter corrido esta noticia na forma referida se soube q' não foi morto mas prezo e levado pelos Olandezes a Sunda, donde foi libertado e com sua familia por Goa tornou a Portugal.

Em Abril de 1619 chegarão â Bahia dous Religiosos da Comp.ᵃ q' havia maes de hum anno tinhão partido p.ᵃ a Serra do Arabo, por ordem de G.ᵒʳ e Cam.ʳᵃ da cidade a trazer Gentios, ou desfazer hum couto ou Mccambo (como lhe na terra chamão) que os Escravos fugitivos tinhão feito naquelle sitio, e trouxerão passante de 200 pessoas p.ᵃ a Igr.ᵃ e se espera q' venhão maes.

As minas de Tapoam 4 legoas da Bahia se achou não serem verdadr.ᵃˢ e do mesmo modo as de Belchior Dias Caramuru, a cuja instancia foi o g.ᵒʳ com m.ᵗᵃ gente p.ᵃˡ, soldados e fundidores ás Serras das Tabayanas, e se achou não haver ouro nem prata, pelo q' o G.ᵒʳ mandou prender o B.ᵒʳ Dias, entendendo q' fora delle enganado.

No Maranhão se levantarão os Indios e mataram 30 Portuguezes. E no Pará ou Rio das Amazonas houve outro semelhante motim. Não se sabe té agora q.ᵐ deu cauza a estas alterações, ainda q' m.ᵗᵃˢ vezes as insolencias dos nossos soldados e largueza da vida fazem semelhantes effeitos (35). Os do Pará prenderão a seu Capp.ᵃᵐ Fran.ᶜᵒ Caldeira e o mandarão em huma embarcação ao

---

(35) Em carta de 30 de Novembro de 1618 o vigario Vasconcellos e Mendonça expondo os motivos do levantamento dos indios de Cumá diz que fora devido ao procedimento havido com elles pelo filho de Jeronymo de Albuquerque, que era capitão do presidio.

O levantamento dos indios estendeu-se até o Cahetè e Separará e até ao presidio do Presepe de Belem cuja fortaleza sitiaram.

Nessa carta lembra o P.ᵉ que sejam aproveitados os serviços de Francisco Caldeira na expulsão dos Flamengos do Cabo do Norte, como homem muito experimentado que é, e roga a remessa de paramentos e objectos do culto de que está de todo desprovida sua Egreja.

Reino (36). Entretanto acodio o G.ᵒʳ g.ᵃˡ com tres Navios e copia de soldados e Indios. E de prez.ᵗᵉ se anda fazendo no Reino deligencia p.ᵃ mandar desta Provincia 80 Religiosos Franciscanos com hu novo g.ᵒʳ izento do da Bahia p.ᵃ castigar os culpados e dar assento da povoação e trato pelo m.ᵗᵒ q' de sy promete a conquista.

De Março de 1620 até Fevereiro de 1621.

P.ᵃ o Brazil vay por G.ᵒʳ Diogo de Mendonça (37) Capp.ᵐ mor q' foi das Naos em logar de A. Correa q' não quis aceitar, e p.ᵃ o Maranhão D. Diogo de Carcome (38).

---

(36) Preso Francisco Caldeira de Castello Franco, o povo aclamou governador a Balthazar Roiz de Mello.

Na mesma occasião foi preso tambem Pero do Couto Cardoso contra o qual havia grande descontentamento não sendo de pouco motivo para isso o ter elle na qualidade de auditor mandado queimar a devaça tirada contra o capitão Antonio Cabral como assassino do capitão Alvaro Neto e substituil-a por outra.

Dessas e outras occorrencias deu o dito Balthazar Roiz conta a El-rei em carta de 28 de Novembro de 1618.

(37) D. Diogo de Mendonça Furtado, que tão infeliz foi na facil tomada da Bahia pela esquadra hollandeza de Pieter Heyn e Van Dorth.

(38) Em carta de 31 de Janeiro de 1619 o Conselho de Estado opinou que viesse preso para o Reino Francisco Caldeira, saisse para o Pará a substituil-o Manoel de Sousa d'Eça e para o Ceará Martin Soares Moreno conduzindo 50 a 60 casaes os quaes seguiriam do Ceará para o Pará, e que D. Diogo de Carcome fosse substituir no governo do Maranhão a Antonio de Albuquerque, cujos serviços, bem como os de seu pae Jeronymo de Albuquerque, serião aproveitados em outro emprego ou commissão.

Diogo de Carcome falleceu em Lisboa antes de ir assumir o governo.

Em carta da mesma data o arcebispo viso-rei attendendo ao que lhe escreveram Antonio de Albuquerque, governador do Maranhão, e os religiosos frei Christovam de S. José e frei Antonio da Marciana, assistentes no Pará, e de acordo com o parecer do Conselho d'Estado, mandou que se fornecesse ao primeiro tudo o que tinha requisitado para provimento dos seus soldados, que o governador do Brasil fizesse seguir para o Pará cem casaes de indios sob a direcção do frei Manoel da Piedade, os quaes voltarião logo

Do Março de 1621 até todo Fevereiro de 1622.

Na Cid.ᵉ da Bahia cabeça do Brazil se fizerão as Exequias de El-Rey (39) a 9 de Julho de 1621 com gr.ᵈᵉ mag.ᵈᵉ e pregou nellas o P.ᵉ M.ᵉˡ do Couto da Comp.ᵃ (40) e depois se fes a ceremonia do levantam.ᵗᵒ como nas maes partes fora da Barra se costuma.

Desde o 1.ᵒ de Março de 1622 até todo Fevereiro de 1623 (41)

P.ᵃ o Brazil partio em Novembro o Bispo D. Marcos Teixeira (42) e dis chegou lá com prospera viagem, e com gr.ᵈᵉ alegria daquelle estado q' tantos annos havia estava sem Pastor, e q' leva outra ves debaixo de sua jurisdição a Capitania de Pernambuco. No Ceará capitania do destritto do Maranhão entrou Martim Soares Sobrinho do sargento mor Diogo de Campos com m.ᵗᵒˢ parentes e outros povoadores cazados p.ᵃ cultivarem a terra. (43)

---

que tivesse serenado o levantamento do gentio, mamelucos e gente branca, que seguisse a tomar o commando da praça Manoel de Sousa d'Eça levando em sua companhia Balthazar Rangel e que viessem presos para o Reino Francisco Caldeira e os cabeças do motim feito contra elle. Os chefes do motim foral Balthazar Rodrigues de Mello, Antonio Pinto e Christovam Bitencourt.

Remetteu os presos para o Reino Jeronymo Fragoso de Albuquerque, que viera assumir o governo da capitania por escolha do governador geral do Brasil D. Luiz de Sousa.

(39) Refere-se ao Rei Felippe 2.ᵒ de Portugal e 3.ᵒ de Castella, fallecido ás 9 1/2 horas da manhã de 31 de Março.

(40) A esse emerito Jesuita, de tanta caridade christã e de tão heroico patriotismo na defeza do Maranhão e sua libertação do jugo hollandez, já me referi em nota anterior.

(41) Vi na Bibliotheca Nacional de Lisboa outro vol. manuscripto de Severim de Faria e sob a indicação B. 17-36 (pag. 102) em o qual vem essa Relação com a differença de dizer: do 1.ᵒ de Março de 622 até 10 de Fevereiro de 623.

(42) Occupara postos eminentes na Universidade de Coimbra, Cathedral de Evora e Inquisição de Lisboa.

(43) A 23 de Setembro de 1621 aportou Martim Soares ao Ceará sendo recebido festivamente pelos indios.

Uma C. P. de 26 do Maio de 1619 fizera-lhe mercê da capitania do Ceará por 10 annos.

Desde Março de 1623 até todo Fevereiro de 1624.

As Frotas do Brazil chegarão com perda e trab.º, e pelos m.ᵗᵒˢ ladrões q' andavão na costa forão prezos alguns Navios.

Desde Março de 1624 até todo Fevereiro de 1625.

Estes bons successos (44) se perturbarão com as novas da perda da Bahia (45), que puzerão todo o Reyno em grande confusão e revolta (46), e passou desta maneira. Escreveu S. Mag.ᵈᵉ ao Brazil seis ou sete mezes antes q' se tomasse a Bahia q' se aparelhava huma grossa Armada em Holanda p.ª aquellas partes. Entrincheirou logo o Governador Diogo de Mendonça a terra de torrão, fez resenha das Armas e gente, achou que tinha mil arcabuzeiros entre os cidadãos e o reconcavo. Havia maes no Almazem oito centos mosquetes. Todas estas armas trouxe elle a Bahia, porq' a fazenda q' elle levou ao Brazil p.ª tratar forão mosquetes, arcabuzes, polvora e pilouros que comprou e repartio pelos cidadãos.

Proveo tambem de armas todas as Capitanias, e a Pernambuco mandou 400 arcabuzes e no Almazem da Bahia accrescentou os 800 já ditos, porq' quando tomou posse não achou maes que 30 mosquetes e estes todos

---

(44) Refere-se a varias tomadas de fustas de Mouros, que andavam pelas costas, fazendo-se notaveis pelas derrotas infligidas aos adversarios os pescadores de Peniche e os habitantes da costa de Sines.

As fustas são uma variedade de navios empregados sobretudo nos mares indianos.

(45) As novas chegaram a Madrid por avisos do Mathias de Albuquerque, governador de Pernambuco.

(46) Ha cartas do Rei de Hespanha com datas de 3, 7 e 9 de Agosto, 20 de Setembro, 20 de Outubro e 3 de Dezembro de 1624 aos Governadores lastimando a perda da Bahia, invocando o auxilio do ceo, mandando fazer preces publicas e resolvendo o apresto de poderosa armada. Até mesmo manifestou El-Rei o desejo ir em pessoa na expedição ao Brasil.

quebrados. Feita a resenha da gente e armas, mandou a todos p.ª suas cazas com avizo que estivessem prestes q.<sup>do</sup> fossem chamados.

Vindo Abril de 1624 apareceo huma Nao Olandeza em o Morro de S. Paulo, 12 legoas da Bahia, bravamente artelhada e com m.<sup>ta</sup> gente (47). Aparelhou o G.<sup>or</sup> em dous dias huma só Nao que tinha com dés pessas, e outros dous Patachos, cada hum com quatro, e determinou elle em pessoa (porque quem elle podia mandar se lhe escuzou covardem.<sup>te</sup>, e fugio, sendo causa total de a Bahia se tomar). Estorvou-se a sahida por virem novas que aparecião maes quatro Naos. Mandou comtudo aos dous patachos p.ª que se pozessem em 14 graos da parte do Sul e que avizassem a todos os que viessem do Reyno e os ajudassem a meter no porto como fizerão.

Nisto já tinha dado rebate geral p.ª acodirem todos os que tinhão armas. Ajuntarão-se catorze Companhias de soldados bem luzidos e armados q' entravão cada dia de guarda. Depois de estar a terra deste modo 15 dias começarão a murmurar q' o G.<sup>or</sup> dera rebate falso e que não havia Naos nem armada, e todos se querião hir p.ª suas fazendas dizendo q' não tinhão que gastar o que o G.<sup>or</sup> dava aquelles rebates falsos p.ª furtar a S. Mag.<sup>de</sup> Soube o G.<sup>or</sup> isto, e por evitar queixas mandou lançar pregão q' todo o homem de fóra q' na cidade se achasse e não tivesse que gastar fosse a caza de certo mercador, e lhe daria 60 rs. por cada dia, e posto que dava estes de sua faz.<sup>da</sup> não foi bastante p.ª deixarem de fugir m.<sup>tos</sup> Apoz isto destribuiu a todos pelas estancias onde havião de pelejar.

Estando tudo preparado, aos 8 de Mayo pela manhãa apareceo a Armada (48) na Barra. Erão 20 Naos gr.<sup>des</sup>

---

(47) Do apparecimento dessa nau a 9 deu a 13 de Abril noticia ao governador o capitão da guarnição de Boipeba.

(48) Commandava a armada Jacob Willekens, de Amsterdam, servindo-lhe de vice-almirante Pieter Heyn. Da direcção das tropas e do governo das conquistas estava encarregado Johan van Dorth, senhor de Horst e Pesh.

e sinco maes pequenas e oito ou 9 lanchas ou barcas a
vela. Deo-se rebate, acodio toda a gente a suas estancias,
não entrou a Armada naquelle dia por não haver tempo,
senão ao outro pela manhãa as 8 horas, em que se começou huma brava peleja de quinze Naos grossas com
hum pedaço de Forte que se hia fazendo no porto, o
qual estava ainda tão imperfeito que com huns taboões
lhe fizerão huma plata forma p.ª poderem correr seis
pessas de artelharia, e a roda reparavão com huns sestões
de terra. Neste Forte se pelejou das 8 horas da manhãa
até noite fechada com m.ta vantagem da nossa p.te, porque não morrerão maes q' sinco homens, e nas Naos houve
grande destroço, e pelouro dos nossos que matou dés e
doze.

Fechada a noite accometerão os inimigos o Forte
com quinze lanchas, retirarão-se os nossos a huma trincheira, q' lhes ficava da banda da cidade, porque o Forte
estava rodeado de agoa, e temerão serem cercados da
parte da terra, donde não tinhão reparo algum, nem
podião ser defendidos antes offendidos. Entrarão os inimigos o Forte, rebaterão os nossos com a mosquetaria
e fiserão nos desemporar o Forte com morte de 30 ou
40 soldados, e da nossa parte morreo Pero Garcia
homem bem conhecido e que pelejou como esforçado, e
hum seu criado. Deixarão comtudo os Inimigos quatro
pessas de artelharia encravadas, as quaes o G.or mandou
logo lançar p.ª terra p.ª as desencravar p.ª o outro dia. (49)

Estando neste passo veyo recado q' os Inimigos chegarão já as portas da cidade pela terra. E foi q' seis
Naos com oito ou 9 barcos ficarão huma legoa da cidade
em huma praya, chamada Villa Velha, junto do Forte de
Santo Antonio, e ahi lançarão gente em terra, sem os

-----

(49)  Muito outra é a versão dada por Varnhagen (Hist. Ger.
do Brasil): Logo com 14 lanchas acommetteu o almirante Piet Heyn
o forte do mar ou de S. Barcello e se apoderou delle a custa uni-
camente de quatro mortos e dez feridos,

nossos lho quererem impedir, e ainda que a praya estava entrincheirada e com hum capitão de prezidio com cem soldados, alem de outro da ordenança com quazi outro cento, e outro com perto de 80 Indios Flecheiros, fugio o cappitão de partido, e com este ruim exemplo fugirão os outros covardem.<sup>te</sup> sem quererem pelejar.

Mandou o G.<sup>or</sup> soccorro de mais Indios e Soldados, com os quaes forão dous Padres da Comp.<sup>a</sup> e téndo armado com os Indios huma cilada no caminho, os d.<sup>os</sup> Cappitães não quizerão pelejar nem tornar, e assim tomarão os inimigos terra, e chegarão á cidade de noite a horas q' o G.<sup>or</sup> estava na praya dando ordem a descravar a Artelharia. Acodio logo com toda a pressa ao muro e virão aos inimigos no Mosteiro de S. Bento q' não está m.<sup>to</sup> longe da porta da cidade.

Aqui mandou o G<sup>or</sup> ao D.<sup>or</sup> P.<sup>o</sup> Casqueiro seu Ouvidor (50) q' fosse á praya e trouxesse por certo caminho huma Comp.<sup>a</sup> de soldados p.<sup>a</sup> dar nos inimigos pelas costas. Mas q<sup>do</sup> a nossa Comp.<sup>a</sup> chegou, já os inim.<sup>os</sup> estavão na cidade, o que vendo os soldados fugirão. Entrarão os inim.<sup>os</sup> por huma travessa em parte escuza donde os nossos não se precatarão. Acodio o G.<sup>or</sup>, e com a gente q' alli tinha os rebateo de sorte que elles se tornarão atras e se ampararão com huma caza assestando a Artelharia p.<sup>a</sup> a parte da cidade.

Neste tempo se levantou voz falsa pela cidade q' dizia q' já os inimigos andavão pelas ruas, e foi tal o temor q' cauzou nos cidadãos q' cuidando cada hum q' já os tinhão com sigo, todos desempararão a cidade, e fugirão pondo em cobro o que cada um tinha, só o G.<sup>or</sup> não quis fugir, e ficou na cidade com seu filho, e outros tres ou quatro homens que o acompanharão, lamentando a desventura de não ter soldados que pelejassem com

---

(50)  Auditor geral. Varnhagen chama o Ouvidor daquelle tempo Antão de Mesquita de Oliveira; está de accordo com o P.<sup>e</sup> Bartholameu Guerreiro, autor muito para ser seguido.

elles até morrer. Aconselhandoo que se pozesse em cobro respondeo que elle tinha dado omenagem daquella cidade a El Rey. qu? a não havia de largar senão largando a vida (51). Assim se recolheu p.ª os Paços do Governo, onde esteve até ao outro dia, que forão 11 de Mayo ás 8 horas, em que os Inimigos entrarão na cidade achandoa desemparada de todo. Prenderão o Governador e levarãoo as Naos (52). O Bispo com os Padres da Comp.ª e os maes principaes sahirão de noite, e forão té á Aldea do Espirito Santo (53), q' está da cidade sete legoas, aonde se fortificarão, ainda que faltos de todo o necessario. (54)

---

(51) A figura de Diogo de Mendonça diante dos invasores impõe-se ao respeito e á admiração; não foi elle o responsavel pelo desastre apezar dos maos commentarios que mereceu a Varnhagen.

(52) A prisão, portanto, não foi a 9 como quer Varnhagen.

O governador Diogo de Mendonça, um seu filho, o auditor geral Pero Casqueiro da Rocha, varios religiosos, entre os quaes 12 jesuitas, foram levados prisioneiros para a Europa.

(53) Hoje Abrantes. Aldeia de indios, e residencia dos P.ᵉˢ da Companhia.

(54) São estas as palavras do P.ᵉ Bertholameu Guerreiro, Cap. 2.ᵉ:

O Bispo Don Marcos Teixeira se recolheu a hua Aldea de Indios, residencia dos Padres da Companhia de Jesu, com alguns desembargadores e o Ouvidor geral do Estado Antão do Mosquita de Oliveira. Aqui acordaram que com os officiaes da Camara da Bahya, que estavam retirados na Pitanga, termo da Cidade, tratrssem de dar cabeça ao estado pera acodir ás necessidades delle: e abrirão-se as vias, que por ordem de Sua Magestade nomeavam successor ao Governador, quando por morte faltasse. E porque o estado de Diogo de Mendoça Furtado era tal, que pera o gouerno do Brasil o poderiam ter por morto, a todos pareceo que as vias se abrissem, e o Gouernador se nomeasse. Feitos autos e ceremonias q' no caso se rezão, se abrio a primeira via, em que se achou por Gouernador do estado a Mathias de Albuquerque Gouernador que de presente era de Pernambuco, em lugar de seu irmão Duarte de Albuquerque Donatario daquelle Senhorio. Auisado logo por particular Correyo Mathias de Albuquerque do que Sua Magestade era seruido, trataram da necessidade de presente daquelle sitio. E vendo q' importaua auer hum Capitão Mor, que acodisse com algua gente a que o imigo se não fizesse senhor dos termos da

Este infelice successo encheo não só este Reyno maş a toda Espanha de lastima, tristeza e sobresaltos; porque ficando os inimigos senhores daquelle porto se lhe abria huma porta p.ª se senhorearem de todo o Brazil e novo Mundo. Portanto mandou logo S. Mag.ᵈᵉ que se juntassem as Armadas de Portugal e Castella p.ª a recuperação desta Praça, e escreveo deste Reyno cartas da sua letra a todos os Prelados e Titolos tão encarecidas no amor e confiança que tinha dos Portuguezes q' com geral alvoroço obrigou a toda Nobreza (55) a se embarcar nesta jornada. Ao que tambem se ajuntou o zelo fervoroso do bem publico da Patria, cujo senhorio se vê hir acabando pouco a pouco: Perdendose hum dia o comercio da Mina, (56) outro a Fortaleza de Ormus, outro a Bahia; e assim quizerão mostrar nesta occazião os Fidalgos Portuguezes que não por sua culpa succedia a perda da Republica, pois sem obrigação preciza e sem algum premio se dispunhão todos a offerecer as fazendas e vidas pela conservação da Coroa deste Reyno.

Começou-se a aprestar em Lisboa e no Porto huma boa Armada p.ª com toda a pressa partir a recuperar o perdido, e como as Rendas Reaes estão quazi de todo

---

Cidade como o estaua della; pellos mesmos foy eleito pera este officio Antão de Mesquita de Oliueira Ouuidor Geral do Estado do Brasil. Isto feito auisaram a Sua Magestade o Bispo, o Ouuidor Geral e a Camara da Cidade do miseráuel estado em que se achauam pedindo socorro de armada contra o poder dos rebeldes.

(55)  Diz Damião A. de Lemos Faria e Castro na sua Historia Geral de Portugal, tomo 18, p. 63:

Então o Rei, com hum bem tecido elogio das qualidades da Nação Portugueza, poz na face dos Governadores de Portugal os Condes de Basto, e de Portalegre a constante certeza, em que ficava, de que ella em occasião de tanta honra faria os ultimos esforços para dar as mais significantes provas do valor, da fidelidade, do zelo, com que costumava servir os seus Soberanos.

Não se enganou o Rei na sua idéa. Bastou um ar tão ligeiro de estimação para a Nobreza da Corte. e das provincias se commover.

(56)  Em 1624 foi para governador da Mina D. Francisco de Sottomayor em substituição a Manoel da Cunha.

extinctas com juros, tenças e outras consignações pedio
El Rey por suas cartas aos Prelados, Titolos e Fidalgos
particulares quizessem acodir a esta falta, e como a lealdade e liberalidade dos Portuguezes foi sempre tão singular em brevissimos dias se ajuntarão passante de noventa e quatro contos, dos quaes o Duque de Bargança (57)
deu 20$ cruzados, o de Caminha desaseis, e outros tres,
quatro e sinco maes ou menos conforme a possibilidade
de cada hum, e entre todos se aventajou a Cama.a de
Lisboa com quarenta contos. (58)

Aparelharãose 22 velas (59) em que entrarão os Galeões e Navios da Armada do Consulado e onze que
vierão do Porto e Vianna, os quaes chegarão a Lisboa
com hum Navio de Turcos cheio de munições que tomarão no caminho, que todos houverão por sinal ditozo
do bom successo desta empreza. Vão estes Navios bem
providos de todo o necessario para mar e terra, armas,
bastimentos, instrumentos e officiaes de todos os officios,
machados, enxadas, sestos e todo o maes conveniente
assim para fortificações como para cercos. A gente pudera
ser muito maes, porque todos se embarcavão com tanto
alvoroço q' em Vianna chegarão tres irmãos nobres a
lançar sortes sobre qual havia de ficar na Patria com sua

(57) D. Theodosio.
(58) Entre essas dadivas figuraram tambem por valiosas as
do Duque de Villa Hermosa e Conde do Ficalho, Carlos de Borja, Marquez de Castel Rodrigo, alcaide mór de Beja D. Luis de Sousa,
Conde de Castanheira, Dom Pedro de Alcacova, D. Pedro Coutinho
o ex-governador de Ormuz, o Senhor da Ponte de Barca Constantino de Magalhães, Tristão de Mendonça Furtado e innumeros outros.
O clero tambem concorreu generosamente sobretudo os arcebispos
de Lisboa D. Miguel de Castro, de Braga Dom Affonso Furtado de Mendonça, e o de Evora Dom José de Mello e os Bispos de Coimbra, Porto,
Guarda e Algarve.
Lea-se em frei Vicente do Salvador Cap. 34 a longa lista al-
phabetica dos fidalgos, que se embarcaram por soldados.
(59) 26 diz o P.e Guerreiro, inclusive 4 urcas com mantimentos. O mesmo n.º (26) dá Damião de Lemos Faria e Castro na
sua Historia Geral.

May q' não quis deixar hir a todos (60). Forão por todos os soldados dous mil trezentos quarenta e sinco afora gente do mar, q' passou de mil e duzentos homens.

D. Manoel de Menezes (61) vay por General na Capitania, D. Fran.<sup>co</sup> de Almeyda na Almiranta dos maes Navios, Antonio Monis Barretto, q' vay por Mestre de Campo em Terra (62), D. Rodrigo Lobo, Lançarote de Franca,

---

Nomes dos galeões :

S. João—sob o commando de D. Manoel de Menezes.
Santa Anna          »          D. Francisco de Almeida.
Conceição          »          Antonio Moniz Barreto. Esse perdeu-se a 20 de Dezembro nos baixos da ilha de Maio.
S. José          »          D. Rodrigo Lobo.

Nomes das naus :

N. S. do Rosario—capitão Tristão de Mendonça Furtado.
Santa Cruz          »          Constantino de Mello.
Charidade          »          Lançarote da Franca.
S. João Baptista          »          Manoel Dias de Andrade.
N. S. do Rosario Mayor »          Ruy Barreto de Moura.
N. S. do Rosario Menor »          Christovão Cabral.
N. S. das Neves Mayor »          Domingos Gil da Fonseca.
N. S. das Neves Menor »          Gonçalo Lobo Barreto.
S. Bartholomeu          »          Domingos da Camara.
S. João Evangelista          »          Diogo Ferreira.
N. S. da Ajuda          »          Gregorio Soares.
N. S. da Penha de Frç.ª »          Domingos Varejão.
N. S. da Boa Viagem »          Bento do Rego Barbosa.
S. Bom Homem          »          João Casado Jacome

Nomes das caravellas :

Conceição—capitão Sebastião Marques.
Rosario          »          Manoel Palhares Lobato.
Remedios          »          Roque de Monte Rey ou Monterroyo.
S. João          »          Cosme de Couto.

(60) Este facto vem tambem narrado por frei Vicente do Salvador. Esses tres patriotas pertenciam á familia Ferreira.
(61) O pratico, estimavel e valeroso D. Manoel de Menezes diz Damião A. de L. Faria e Castro.
(62) D. Francisco de Almeida e Antonio Moniz Barreto commandavam os dous Terços, que se compunham de 3800 homens,

Constantino de Mello, Manoel Dias de Andrade, Tristão de Mendonça, q' leva o galeão (63) á sua custa, Ruy Barretto de Moura, q' leva a gente do Marquez de Castel Rodrigo, Christovão Cabral, D.ᵒˢ Gil da Fon.ᶜᵃ que deu tambem parte da Nao, D.ᵒˢ da Cam.ʳᵃ, Diogo Frr.ᵃ, Gregorio Soares, Diogo Varejão, Bento do Rego Barbosa, Gonçalo Lobo, João Curado. Nas caravellas Sebastião Marques, Manoel Palhares, Roque de Monterroyo e Cosme do Couto.

Alem dos Cappitães vay nesta Armada grande parte da Nobreza do Reyno, e entre todos se deve o primeiro lugar a D. Affonso de Noronha, Pay do Conde de Linhares, q' foi o primeiro que se assentou por soldado com que todos os maes tomarão exemplo por ser pessoa de tanta qualid.ᵉ e reputação adquerida no Mar e Terra em Asia, Africa e Europa (64) Forão maes os Condes de Vimioso (65), o de Tarouca (66), o de S. João da Pesqueira (67) com seu f.ᵒ maes velho Antonio de Tavora, Duarte de Albuquerque Coelho S.ᵒʳ da Capitania de Pernambuco, Antonio Correa S.ᵒʳ de Bellas, D. Henrique H.ᵉˢ f.ᵒ herd.ᵒ do S.ᵒʳ das Alcaçovas, Martim Affonso de Miranda Morgado de Oliveira, D. Loppo da Cunha S.ᵒʳ de Santar, Fernão Cabral S.ᵒʳ de Belmonte, Ruy de Moura Telles, S.ᵒʳ da Povca e Meadas, e m.ᵗᵒˢ outros Fidalgos morgados e cazados q' deixando cazas, e mulheres e f.ᵒˢ se embarcarão sem nenhum delles pedir a S. Mag.ᵈᵉ hua minima mercê nem despacho ou Alvará de lembrança por esta jornada (68).

---

(63)   Não galeão mas uma nau, que era a Nossa Senhora do Rosario

'64)   Dom Affonso de Noronha foi governador de Ceuta e Tanger na Africa, governador do Algarve e teve a nomeação de Vice Rei da India.

(65)   Dom Affonso de Portugal.

(66)   Dom Duarte de Menezes.

(67)   Luiz Alvares de Tavora, Senhor da Casa do Mogadouro.

(68)   Lea-se em frei Vicente do Salvador Cap. 35 a lista dos doadores e respectivas ajudas de custo para o apresto da armada.

Partirão de Lisboa a 22 de Novembro com ordem q' a Armada Castelhana se havia de ir ajuntar com elles em certa paragem (69) por não estar ainda prestes, e os nossos não quizerão esperar tanto e comtudo não tardou muito porque deu a vella de Cadis a 14 de Janeiro. O General D. Fadique de Toledo (70) leva 23 Navios grossos afóra 14 de menos porte, em q' vay passante de 7$ homes de mar e terra, repartidos em 90 Comp.ªˢ com três Mestres de Campo (71), em q' vão cem intertenidos e muitos soldados velhos, com todos os petrechos p.ª a Artelharia e gastadores de exercito (72). Esperamos em Deos q' ha de ter esta empreza m.ᵗᵒ bom successo porq o n.º da gente he bastante, e na honra, esforço e pratica tal que parece capas p.ª m.ᵗᵒ mayores conquistas. Porem como todas as deligencias humanas são de pouco effeito sem o favor Divino encomendou S. Mag.ᵈᵉ a todos os Prelados do Reyno q' em suas Diocesis fizessem orações publicas pelo bom successo desta jornada, e em todas as Igrejas Cathedraes, collegios e Conventos houve huma Novena de Missas solemnes com progações e Procissões de todo o Povo por esta intenção.

Partida esta Armada, porq' o Reyno ficava desemparado de forças maritimas mandou S Mag.ᵈᵉ q' se levantassem no Reino as Companhias da Ordenança antiga: em Lisboa nomeou por Coroneis Nuño de Mendoça Prezidente da Meza da Consciencia, D. Jorge Mascarenhas Prézidente da mesma cidade, H.ᵉ Correa da Silva, e Braz Telles q' foi Capp.ᵃᵐ de Marzagão. E porq' houve avizo

_____

(69) Em Cabo Verde, donde se partiram a 11 de Fevereiro de 1625.

(70) D. Fadrique de Toledo Ozorio, Marquez de Villanova de Valdueça.

(71) Os 3 Mestres de Campo espanhoes eram: D. João de Orelhana, o Marquez de Torrecussa e D. Pedro Ozorio. D. João Fajardo de Guevara era o Almirante da armada.

'72) As duas Armadas se encorporaram em Fevereiro de 1625 na altura de Cabo Verde.

q' nas partes do Norte se aprestava huma gr.ᵈᵉ Armada escreveo S. Mag.ᵈᵉ aos Prelados, Titolos e Fidalgos q' estivessem prestes p.ᵃ acodirem onde se lhes ordenasse sendo necessario. E de Castella nomeou ao Marquez de Inojosa para q' viesse por General da gente Castelhana a Lisboa com bom n.º de soldados.

Depois que os Olandezes se apoderarão da Bahia, e a derão a saco franco aos soldados começarão logo de se fortificar, fizerão trincheiras queimando o mato aorredor da cidade, e abrindo huma cava pela banda da terra, tirarão a mayor parte da Artelharia dos Galeões, e a pozerão nas torres da See e Collegio da Comp.ᵃ, e porq' lhe fazia impedimento ao jogar das pessas a Igreja do Carmo a derrubarão, e outros templos tomarão p.ᵃ Almazeis profanandoos todos com heretica impiedade.

O Bispo D. Marcos Teixeira que (como fica dito) se retirou com os principaes da Bahia á Aldea do Espirito S.ᵗᵒ, não perdeo o animo (73), antes ajuntando as reliquias dos que escaparão com os Gentios da terra, e Ethiopes de Guiné (que todos nos seguirão sem querer tornar p.ᵃ os Olandezes (74), posto que elles prometerão a todos liberdade e segurança) tornarão dia de Santo Antonio sobre a Bahia, e com o primeiro impeto entrarão as trincheiras, e tem se por certo q' se recuperava a cidade se no mesmo tempo não desembarcarão 300 Mosqueteiros inimigos, q' tendo hido p.ᵃ fora arribarão com vento contrario e dando de refresco nos nossos fizerão retirar os Indios e os poucos Portuguezes que os seguirão.

---

(73) Por esse mesmo tempo um outro bispo celebrisou-se contra os Hollandezes. Foi elle D. Fr. Simão Mascarenhas que governava Angola em ausencia de Fernão de Souza, que ainda não havia chegado.
Esse feito do bispo foi praticado com alguns dos galeões que tomaram parte na conquista da Bahia.
(74) Não foi tanto assim. Centenas de christáos novos e innumeros negros de Guiné passaram-se para os invasores.

Mas nem por isto se descuidarão os nossos antes armando ciladas por todas as partes fizerão grande damno nos inimigos todas as vezes q' elles quizerão entrar pela terra dentro, e em hua dellas cahio huma Comp.ª de Olandezes q' hia p.ª hum Engenho dos quaes forão tantos mortos q' só oito escaparão. Outra vez foi um bom n.º de inimigos buscar a prata do Collegio da Comp.ª (75) q' souberão estava escondida em certa alagoa no matto, e vindo já com ella os assaltarão os Indios e as frechadas lha fizerão deixar juntamente com as vidas da mor parte delles, e a prata se restituiu inteiramente aos Padres. E finalmente em outra cilada lhe matarão o Mestre de Campo (76).

Estes maos successos fizerão encerrar aos Olandezes dentro dos muros, contentandose de os defenderem e p.ª terem segura a retirada mandarão por Presidio no Forte de S. Phelippe, do qual pertendendo o Bispo haver alguma Lingoa lhe trouxerão os nossos tres Olandezes, destes mandou dous a Pernambuco, donde veyo hum a Lisboa e feitas perguntas confessou: que aquella Armada era de 26 vellas e partira de Olanda em Dezembro de 1623 e que treze Embarcações erão proprias do Estado, e treze freladas e não de Comp.ᵃˢ; q' levavão 3$ homens de mar e terra: A capitania era de 600 toneiladas, e

---

(75) Frei Vicente do Salvador (Cap. 23, l. 5.º) descreve o facto deste modo: E assim se atreveram só tres ou quatro a ir ao tanque dos padres da Companhia, que dista da cidade um terço de legua, e em sua presença, falando-lhes um delles latim e dizendo-lhes: *Quid existimabitis cum vidistis classem nostram?* fazendo dos calções alforges, e enchendo-os de prata da egreja, e de outra que alli acharam, os puzeram aos hombros, e se foram mui contentes; porém, quatro negros dos Padres, que não tinham tanta paciencia, os foram aguardar ao caminho com seus arcos e frechas, e matando o Latino, fizeram fugir os outros e largar a prata que levavam.

(76) Van Dorth morto a 17 de Junho pelo capitão Francisco Padilha. Ao morto succedeu Alberto Schouten (é o Alberto Escutis, de frei Vicente do Salvador) que succumbiu tambem pouco depois. Van Dorth e Schouten não eram irmãos, como se escreveu.

as maes quazi do mesmo porte e de 40 até 28 pessas
de brenze e de ferro cada huma; que seis Fustas (77)
trouxerão feitas em peças com ordem de as armarem em
hua Ilha de Cabo Verde, o fizerão em dés semanas; que
do saco da cidade não houvera prata ou ouro, mas som.te
tabaco, couro e assucar de que carregarão huma Nao p.ª
Olanda, donde tornou outra ves com mantim.tos. e q' depois de tomada a cidade assentando que o soccorro de
Espanha não havia dentro de hum anno mandarão doze
Naos a Angolla, e onze a outras partes e fizerão pela
banda da terra huma cava e trincheira com 70 pessas,
e sahindo o M.e de Campo a cavallo com sua guarda
lhe matarão os nossos o cavallo de hum tiro e a elle
cortarão a cabeça (78), fugindo os seus p.ª a cidade; que
nella morrerão 400 soldados de doença; que S. Felippe
se mandara guardar com 34 soldados e 14 pessas, e
sahindo alguns destes a pescar os nossos matarão dous
e prenderão tres.

Em todos estes assaltos fez sempre o Bispo D. Marcos
Teixeira o off.º de bom Prelado, e Cavalleiro; porq' naquella Aldea deu mostras de seu gr.de espirito com continuas pregações q' fazia, andando vestido de saco e fazendo outras penitencias publicas, dando como bom Pastor exemplo ás suas ovelhas p.ª pedir a Deus miz.ª de
tão grande castigo. E nas couzas da guerra elle era
sempre o primeiro (79) e o que as ordenava de maneira
q' chegavão a tão bons successos. Porem não podendo

(77) Diz frei Vicente do Salvador, Cap. 22 liv. 5.º, que as
naus hollandezas se detiveram na Ilha de S. Vicente dez semanas
a tomar agoa, e carnes, e levantar oito chalupas que trazião em
peças.

(78) O citado coronel Van Dorth. Foram os indios de Affonso Rodrigues, que lhe cortaram os pés, mãos e cabeça, segundo
sua usança.

(79) Os grandes e inolvidaveis serviços desse santo homem
são tambem attestados por Menezes, P.e Guerreiro, frei Vicente do
Salvador, Tamaio de Vargas e outros.

as forças corporaes com tantos trabalhos e cuidados, e cortado do rigorozo sentimento que tinha de ver sua Esposa escrava de taes inim.ᵒˢ enfermou tão gravemente q' em poucos dias deu a Alma a Deus (80), deixando em todos os bons grande sentim.ᵗᵒ pela falta que em tal tempo fazia a todos sua pessoa.

Foi este Prelado muito zellozo e teve grandes dez.ᵒˢ de emendar alguns peccados p.ᶜᵒˢ e do povo, q' havia na B.ª por rezão do qual foi encontrado dos Ministros Reaes, e chegou a receber delles taes agg.ᵒˢ sem do Reino lhe darem satisfação q' poucos dias antes de ser entrada a Bahia escreveo a Portugal q' pois os Reys da Terra não castigavão os que offendião publicamente os Ministros Ecclesiasticos que estava certo o havia de fazer o Rey do Ceo (81). O que assaz se tem depois visto e praza a Deos q' sirva este exemplo de emenda a outros.

Em Pernambuco está por Capp.ᵃᵐ Mathias de Albuquerque (82) q' ficou com o governo do Brazil pelas vias, sendo estas as prim.ʳᵃˢ q' ao Brazil se mandarão (83). Daqui avizou ao Reino da disgraça da B.ª, e ainda que tinha gente e munições pedio soccorro assim p.ª a defensa daquella cidade como p.ª a recuperação da perdida. Mandarão lhe logo os Senhores Governadores a 6 de Agosto duas caravellas (84) e depois mayor n.º com

---

(80) Falleceu a 6 de Outubro de 1624 como diz Nuno Marques, o auctor do *Compendio Narrativo do Peregrino da America*, ou a 8 como dizem frei Vicente do Salvador e Varnhagen nas suas Hist. do Brazil, e Hist. das lutas com os Hollandezes no Brazil. Jaz sepultado na Capella de N. S. da Conceição, do Engenho da Cidade, em Itapagipe de cima.

E' o 5.º na lista dos bispos da Bahia, tendo sido seus antecessores Pedro Fernandes Sardinha, Pedro Leitão, Antonio Barreiros e Constantino Barradas.

(81) Para se conhecer dos desmandos e frouxa moral dos habitantes do Brasil de então leam-se Rocha Pitta, Brito Freire, frei Calado e Diogo Lopes de Santiago.

(82) Irmão do Senhor de Pernambuco, de quem por sua vez era sogro um dos governadores do Reino, o Conde de Basto.

(83) Governou de Maio de 1624 a Novembro de 1626.

(84) Sob o commando de Pedro Cadena e Francisco Gomes de Mello. Chegaram a Pernambuco em fins de Setembro.

D. Fran.<sup>co</sup> de Moura (85), q' ajuntando alguma gente se veyo p.ª a Aldea do Esp.<sup>to</sup> S.º, e dahi deu alguns assaltos á cidade com bom successo, e se espera q' com a chegada da nossa Armada acabem de lançar fóra os Olandezes daquelle porto.

P.ª o Rio de Janeiro partiu tambem Constantino de Saa (86) f.º do G.<sup>or</sup> Martim de Saa com bastimentos e munições.

P.ª o Maranhão mandou S. Mag.<sup>de</sup> por G.<sup>or</sup> Fran.<sup>co</sup> Coelho de Carvalho (87) f.º de Feliciano Coelho (88), o qual levou em dous Navios armas, bastimentos, e muitos cazados p.ª a povoação daquella conquista e dés Religiosos capuchos de Santo Ant.º p.ª plantarem nella hua nova Provincia, de q' foi por Custodio o P.<sup>e</sup> Fr. Christovão

----

(85) Com D. Francisco de Moura foram a servir Jeronymo Serrão de Paiva e Francisco Pereira de Vargas.

D. Francisco de Moura era filho de D. Felippe de Moura e D. Genebra Cavalcanti e sobrinho de D. Christovam de Moura. Militara em Flandres e na India. Teve 4 Commendas, foi senhor da Ilha Graciosa e membro do Conselho d'Estado.

Falleceu sem deixar successor.

(86) E' Salvador Correa de Sá e Benevides, como dizem Varnhagen (Hist. Ger. do Br.) e Galanti (Compendio de Hist. do Brazil).

(87) Em virtude da C. R. de 13 de Junho de 1621 foram separadas do Estado do Brasil para constituir o Estado do Maranhão as capitanias do Ceará, Maranhão e Pará.

Realisava-se uma ideia que não era nova, porquanto já a 20 de Junho de 1618 tratara do assumpto El-rei ao Conselho de Fazenda.

Para capitão general e governador do novo Estado foi nomeado em 1623 o fidalgo da casa real Francisco Coelho de Carvalho, o qual, como acima diz Manoel Severim, partiu de Lisboa com varios companheiros a 25 de Março de 1624.

Com elles veio tambem o indio D. Luiz do Sousa que a passeio andava pelo Reino. Era o principal dos tupinambás do Maranhão, como Mandiocapuba era o principal dos Tabajaras sendo que entre os dous havia forte rivalidade.

Por causa da guerra dos Hollandezes, contra os quaes se bateu por vezes, e por motivo do recebimento de certas quantias deixou-se ficar Francisco Coelho de Carvalho em Pernambuco seguindo ao seu destino frei Christovam e seus companheiros, os quaes aportaram a Moçoripe a 18 de Julho.

de Lix.ª (89). Partirão estes Navios com as Naos da India
a 25 de Março de 1624 e chegarão a salvamento a Per-

Francisco Coelho só no mez de Julho de 1626 foi que deixou
Pernambuco. Naturalmente por não ter noticia dessa demora é que
o B. de Guajará fal-o sahir de Lisboa em Março de 1626 a tomar
conta do governo. Por outro lado, é digno de reparo que Teixeira
de Moraes escrevendo ainda no seculo em que os factos se deram
colloque em 1624 a chegada de Francisco Coelho de Carvalho ao
Maranhão.

Francisco Coelho construiu uma Fortaleza na bocca do rio
Itapocuru e para ella fez passar a artilharia existente nas fortalezas
de S. Felippe, que melhorou, e S. Francisco.

Em seu tempo fundaram-se as Capitanias de Tapuytapora ou
Cumã, que foi doada a seu irmão Antonio Coelho de Carvalho, de
Caheté, doada a Alvaro de Sousa, primogenito do 1.º donatario, e
de Cametá que foi confirmada em 1637 a seu filho Feliciano Coelho.
Falleceu em Cametá a 15 de Setembro de 1636. .

A elle se referem em termos laudatorios o P. Luiz Figueira
na sua "Relação de algumas cousas tocantes ao Maranhão e Grão
Pará" e Teixeira de Moraes na sua "Relação Historica e Politica", e
em termos os mais accusadores Jacome Raymundo de Noronha
em relatorio apresentado a El-Rei a 10 de Maio de 1637.

No vol. P. 6. 28 da Bibliotheca N. de Lisboa encontrei uma
Provisão Regia de 4 de Novembro de 1644 em favor do Antonio
Coelho de Carvalho, senhor da capitania do Cumã, e duas Cartas
Regias (3 de Setembro de 1648) dirigidas a Luiz de Magalhães
tambem referentes a elle

Esse volume P. 6. 28. é summamente precioso para a historia
dos Jesuitas do Maranhão e Pará.

Francisco Coelho de Carvalho casou com D. Brites de Albuquerque, filha de Antonio Cavalcanti de Albuquerque, e portanto era
cunhado de Antonio Cavalcanti de Albuquerque que mesmo por
esses tempos figurou na historia do Pará e Maranhão.

(88) Commendador de Ceia, e governador da Parahyba e de
S. Thomé. Foi sua mulher D. Maria Monteiro.

(89) Frei Christovam Severim ou de Lisboa, mais tarde Bispo
de Angola, partiu do Reino a 25 de Março trazendo em sua companhia dez religiosos da Provincia de S. Antonio de Portugal e
aportou a Pernambuco a 4 de Maio de 1624; em Pernambuco chamou
a si mais cinco religiosos da Custodia do Brasil, que foram frei
Antonio do Calvario, excellente lingua dos indios, frei Manoel Baptista, frei João da Cruz, e os leigos Junipero e Domingos e un-
e outros se partiram do Recife a 12 de Julho.

nambuco (90) donde os mandou o govèrnador com M.<sup>el</sup>
de Souza de Saa (91) seu Almirante, q' hia por Capp.<sup>m</sup>
do Pará e elle se ficou em Pernambuco por ordem do
G.<sup>or</sup> do Estado.

De Março de 1625 até todo Fevereiro de 1626 (92).

As victorias do Brazil forão este anno as maes ce-
lebradas que tivemos no Reyno pelo grande cabedal que
nesta empreza estava metido da parte dos inimigos, e
nossa, e dos effeitos que della podião rezultar, o assim
se dará de tudo maes particular relação.

Sahio o General D. Manoel de Menezes de Lisboa
a 2 (93) de Novembro de 624 com 22 vellas, como se

----

Santa Maria Jaboatam (Novo Orbe Seraphico) quer que seis o
não cinco fossem os religiosos condusidos de Pernambuco e aventa
então a ideia que esse 6.° fora o notavel frei Francisco do Rosario.

Convem aqui recordar de novo que frei Christovam de Lisboa
foi irmão de Manoel Severim.

(90) Chegaram frei Christovam e seus companheiros a Pernambuco a 4 de Maio; ahi se lhes ajuntaram cinco religiosos da
Custodia do Brasil e partiram todos a 12 de Julho, chegaram ao
Ceará a 18 do dito mez e após uma demora alli de 15 dias pro-
seguiram viagem para o Maranhão que tomaram a 5 de Agosto
segundo frei Antonio de S. Maria Jaboatam ou a 6 segundo frei Apol-
linario da Conceição.

(91) E' engano do illustre chantre. Sousa d'Eça ou Deça
ou de Sá, que differentemente o chamam, ficou em Recife, donde
sahiu para a Bahia só vindo depois para o Maranhão em companhia
do proprio governador.

Em carta de 2 de Janeiro de 1627, escripta de S. Luiz do Maranhão a Manoel Severim, frei Christovam depois de lhe haver elo-
giado seu livro sobre as cousas do Brazil aponta nelle algumas in-
correcções entre as quaes a da vinda de Sousa d'Eça em companhia
delle frei Christovam. Essa carta faz parte da minha Collecção.

(92) Sob o nome de Francisco de Abreu, natural de Lisboa,
publicou Severim de Faria umas Relações que vão do mez de Março
de 625 até todo o Septembro de 626 e desde Março de 626 até
Agosto de 627. Da primeira viu Innocencio Francisco da Silva um
exemplar; da segunda diz elle que não ha sido possivel ver algum.

(93) Deve ser 22 pois que a 24 de Dezembro estavam em
Cabo Verde.

avizou na relação passada, com ordem de hir esperar a Armada Castelhana no Cabo Verde. Chegarão a este porto a 24 de Dezembro com menos dous Navios, que se derrotarão a Pernambuco, e Parahiba, e o Galeão Conceição (94), que de noite encalhou nos baixos da Ilha de Mayo com morte de muitos que se adiantarão a lançar no mar, como se este lhe pudera faltar se detiverão esperando o remedio, que lhe chegou o dia seguinte de toda a Armada, onde os Fidalgos andarão em competencia a quem havia de soccorrer melhor aos do naufragio.

Detevese a frota aqui 50 dias, nelles mandou o General fazer resenha da gente e exercitala nas armas. O governador Francisco de Vasconcellos regalou a todos com grande abundancia, e foi Deos servido que com ser sitio tão doentio não adoeceo gente alguma, o que se deve a evidente milagre.

Chegou D. Fadrique com a Armada Castelhana a 7 de Fevereiro e com grandes demonstrações de festas se salvarão de ambas as partes, posto que D. Fadrique assim nas salvas como nas cortezias excedeo em favor dos nossos, querendo lhe reconhecer nestes obsequios o louvor que merecião em partir primeiro. Tanto que deo ferro se meteo no batel, e foi buscar o nosso General, e achando já no Mar se veyo com elle a nossa capitanea. Não contente com esta vizita vio depois os principaes Fidalgos Portuguezes nos seus galeões. E porq' o Morgado de Oliveira estava mal disposto em terra o foi buscar a sua caza.

Daqui partirão a 11 de Fevereiro, e a 29 de Março (95) tiverão vista da costa da Bahia; Logo se receberão avizos

---

(94) Era a nau de Antonio Muniz Barreto.

(95) Essa data é tambem a do P.º Guerreiro, mas ha engano pois adiante Manuel Severim diz que deram fundo as nossas Frotas na Barra da Bahia a 29 de Março. Naturalmente foi a 27.

de D. Francisco de Moura (96) que no Rio Vermelho
com hum pequeno esquadrão de Portuguezes tinha en-
cerrados os inimigos, que os Olandezes erão 2$300 ho-
mens, 700 dos quaes erão Francezes, Inglezes e Alemães,
que estava a Praça muy fortificada pela parte do mar
e terra, que alem das Trincheiras guarnecidas com 157
peças de artelharia a tinhão cercada com hua cava pro-
fundissima, e aorredor della de grandes estacadas de paos
p.ª encravar os nossos quando dessem o assalto; tinhão
no mar á sombra do Forte que fez Diogo de Mendoça na
praya 17 Navios, seis delles Galeões de grande porte.

Derão fundo as nossas Frotas na Barra da Bahia a 29
de Março (97), e tendo ao outro dia, que foi de Paschoa,
conselho com os Cappitães e Fidalgos principaes de ambas
as Armadas se assentou que sahissem em terra 600 Italianos, 2000 Castelhanos, 1500 Portuguezes afóra 1400
de D. Francisco de Moura, que elle ficou governando
como dantes. Tambem o General D. Manoel de Menezes
assentou de não sahir em terra com que se evitou ficar
elle parecendo o General de toda a empreza pois de força o
havião de acompanhar os Titolos e principal nobreza da
Frota, que toda era de Portugal, e ainda o mayor nu-

<hr/>

(96) A lucta emprehendida polo bispo D. Marcos Teixeira foi
continuada por Francisco Nunes Marinho até a chegada do governador D. Francisco de Moura, que se assenhoreou dos arrabaldes
da Bahia. Nunes Marinho fora capitão mór da Parahyba, como do
Rio Grande o foi Francisco Caldeira Castello Branco, de quem
atraz me occupei por vezes. Este ultimo como tal não figura, todavia, nas Relações dos diversos historiadores.                        1

(97) O Barão de Porto Seguro na sua Historia Geral do Brasi
vol. 1.º apresenta a copia de uma planta da Bahia em 1625 repre-
sentando a Esquadra Real e as diversas posições hollandezas e portuguezas. Não diz, porem, donde extrahiu tal copia.

Ha na Bibliotheca Nacional de Lisboa um volume sob n.º 12416
que é a «Jornada dos Vassalos da Coroa de Portugal, para se recuperar a Cidade do Salvador na Bahya de todos os Santos, tomada
pollos Olandezes, a oito de Mayo de 1625. Feita pollo Padre Berto-
lamov Guerreiro da Companhia de Jesv.» Foi impressa em 1625
por Matheus Pinheiro. Esse livro, digno de consulta, pertenceu á
bibliotheca de D. Francisco Manuel. Varnhagen conheceu-o porquanto cita-o em sua Hist. Geral.

mero da soldadesca porque com os soccorros que se
espéravão e logo vierão passarão os Portuguezes de 3300.
Por esta rezão e por se evitarem contendas não quis
D. Fradrique mandar aquartelar os Portuguezes a parte
senão misturados com os Castelhanos. E assim houve
entre todos grande paz e amizade. O que ajudou o rigor com que D. Fadrique mandou enforcar a hum gas-
tador, que arrancou huma faca contra hu Portuguez sem
lhe valer a intercessão de toda a nossa gente.

A 30 de Março mandou o General lançar gente
em terra, e o Morgado de Oliveira foi o primeiro q' a
tomou. O exercito se repartiu em tres sitios, padrastos
da cidade p.ª se bater melhor q' forão S. Bento o Carmo e
o das Palmeiras a cada um se levou a Artelharia com
trabalho immenso dos soldados, em que a Nobreza de
Portugal se aventejou a todos, sendo a obra tão dificul-
toza pela fragura dos montes e falta de animaes p.ª as
carretas que nesta impossibibilidade tinhão os inimigos
fundado suas esperanças e vencida ella se derão logo
por perdidos. Nos quarteis se alojavão os Fidalgos pelas cazas dos Arrebaldes fazendo cada hum gentileza
de ficar maes perto da Artelharia inimiga, excesso grande, e a que deve acudir o general com muito rigor pelo
manifesto perigo a que se poem muitas vezes as pessoas de mayor importancia do campo, perdendo infru-
tuosamente as vidas, como aconteceo a Martim Affonso,
Morgado da Oliveira Fidalgo digno por seu esforço,
cortezia e liberalidade de maes larga vida, e que com
sua morte fez este cerco famoso. (98) Mas não foi esta
só a desgraça porq' a 2 de Abril fazendo os contrarios
ao meyo dia uma sahida contra os quarteis de Sam

(98)  Estava elle no quartel do Carmo em companhia do cunhado Conde de S. João quando uma bala de artilheria despedaçou-
lhe uma perna, vindo a succumbir 3 dias depois.
Era irmão do Morgado de Oliveira Diogo Luiz, que chegou a
Pernambuco a 7 de Novembro de 1626, nomeado successor de Mathias de Albuquerque no governo geral do Brasil.

Bento acharão os soldados do Terço de D. Pedro Osorio tão descuidados que fizerão nelles huma grande ma-
tança e pudera ser mayor se lhe não acodirão os Portuguezes do Terço de D. Francisco de Almeyda, que
retirarão ao inimigo até a sua Artelharia da qual receberão não pequeno damno, ficando dos nossos mortos
36 em q' entrou o mesmo D. Pedro Osorio, o Alferes
de D. Francisco de Almeyda, afora 92 feridos de que
depois morrerão muitos (99). Neste recontro vindo D. Francisco de Faro, filho do Conde de Faro (100), a braços com
hum Olandes, o rendeo e fez prezioneiro. O cerco foi
proseguido com grande vallor de parte a parte, chegando
hum soldado nosso creado de D. Affonso de Alencastre,
filho do Duque de Aveiro, a tirar huma bandeira do muro
aos inimigos, e tornando elles a pôr outra lha tirou segunda vez hum soldado Portuguez com não menor valor e
bom successo.

Aos 8 de Abril intentou o inimigo queimar a nossa
frota com tres Navios de fogo (101) mas pela pouca corrente
do porto não fizerão effeito, antes da nossa Almirante
lhe tomarão tres pessas de artelharia e dous homens em
recompensa; Mandou o General D. Manoel de Menezes
lançar alguma gente em terra, e fazer plataformas em
partes tão accomodadas contra a Armada inimiga, que
lhe meteo 7 Navios no fundo.

Estando nesta bataria 90 soldados Portuguezes como
Alferes Ignacio de Mendoça e João de Loureiro, em 27

---

(99) Varnhagen, Barão de Porto Seguro, attribue (Hollanlezes
no Brazil p. 33), as desgraças desse encontro, uma arrancada, como
diz elle, dirigida pelo capitão Kijf, ao facto da estancia de S. Bento
se achar mui desguarnecida e os soldados em grande numero desarmados e trabalhando em terraplenar o caminho e pouco vestidos em virtude do calor.
    Loa-se o cap. "Memoria dos catholicos que morrerão ou forão
feridos na restauração do Brasil" no livro *Grandeza da Hespanha
invejada de todos. A restauração da Cidade do Salvador.*
    (100) D. Estevão.
    (101) Chamados tambem brulotes.

de Abril se chegarão os nossos a hum baluarte do inimigo, ainda que sem ordem do superior lhe derão o assalto de maneira q' os que o defendião lhe pedirão se detivessem, porque se querião entregar. Sobirão-se logo acima os dous nomeados, com o seu sargento, e vindo o Coronel Olandez lhe pedio se trazião ordem p.ª fazer concertos. Os nossos lhe responderão que não mas pois tratavão de se render mandasse ao General D. Fradrique hum Tambor e com elle podião preitear.

Por esta occazião mandarão os Olandezes hum Tambor ao quartel do Carmo, que por ordem do Mestre de Campo Antonio Monis Barreto foi levado a D. Fadrique, e lida a carta que levava depois de algumas replicas de parte a parte foi acordado (102) que entregarião a Praça com todo o recheio, sahindo só os Cappitães (103) com espadas, e os demais soldados sem armas com huma de fao ás costas de seus vestidos, e que lhe darião embarcação e mantimentos até Olanda a sua custa p.ª o que deixarão refens.

Com estas condições renderão a cidade em 30 de Abril, onde entrarão logo os soldados Castelhanos, que tiverão menos sofrimento. Porem os Portuguezes de Antonio Moniz Barreto e de D. Francisco de Moura estiverão em firme obediencia tres dias de fora e assim

---

(102) O auto da entrega da cidade, que foi assignado por parte dos Hollandezes por Guilherme Stop, Hugo Antonio e Francisco Duquesneck e dos Portuguezes e Hespanhoes pelo Marquez Dom Fradique de Toledo, o Marquez de Cropani, Dom Francisco de Almeida, Antonio Moniz Barreto, Dom João de Orelhana, Dom Jeronymo Quijada, Diogo Roiz e Joam Vicente de Sam Felice, se encontra na obra *Restauração da Cidade do Salvador*, tradusida pelo autor das *Memorias Historicas e Politicas da Provincia da Bahia*.

(103) Nas chronicas do tempo encontro os nomes de alguns officiaes hollandezes, como o do coronel Hans Riffgnamelt e os dos capitães Quist e Mansfelt, alem dos daquelles que firmaram o auto de capitulação.

ficarão sem participar do saco (104). O que os nossos estimarão tão pouco, que houve alguns cappitães que nunca quizerão deixar os seus quarteis, entre os quaes teve particular louvor Gonçallo de Souza filho do Governador de Angola, pelo deséntressado animo que mostrou nesta materia. Porem o resto dos nossos entrou dia da invenção da Crus, que foi o mesmo em que o Cappitão Pedralves Cabral illustrou esta Provincia com o nome victoriozo da Santa Cruz (105).

Morrerão dos Inimigos passante de 300, dos nossos 284, e forão 143 feridos.

Foi a preza da cidade avaliada conforme a cobiça e inveja de cada hum, mas os que julgarão as couzas em meyo entendem que chegou a hum milhão e mais em que entrou a Artelharia, armas, munições e bastimentos com q' puderão os cercados sustentar a Praça muitos

---

(104) D. Fradique de Toledo saltou em terra com as tropas das Nações Portugueza, Hespanhola, e Italiana. poz sítio á Cidade, e a rendeo em trinta dias. As ditas Nações, sem differença no injusto ardor, usárão com tanta ambiçaõ da victoria, que se deixárao vêr á Cidade inimigos peiores que os Hollandezes. O mar com tormentas, perda de navios, e de gente na volta para Hespanha castigou a impiedade usada com os moradores; e El-Rei remunerou os nossos Fidalgos com o que era nosso. (Damião A. de Lemos Faria e Castro, Hist. Ger. de Portugal, tomo 18, p. 65).

(105) Segundo a Carta de Pero Vaz de Caminha a El-Rei deu Cabral a 22 de Abril de 1500 á terra descoberta o nome de Vera Cruz, mais tarde Ilha da Cruz, Santa Cruz e finalmente Brazil.

A Commemoração do Quarto Centenario do Descobrimento do Brasil foi ensejo para publicação no Paiz de varios importantes trabalhos, sendo para citar as Memorias publicadas pela Associação do 4.º Centenario e os trabalhos de Capistrano de Abreu (O Descobrimento do Brasil pelos Portuguezes), Vidal de Oliveira (A armada de Cabral e a Descoberta do Brasil), Almirante Fonseca (Demonstração da entrada de Pedro Alvares Cabral em Porto Seguro), Carlos de Laet (O Descobrimento do Brasil. Succinta noticia historica do grande acontecimento e descripção do Panorama do Snr. Victor Meirelles de Lima), Pereira da Costa (Carta de Pero Vaz de Caminha), Candido Costa (o Descobrimento da America e do Brasil) e outros.

tempos, sem padecerem falta de nenhuns destas couzas. Acharão-se na terra alguns christãos novos, que estavão lançados com os Olandezes, de que se fez justicia e juntam.[1] de alguns Escravos que erão cappitães dos maes que passavão de 400. Entre as pessoas, que cobrarão liberdade foi D. Francisco Sarmiento (106) Governador que tinha sido do Potosi, que com huma Náo sua carregada de prata foi cativo entrando na Bahia, sem saber que estava pelos Olandezes. Trazia este Fidalgo sua molher e filhas, e posto que as barras da sua prata, que estavão em mão do General D. Fadrique importavão m.<sup>tos</sup> mil cruzados, não se lhe restituio couza alguma, antes pedindo elles por meyo de D. Affonso de Noronha a D. Fadrique q' lhe desse quinhentos mil cruzados de esmolla p.ª se vir p.ª Espanha, lhe foi negado, do que compadecendose D. Affonso com animo generozo vendeo a baxella e lhos deu de sua caza, ficando em estado que os outros Fidalgos o soccorerão até Portugal. Por este direito da guerra se houve por perdido todo o movel dos moradores da Bahia, sagrado e porfano, tirando o das cazas que cahirão em mãos dos Portuguezes, porque esse se tornou generozamente a seus donos. Deste modo recuperamos a Bahia, e alcançaremos sempre semelhantes victorias se se proceder da nossa parte com boa ordem militar no asentar dos quarteis, fazer das trincheiras, na destreza dos Artelheiros, e sobretudo na obediencia dos soldados.

A 26 de Maio chegou á Babia o soccorro da Armada Olandeza (107), que os cercados esperavão: erão 33 vellas, que não sabendo o que passava lançarão ferro defronte do Forte de S.<sup>to</sup> Antonio. Sahirão logo os nossos Generaes a encontrala, indo na vanguarda os Navios Portuguezes. Porem impedidos do vento, maré, e da noite, que sobrevinha, amaynarão tendo já tocado hum galião Castelhano,

---

(106)  D. Francisco Sarmiento Soutomaior.
(107)  Commandava essa poderosa armada Boudewyn Hendricksoon.

que porcurou dar a volta mais junto da terra. Vendo
isto os inimigos derão á vella favorecidos da noite, perdendo ao sahir a sua Almirante e correndo a costa p.ª
o norte, vendo-se necessitados de agoa e com m.tos enfermos lançarão gente na Bahia da Trayção, perto da Parahyba (108), e se fortificarão nella (109). Guiados daqui
pellos Gentios (110) fizerão duas entradas pella terra
dentro (111), com pouco damno dos Portuguezes. Foi
avizado disto o Governador do Maranhão Fran.co Coelho
de Carvalho com 7 Companhias de Portuguezes p.ª q'
rezistisse aos intentos do inimigo, emquanto chegavão as
nossas Armadas da Bahia, que já tinhão recado do que
passava. Porem o Governador Fran.co Coelho se houve
com tanto vallor (112), que escuzou o trabalho a D. Fadrique pois vencendo o inimigo em varias escaramuças o con-
strangeo a se retirar a frota com m.los mortos e deixar
de todo o porto no primeiro de Agosto de 1625 (113),
ganhando, sem perder soldado, huma gloriozissima victoria

(108) Era então capitão da Parahyba Antonio de Albuquerque.
(109, Primeiro quizerão ir a Pernambuco mas Mathias de
Albuquerque estava apparelhado e então desistiram de tentar a
fortuna.
(110) Indios Potiguares ou Petiguares.
(111) Pelo rio Mamanguape.
(112) Esses actos de valentia na Parahyba, aliás citados tambem por varios historiadores, Guerreiro a frente, nunca se reali-
saram. Firmo-me para dizel-o assim em Documentos da epocha.
O que sei é que os Portuguezes fugiram em debandada e Coelho
de Carvalho nunca poz os olhos nos inimigos, estando affastado
delles cinco leguas e por um rio; até a bandeira que sob o commando do capitão Antonio de Albuquerque sahiu em demanda de alguns Hollandezes que haviam se internado a furtar gado, esta mesma
nada de heroico produziu, nem mesmo poude impedir que os inimigos penetrassem no engenho de Antonio de Albuquerque, rou-
bassem-o e ateiassem-lhe fogo.
(113) Dos indios que haviam prestado auxilio aos Hollandezes
aquelles que escaparam ás companhias de Coelho de Carvalho e
aos tabajaras foram destroçados ou captivados pelas tropas de Antonio de Albuquerque, capitão da Parahyba e pelas do capitão do Rio
Grande Francisco Gomes de Mello.

contra o inimigo tão poderozo que sahindo daqui foi á Ilha de Porto Rico, onde desembarcando se senhoreou da cidade (114).

Outra assinalada victoria tiverão os nossos dos Olandezes na Capitania do Espirito Santo, que se pode ter milagroza, vista a desigualdade das Armas, e gente em que os nossos erão inferiores aos inimigos. Em 16 (115) de Março de 1625 apparecerão a vista daquella costa oito velas de Olandezes (116) de que houve tão grande sobresalto na villa como se não tiverão os inimigos por vizinhos na Bahia havia perto de hum anno. Começarão logo as mulheres e meninos a despejar as cazas e acolherse p.ª o mato, enchendo tudo de lastimoso pranto. Comtudo o Cappitão Fran.co de Aguiar (117) fez ajuntar a gente, a qual era tão pouca e mal armada que na estancia do Governador, que era a melhor, se acharão sós doze Espingardas, e os mais não tinhão outras armas que Espadas e Rodellas. Este abominavel descuido com q' os nossos Portuguezes vivem fóra da Barra com tanta segurança como se estiverão no sertão de Portugal os tem m.tas vezes trazido as mayores mizerias do Mundo pois pelejando sem armas com inimigos armados de força hão de ser vencidos ou escapar por milagre do ceo, e assim perdem as fazendas e liberdade não por falta de vallor, mas de instrumentos de sua defensão nos quaes se empergarão huma pequena parte do que empergão em outras mercadorias não vierão por pouparem hum pouco

(114) Manoel Severim é singular nessa informação; todos os auctores se referem ao insuccosso de Hendricksoon no assalto a Porto Rico

(115) Outros escrevem que a 12 de Março. Bazilio Daemon nas suas Ephemerides dá por equivoco a invasão do Espirito Santo como succedida em 1624.

(116) Era a armada de Pieter Heyn, que sahira a conquistar o reino de Angola, e donde voltava sem nada ter conseguido por ter encontrado Loanda bem apercebida.

(117) Francisco de Aguiar Coutinho.

a perder depois tudo e o que peor he a honra e reputação do mesmo Reyno.

Quiz Deos que nesta ocazião estivesse no Espirito Santo Salvador Correa de Sáa (118) filho do Governador do Rio de Janeiro com 40 Portuguezes bem armados e 70 Indios de frechas, que levava de soccorro p.ª a Bahia. Com esta gente, e com a da terra fez o Cappitão tres estancias que pos nas bocas das Ruas, que sahião p.ª a praya

Entre tanto o inimigo entrou com todas as vellas pelo Rio acima, onde pudera maes facilmente ser desbaratado se 4 pessas, que havia na villa as puzerão nos Lugares, que ficavão sobre o Rio e estão fortificadas p.ª este effeito. Porem como isto faltou surgirão no porto os Olandezes com grande estrondo de Artelharia, e lançarão logo fora 300 homens mosqueteiros, que tomando terra sem contradição se vierão p.ª a villa aberta por toda a parte, sem maes muros nem Trincheiras que os peitos dos que a defendião. Cometerão primeiro os nossos valerozamente, e entre todos se travou a peleja, que durou com m.to fervor maes de hum quarto de hora; Até que vendo o Padre Guardião de Sam Fran.co Fr. Manoel do Espirito Santo (que andava na estancia de N. Senhora da Victoria animando os nossos) como os inimigos cometidos por hu lado mostravão alguma fraqueza, gritou: Victoria! Victoria! a cuja voz rendidos elles, deixarão logo as armas e começarão a fugir. Vendo isto os das outras estancias apertarão com os contrarios de maneira q' em breve espaço huns e outros virarão todos as costas fugindo p.ª as lanchas. Seguirão os nossos o alcance, porem sendo tão pouca a gente fez sinal o Cappitão de recolher, por não succeder algum desastre contentandose com ver o campo cuberto de inimigos mortos, e dos despojos de suas armas sem fallar da nossa parte maes de hum soldado.

(118) Com duas caravellas e 4 canoas.

Tornarão os Olandezes ao outro dia tentar de novo a Fortuna, mas não lhe sahio melhor a sorte porque tomando terra em mayor numero, vendo morto hum companheiro de huma setta que lhe tirarão da villa, se tornarão a embarcar sem quererem experimentar segunda vez o vallor dos nossos.

A fama destes bons successos acodio m.ta gente do matto a villa, querendose até os covardes gloriar da victoria. O que sentindo os inimigos determinarão hir pelo Rio acima assaltar o mato q' não tinha maes que mulheres. Para isto partirão em quatro embarcações, guiadas por hum Rodrigo Pedro (119) Estrangeiro que fora morador no Espirito Santo.

Cauzou esta inesperada rezolução grande sobresalto nos nossos, porque todos tinhão suas familias, e fazendas fora, a que acodissem desemparavão huma e outra parte. Pelo que ordenou o Capitão mor a João de Azevedo, que com alguma gente fosse á vista dos inimigos. Comtudo elles que hião diante tomarão varias canoas, e hum caravellão de Salvador de Saa, que estava quazi despejado, e passando a noite contentes com esta preza, os nossos se ajuntarão entretanto com Salvador de Saa, e sahindo ao outro dia de huma emboscada com tres canoas derão nos inimigos com tanta furia que lhe abalroarão a lancha principal sem deixarem nella maes que dous com vida. As outras se recolherão com tanto damno q' em huma sós quatro escaparão da morte. E assim ficarão os nossos senhores do campo custando-nos a victoria dous homens e alguns feridos.

Desesperados os Olandezes de melhor successo, derão á vella a 18 de Março, deixando mortos maes de cem homens, em que entrou o seu Almirante, e o Traydor de Rodrigo Pedro, que era cazado no lugar, e posto

(119) Rodrigo Pedro, morador na Capitania do Espirito Santo, fora preso e condemnado á morte, mas sobrestando-se na execução da pena conseguira evadir-se. Foi isso no governo de Dom Luiz de Sousa.

que nos dias que estiverão no porto meterão maes de 850 pelouros de artelharia na villa não fizerão damno de consideração.

Despois destas victorias quiz Deos que padecessem as nossas Armadas algumas adversidades na volta, porque não atribuicemos a nós a gloria de tantos vencimentos. Estava já neste tempo a Bahia bem fortificada, e guarnecida de mil homens Portuguezes de prezidio debaixo da obediencia de D. Fran.ᶜᵒ de Moura, pelo que as Armadas se partirão a 8 (120) de Agosto de 625 levando a derrota de Pernambuco. Nesta viagem lhe deu huma grande tormenta (121), com que todos se dividirão; Ficou a nossa Real com 15 vellas, entre Portuguezas e Castelhanas, e não podendo o General tomar a Pernambuco (122), se fez na via do Reino com tantos ventos q' chegou a Lisboa só a 14 de Outubro.

---

(120) A 4 diz o P.ᵉ Bartholomeu Guerreiro, e a 2 diz o autor da *Restauração da Cidade do Salvador.*

(121) Muito, muito menor, porem, sem duvida, do que a que assaltou a armada sob seu commando quando mandado a escoltar as Naos da India, que por medo dos Inglezes se tinham abrigado em Corunha. D. Manoel de Menezeo, marinheiro e soldado experimentado, se oppuzera tenazmente á viagem, mas lhe foi forçoso obedecer ás ordens terminantes. Sahidas que foram as naus da India, as quaes vinham pejadas de importantes cabedaes, desencadeou-se tremenda tempestade nos primeiros dias de Janeiro de 1627, no golpho de Gasconha, e tudo se perdeu, as naus com seus milhões, os mais valentes soldados passante de 600 entre os quaes os almirantes Antonio Moniz e Vicente de Brito, innumeros fidalgos, 52 peças de bronze, todas as forças maritimas, emfim, do velho Portugal.

Realisara-se o vaticinio de D. Manoel, um dos poucos que escaparam ao medonho desastre.

Mal recebido do Rei em Madrid, voltou elle a Portugal, onde falleceu a 28 de Julho do anno seguinte, sendo sepultado junto a Antonio Moniz Barreto na Egreja da Madre de Deus.

Fora o successor de Frei Bernardo de Brito no cargo de Chronista mor, e Cosmographo mór por morte de Manoel de Figueredo, discipulo do celebre Pedro Nunes.

(122) Onde se lhe preparavam grandes festas.

Os outros Navios nossos tiverão diversas sortes porque a Almirante abrio em chegando a Ilha de S. Jorge (123). O Patacho de Domingos Varejão e o Navio de Constantino de Mello forão prezos de 9 Galeões Olandezes, a que não puderão rezistir O mesmo aconteceo ao de Antonio Soares, Galeão Santa Anna, Castelhano, Almirante das quatro velas, em que vinha o Mestre de Campo D. João de Orelhana, abalroando com hum Navio Olandez tomou fogo e huns e outros voarão (124) á vista da nossa Real, que estava combatendo com outras duas vellas Olandezas e salvou alguns, q' deste miseravel espectaculo escaparão.

Dom Fadrique com a outra Esquadra teve a mesma adversidade, afundando se lhe alguns Navios, perdendo outros, e padeceo tanto por falta de agoa e mantimentos que esteve em grande perigo. Ultimam.<sup>te</sup> com a força dos ventos entrou pelo Estreito de Gibaltar, e foi surgir a Malaga com parte da Armada, tomando o restante diversos portos.

Em Malaga desembarcarão dos nossos o Conde de Tarouca, D. Loppo da Cunha Senhor de Santar, João da Silva Telles, D. Fran.<sup>co</sup>, filho do Conde de Faro, e outros Fidalgos que vindo p.<sup>a</sup> o Reyno souberão junto a Sevilha como estava cercada Cadis da Armada Ingleza, e logo se forão aquella cidade, sendo os que levarão a vanguarda de soccorro, que nella entrou, onde assistirão até a retirada do inimigo.

O mesmo fiserão D. Affonso de Noronha, Antonio Moniz Barreto, e Henrique Henriquez e D. Affonso de Alencastre; posto que por os tomar a nova maes tarde chegarão quando o inimigo se embarcava.

(123) São dignos de registo os actos de heroicidade praticados a bordo desse navio por 2 Padres da Companhia, Damião Cotelho e Antonio de Sousa.
(124) Dom João de Orelhana morreu afogado por se haver atirado ao mar precipitadamente.

Quando os nossos chegarão ao Reyno, acharão q' S. Mag.<sup>de</sup> havia por sua mão escritto ao nosso Conselho que porque estava informado do vallor com que os Portuguezes o servirão nesta occasião, e que p.ª morrer por seu serviço lhe não faltara vontade e sobejara o esforço mandava que a cada hum se desse tudo o que tivesse da coroa p.ª filhos ou herdeiros, e se lhe fizessem todas as maes mercês que elle por outro Decreto seu tinha concedido aos que morressem nesta empreza sem ser necessario a nenhum fazer sobre isto maes deligencias, porque queria que soubessem os Portuguezes que p.ª lhe fazer mercê não queria dessem maes passos que os dados em seu serviço. Magnificencia tão grandiosa que recompensou igualm.<sup>te</sup> o animo desenteressado com que a Nobreza deste Reyno se embarcou p.ª esta jornada sem pedir satisfação alguma, e que obriga a todos se empregarem fervorozamente nos serviços de Principe que tanto se lembra dos que o servem.

Desde Março do 1626 até Fevereiro de 1627. Nada (125).

Desde Setembro de 1627 até Fevereiro de 1628. Nada (126).

De Março de 1623 até Fevereiro de 1629.

Sobre as couzas do Brazil se tem feito hua Junta na Corte, em caza do Marquez Espinola (127), em q'

---

(125) E' notavel esse silencio de Manoel Severim sobre factos desse anno, como por exemplo o apparecimento de uma esquadra Hollandeza a 19 de Abril deante da Bahia, prezas que fez nas costas de Alagoas, em Páo Amarello, em Goyana, suppressão da Relação da Bahia, etc.

(126) E' ainda notavel que Manoel Severim cale as grandes presas feitas por Pieter Heyn nesse anno na Bahia apezar de Diogo Luiz. Heyn carregado de despojos deixou a Bahia a 14 de Julho. No anno seguinte logrou aprisionar a Frota do Mexico enriquecendo dessa sorte a si e á Companhia Hollandeza.

'127) Esse illustre homem de Estado falleceu a 25 de Setembro de 1630.

entra o mesmo Marquez, o Duque de Villa Fermoza. o
Conde de Linhares, D. P. Coutinho, D. Francisco de Moura
e Mathias de Albuquerque.

De Março de 1629 até Fevereiro de 1630.

Do Brazil veio a frota em Dezembro por se des-
encontrar dos piratas; chegou a mayor parte della a sal-
vam.to O governo da Paraiba se deu a P.º de Cadena com
obrigação de fazer nella huma fortaleza (128).

Do Anno, que começou em Março de 1630 e acabou em Fevereiro de 1631 (129).

A 16 de Março de 1630 (130) desembarcarão dous mil
olandezes (131) perto do Pernambuco, e não havendo na

------

(128)  Não figura na Lista dos governadores da Parahyba
de Varnhagen.
(129)  Tirada de uma carta para a India.
(130)  Todos os auctores dão a perda de Olinda como tendo
occorrido a 16 de Fevereiro.
Desembarcaram 2101 soldados e 699 marinheiros junto com 2
pequenas peças, que atiravam balas de 3 libras. A 16 de Fevereiro
se entregava a cidade. isso se vê bem do *Diario de um soldado da
Companhia das Indias Occidentaes*, por Ambrosio Richshoffer, hoje
tradusido a vernaculo graças a Alfredo de Carvalho.
Alfredo de Carvalho é tambem o traductor de outro livro
hollandez *Olinda Conquistada*.
O primeiro ponto de desembarque dos invasores foi em Pau
Amarello, 3 leguas de Olinda.
São dignos de registo os feitos de valor e patriotismo então
praticados por Mathias de Albuquerque, Salvador de Azevedo, André
Pereira Themudo (ex-capitão mór da Parahyba), e como a historia
deve guardar tambem a memoria dos ruins feitos, fiquem aqui con-
signados os nomes de Antonio Dias, judeu, Cornelis Jan e Adrian
Franck. hollandezes, espiões e traidores da causa brasileira.
(131)  Commandava as forças de terra Diederik van Waerdem-
burch e a esquadra Hendrick Cornelissoon Loncq. Para se oppor a
esses a Corte de Madrid encarregara Mathias de Albuquerque, que
se partia para o Brazil, diz um antigo chronista, sem mais forças
que as do respeito do seu nome que se bastavam na idea de Ministros
frouxos, no conceito dos Hollandezes victoriosos ellas erão muito
fracas. Vinha elle com o titulo de superintendente na guerra e visitador  e fortificador das capitanias do Norte.

villa maes que 600 Portuguezes, gente mesquinha e maes exercitada em fazer Assucares que em jogar as armas, sahirão lhe ao encontro e sem lhe poder resistir lhe deixarão na mão a villa de Olinda, e dahi a poucos dias se lhe entregarão as Fortalezas da Barra, os nossos tornarão sobre sy e tem cercada a villa de maneira, que não sahem os Olandezes fora e lhe custa m.<sup>to</sup> sangue a agoa que hão de beber. P.ª recuperar esta Praça está em Lisboa junta huma Armada de 20 Navios, de que vay por General do Mar D. Antonio Oquendo, e leva dous Terços, hum de Portuguezes com D. Alvaro de Mello de Bargança por Mestre de Campo, outro de Italianos com o Conde de Bunhol (132) esperamos em Deus que postos estes dous mil homens em terra tomarão com facilidade as forças aos inimigos. P.ª esta despeza fez cada povo do Reyno hum serviço voluntario a S. Mag.<sup>de</sup>, e os christãos novos pagarão cento e quarenta mil cruzados.

Desde Março de 1631 té todo Fevereiro de 1632.

A Armada Portugueza (133) e Castelhana (134) que havia de levar o soccorro a Pernambuco, partio de Lisboa

---

(132) E' o sargento-mór Giovani Vincenzo Sanfelice que viera na armada da restauração da Bahia e cujo nome já foi citado. Sobre o caracter desse soldado surgiram desconfianças, suspeitando até alguns auctores que elle se vendera á Hollanda, o que aliás não é para acceitar por veridico vistas as deferencias e honras de que foi cumulado pela Coroa. O titulo que tinha era o de Conde de Bagnuolo ou antes de Banholo, como li em varios Documentos da epocha.

Foi successor de Roxas y Borja segundo o determinado em C. R. de nomeação deste. Morreu com o titulo de Principe com que o galardoou o rei Felippe 4.º em attenção aos seus serviços contra os Hollandezes.

(133) Ia commandada por D. Rodrigo Lobo. Levava Pedro da Silva, mandado succeder a Diogo Luiz de Oliveira no governo do Brasil.

(134) Commandante D. Lopo de Hoses e Cordova. Nella ia como successor de Mathias de Albuquerque o general D. Luiz de

a 5 de Mayo, indo nella mil Portuguezes em sinco companhias, com alguns Fidalgos, e particularmente Duarte
de Albuquerque Senhor da Capitania de Pernambuco
A nossa gente de guerra e a Castelhana hia á ordem
do Conde de Bunhol, e por general de toda a
Armada D. Antonio de Oquendo (135). Aportou na Bahia (136) a salvamento, onde souberão que os Olandezes
com temor do soccorro largarão a villa de Olinda e se
recolherão aos Fortes do Arrife (137), e que cometendo
entrar na Paraiba (138) forão dos nossos rebatidos com
morte de quinhentos rebeldes. Sahio D. Antonio da Bahia
deixando nella novecentos homens de prezidio, e o resto
do soccorro meteo em caravellas p.ª as lançar no Rio
de S. Francisco. Nesta altura lhe sahirão ao encontro
duas Esquadras Olandezas com as quaes pelejou (139)

Roxas e Borja, que foi perder a vida em Matta Redonda ás mãos dos
Hollandezes.

D. Luiz de Roxas y Borja, successor de Mathias de Albuquerque por Patente Regia de 30 de Janeiro de 1635, hespanhol, pres-
tara serviços na campanha de Flandres e no governo do Panamá.

(135) Diz Damião Faria e Castro que D. Antonio de Oquendo
trouxera de Castella comsigo 700 homens.

Oquendo foi o commandante da grande armada destruida no
Canal Inglez pelos esforços combinados de Tromp e Witisen.

Essa batalha maritima, em que tanto se assignalou a capitania
portugueza de nome S. Thereza, deu assumpto á Epanaphora Bel-
lica de D. Francisco Manoel.

(136) A 13 de Julho. Oquendo tivera ordens de aportar primeiro a Bahia afim de se entender com Diogo Luiz de Oliveira.

(137) Recife.

(138) Com effeito o tenente coronel Callenfels desembarcou em
Cabedello, mas foi burlada sua tentativa pela resistencia que encontrou.

Numa das refregas havidas falleceu Jeronymo de Albuquerque,
irmão de Antonio de Albuquerque, governador da Parahyba. Um
e outro eram filhos de Jeronymo de Albuquerque, o vencedor dos
Francezes no Maranhão.

(139) Trata-se da memoravel batalha de 12 de Setembro, hoje
bem conhecida graças principalmente ás pesquizas feitas pelo fallecido Dr. José Hygino nos Archivos de Hollanda.

com grande valor porque lhe meteo no fundo a Capitania e outros dous navios.

Da nossa p.te se perdeo a Almirante (140), em q' morreo D. Luis Coutinho irmão do Conde de Redondo, e hum Patachinho nosso, de que se salvou o Capitão Cosme do Couto nhuma Nao inimiga; e outro galeão nosso foi prezo (141). Fugirão comtudo os inimigos, e no porto de Pernambuco se forão seis galeões seus ao fundo de abertos da nossa Artelharia e o nosso soccorro sahio em terra e chegou em paz a Olinda. D. Antonio com o restante da Armada veyo a Lisboa, e troxe em sua companhia huma grande frota de Assucar e despois veyo outra com o mesmo bom successo. De novo se tem aprestado outra grande Armada, de que he cabo D. Francisco de Faro e M.e de Campo D. Alvaro de Mello p.a em companhia de D. Fadrique (a quem S. Mag.de fez general de Portugal) hir com os galeões de Espanha a recuperar esta Praça; posto q' m.tos entende que maes perda dá aos Olandezes o sustentalla porque como não possuem terra maes que os Fortes até a agoa q' bebem lhe ha de vir de fora.

Desde Março de 1632 até todo Fevereiro de 1633. Nada (142)

---

Commandava a armada inimiga Adrián Jansen Pater ou Patrid a bordo do *Principe Guilherme* o qual foi pasto das chammas. O commandante, asphixiado pelo fumo, cahiu ao mar sem que lhe valessem os compatriotos.

O acto que se attribue a Patrid de se envolver no seu pavilhão e atirar-se ao mar proferindo a celebre phrase . o oceano é o unico tumulo digno de um almirante batavo, é uma pura lenda como outras muitas que eivam a nossa historia.

(140) A almiranta *Santo Antonio de Padua*, que era commandada por Francisco Balesilla, foi investida por Martin Thyszoon e mettida a pique, succumbindo seu commandante. Isto ás 4 horas da tarde, tendo o combate principiado ás 9 da manhã.

(141) O *S. Boaventura*, que foi levado a Pernambuco com toda carga.

(142) Nesse anno, 1632, bandeou-se para os Hollandezes o famoso Calabar, cuja experiencia do local e tino militar tanto influiram em desproveito da causa Brasileira, como logo experimentaram os habitantes de Iguarassu.

Desde Fevereiro de 1633 até Fevereiro de 1634.

Os encontros q' os nossos tiverão este Anno com Olandezes em Pernambuco forão felicissimos porque em Março matarão por duas vezes oitocentos inimigos perdendo só sessenta os nossos. Algum tempo depois forão os Olandezes fazer hum Forte no sitio dos Afogados e dahy assaltarão os nossos alojamentos mas com tão pouca fortuna q' perderão maes de oitocentos homens. De igual consideração foi outra victoria q' tivemos em 8 de Agosto porque desalojando os Olandezes huma estancia ficarão degolados duzentos e perderão seis pessas de campanha, muitos Falcões, mantimento p.ª tres mezes e despojo de valor de sessenta mil cruzados. No matto tiverão dous encontros, em hum delles, perdendo os Portuguezes 16 soldados, matarão 600 inimigos e no outro 150 morrendo de nossa parte hum só homem.

Fez o cuidado do S.ºʳ D. Diogo q' em 28 de Agosto partisse de soccorro p.ª o Arrayal q' sustentão junto a Pernambuco Francisco de Vasconcellos com 6 caravellas e 680 homens, 80 quintaes de polvora, dés mil de ballas, seis canhões, m.ᵗᵒᵉ mil vestidos e sinco Enfermeiros do Beato João de Deos p.ª que os doentes se valessem da caridade e devoção com que estes Religiosos costumão tratar os Enfermos. Entre estes ditosos successos tivemos de sentimento a perda do pouco que tinhamos em Tammaracá junto ao mesmo Pernambuco, q' os inimigos tomarão.

Desde Março de 1634 até todo Fevereiro de 1635.

No Brazil sustentão inda os Olandezes a Pernambuco e intentarão este anno tomar outras Praças do mesmo Estado, mas sempre sem effeito. Sahirão em terra na Paraiba e forão rebatidos dos nossos com tanto valor que m.ᵗᵒ poucos voltarão aos Navios.

No Cabo de Santo Agostinho matarão os nossos em alguns recontros numero consideravel de Olandezes e em huma entrada q' elles fizerão os tiverão os nossos cercados e quasi a ponto de os passar a todos a espada.

Desde Março de 1635 até Fevereiro de 1636.

No Brazil tivemos alguns bons successos contra os Olandezes; porq' os do nosso Exercito lhe matarão de hua vez maes de quinhentos homens em hu trato fingido e em outro no Porto Calvo degolarão outros quinhentos, afora trezentos cativos. Porem tudo se descontou com as perdas da Paraiba que combatida de quatro mil Olandezes (143) se lhe rendeo por falta de gente, munições e socorro. As condições forão: Ficarem os moradores com as faz.ªˢ livres sem pagar novo tributo; com Portugues por Juiz p.ª os julgar pellas nossas ordenaçõis e sobretudo com o exercicio da Religião Catholica publica, e obediencia ao Summo Pontifice (144). A fortaleza se rendeo a 18 e a Cidade a 23 de Dezembro de 1634. Comtudo os Nobres todos por conservarem a lealdade se vierão, perdendo as fazendas; e a outros derão as embarcaçoens p.ª o Reyno, q' tambem entrou no contracto o darem-lhas.

_____

'143) A expedição partira de Pernambuco a 25 de Novembro sob as ordens do almirante Lichthardt, Arcizeuski e Hinderson.

Em carta de 23 de Setembro de 634 Mathias de Albuquerque escreveu para a Corte annunciando que o inimigo tinha ajuntado todas suas forças e lhes dera munições e estava para fazer jornada em 20 navios, havendo receio de que era fito delles atacar a Parahyba ou o Cabo de S. Agostinho. Em virtude dessa noticia El-Rei a 15 de Dezembro recommendou que com o maximo interesse se tomassem todas as medidas para que partisse a armada restauradora até 6 de Janeiro, *porque nisso, mediante o favor de Deus, consiste chegar ao Brasil em monção que se possa conseguir o bom successo dos effeitos que se pretendem; e se para isso for necessario que se trabalhe nos dias feriados e que se juntem os ministros.*

(144) Essas condições, tão burladas e sophismadas depois, ficaram consignadas em solemne pacto escripto a 13 de Janeiro de 1635.

Desde Março de 1636 a Fevereiro de 1637.

A nossa Armada, q' o anno passado foi ao Brasil, teve bom successo em lançar o soccorro em terra, e em chegar a salvamento este anno a Portugal posto q' com tantas queixas dos Cappitães q' chegando mandou El-Rey prender os principaes delles, q' forão o General D. Rodrigo Lobo em Palmella, D. Joseph de Menezes no Castello de Lisboa, Mathias de Albuquerque (145) no Castello de Vide, Diogo Luis de Oliveira em Thomar. A rezão foi porq' D. Lope de Osces, que era General da Armada Portugueza e Castelhana, tanto que chegou á Bahia requereu a D. Rodrigo General da Portugueza q' o acompanhasse com toda ella, e com o Governador Diogo Luis, á restituição de Curaçao Praça de Indias, de que os Olandezes estavão senhoriados e querendo obedecer a este requerim.to D. Rodrigo, por assim lho mandar S. Mag.de no seu Regim.to deixou de o fazer por lhe requererem os officiaes do Mar q' não estavão as embarcações p.ª fazerem aquella viagem. O que vendo D. Lope sahio a ella com a pessoa de Diogo Luis, q' El-Rey nomeava por General da Empreza em terra de Portuguezes e Castelhanos com a sua Almirante e hu Patacho, e encontrando-se com oito Galeões Olandezes os envestio. podendo passar sem recontro, e se pelejou com tanto esforço da nossa parte q' nunca os inimigos ousarão abordar os nossos, com não pequeno louvor de Diogo Luis, antes se retirarão; mas ficarão os nossos tão destroçados q' arribarão a Bahia, onde Diogo Luis se declarou com D.

---

(145) Mathias de Albuquerque Coelho, Conde de Alegrete pelos seus grandes feitos militares no Brasil e na Europa, nomeadamente a batalha de Montijo, falleceu em Lisboa a 9 de Junho de 1697.

Suas armas, bem como as do Donatario Duarte Coelho e do Conde de Banholo vem reprodusidas na monographia de Pereira da Costa publicada na Rev. do Inst. Arch. e Geog. Pern. sob o titulo Capitães-móres governadores loco-tenentes dos Donatarios de Pernambuco.

Lope q' se queria vir a Portugal pois a Armada Castelhana não era bastante p.ª a empreza, e a de Portugal
estava impossibilitada p.ª hir a ella. Deste modo se embarcou na nossa Armada, com a qual vierão 82 Navios
de Assucar. Partirão a 28 de Março de 1636 sem successo notavel porq.ᵗᵒ onze Navios de Olandezes q' en-
contrarão na Ilha das Flores se desviarão dos nossos.
Comtudo a prizão de Diogo Luis não teve effeito porque antes de chegar a Thomar lhe mandou S. Mag.ᵈᵉ
fosse governar o Exercito q' por Navarra mandou entrar em França.

Desde Fevereiro de 1637 até Março de 1638.

Em Pernambuco matarão os Olandezes ao Cura de
S. Lourenço por ter dito em publico que certos Livros
q' os Olandezes publicarão contra a Religião Catholica
continhão doutrina heretica e porq' se não quiz desdizer
padeceo a morte às punhaladas. Finalmente no Estado
do Brazil vão os d.ᵒˢ inimigos m.ᵗᵒ florentes senhoreando-
se cada dia de maes terra (146), e não bastou p.ª lhes
quebrar os animos hua rota de gr.ᵈᵉ consideração, que
lhe derão os Indios junto a Pernambuco em q' lhe matarão ao Governador, cativarão a hum seu irmão, e queimarão alguns engenhos e canaveaes.

---

(146) E' o anno da conquista do Ceará pelos Hollandezes.
Ainda a tomada do forte da Mina occorreu no verão desse anno. A fortaleza da Mina apezar do auxilio de perto de mil negros cahiu em
poder do capitão hollandez Horn e com ella 44 peças de artilheria
que a guarneciam.

Em carta de 16 de Novembro de 1637 Mauricio de Nassau
relata por extenso aos Directores da Campanhia a tomada do Castello
da Mina. A carta vem publicada na Revista do Instituto Archeo-
logico e Geographico Pernambucano, vol. X n.º 56.

Pinheiro Chagas na sua Hist. do Port. chama de uma ver-
gonha o rendimento de S. Jorge da Mina.

Foram conquistadores do Ceará Hendrick Huss e Jorge Gartsman.

A Armada grande, que ha tantos annos se prepara em q' o Conde de Linhares ha de hir por General (147), e ainda está vagaroza, e antes della se aprestão p.ª aquelle Estado vinte e sete Navios de soccorro, os maes delles Castelhanos, e os outros Portuguezes, em q' entrão os da Armada que o anno passado foi a Cadis e entrou em Lix.ª vespora de S. João, e huns Galeões, que se fizerão no Porto. De todos Castelhanos e Portuguezes vai por General João Per.ª Corte Real. E sendo grande a preça com q' ha m.ᵗᵒˢ dias se prepara este soccorro ainda se receão grandes vagares por faltas de dinheiro.

Desde 18 de Março de 1638 até Fevereiro de 1639.

Em 8 de Set.º (148) sahio de Lisboa a Armada Portugueza p.ª o Brazil sem a Castelhana porq' esta não estava de todo apparelhada. Constava de 23 Galeões, hia por General de Espanha do mar D. Fernando Mascarenhas Conde da Torre (149), e D. Antonio Tello por seu Almirante. Por General da Armada Portugueza Fran.ᶜᵒ

---

Jorge Gartsman continuou a prestar serviços ao Brazil Hollandez pois vê-se de cartas escriptas pelo Conselho Superior aos Directores da Companhia em Março de 1640 que fora encarregado de vigiar as costas do Rio Grande para o que tinha a seu dispor metade da guarnição do castello Ceulen (dos Reis Magos) e os indios e fora batido e aprisionado no Potengi pelas forças de Luiz Barbalho.

Depois da derrota final e capitulação dos Hollandezes embarcou-se para Martinica onde morreu pouco tempo depois.

(147) O Conde de Linhares não seguiu allegando velhice; tambem não sahiu a commandal-a o Marquez de Gouveia, recahindo então a nomeação em D Fernando de Mascarenhas.

(148) Os nossos auctores dizem 7 de Outubro. Manoel Severim, em Lisboa, está em melhores condições de consignar o facto. A armada que partiu a 7 de Outubro foi a Castelhana.

(149) Foi destroçado miseravelmente pelos Hollandezes de Guilherme Cornelissen e Jacob Huygens nos combates navaes de 12, 13, 14 e 17 de Janeiro de 1640. Homem pouco pratico em cousas de guerra e nada disciplinador. De volta ao Reino foi privado do titulo e de todas as commendas e cargos e mettido na Torre de S. Julião donde só sahiu por occasião da acclamação de D. João IV.

de Mello Castro e seu Almirante Diogo do Couto. Por General da Cavallaria D. Fran.<sup>co</sup> de Moura, da Arte-lharia D. Vasco Mascarenhas Conde de Obidos. Foi o Conde de Atouguia e o Conde de Castel Melhor e m.<sup>ta</sup> Fidalguia e Nobreza.

Andou esta Armada na altura de Lix.<sup>a</sup> m.<sup>tos</sup> dias por cauza das gr.<sup>des</sup> calmas q' lhe sobrevierão, e com ruim tempo chegarão ao Cabo Verde a 18 de Outr.<sup>o</sup>, onde de huma geral doença morreo m.<sup>ta</sup> gente (150) e entre ella o General Francisco de Mello de Castro e seu Almirante Diogo do Couto. Succedeo na Armada Portugueza D. Rodrigo Lobo.

A Armada Castelhana partiu a 7 de Outubro e se foi ajuntar com a Portugueza no Cabo Verde de maneira q' já em 15 de Nov.<sup>ro</sup> estavão p.<sup>a</sup> dar á vella. Constava de 18 baxeis a cargo do General D. Juan de Vega-Baçan.

Foi tambem para o Maranhão o Governador Pero Maciel (151).

No fim de Junho (152) entrou na Bahia huma Armada Olandeza de 45 velas, e nella seis mil homens a cargo do Conde Nazao (153); porem rebatidos do Governador

---

(150)  Perdeu mil homens de enformidades, diz Faria e Castro na Historia Geral de Portugal e suas Conquistas.

(151)  Trata-se de Bento Maciel Parente cuja posse foi a 27 de Janeiro de 1638; deu-lha Jacome Raymundo, que por sentença de 10 de Abril foi julgado governador intruso e remettido preso para o Reino, sendo considerados nullos todos os actos que praticara na administração, o que, todavia, não foi sustentado na superior instancia.

(152)  E' engano. A expedição de Nassau sahiu do Recife a 8 de Abril de 1638 e a 14 estava em fronte da Bahia.

(153)  O Conde de Nassau, João Mauricio, primo do Stadthouder Principe de Orange, nasceu no Castello de Dillemburg a 17 de Junho de 1604. Nomeado governador do Brasil Hollandez, partiu de porto de Texel a 25 de Outubro de 1636 e chegou ao Recife a 23 de Janeiro do anno seguinte. Sua administração, valiosa e notavel sob todos os pontos de vista, se extendeu até 6 de Maio de 1644 quando entregou-a aos membros do Supremo Conselho do Recife. Havendo

Pedro da Silva e dos nossos se retirarão perdendo entre cativos e mortos dous mil homens (154) e deixarão parte da bagaje com a Artelhiria (155). S. Mag.ᵈᵉ fes m.ᵗᵃˢ m.ᶜᵉˢ aos que se mostrarão nesta occazião com valor e ao Governador deu o Titolo de Conde de S. Lourenço (156), e se espera faça mayor demonstração com o Snr. Bispo D. P.° da Silva de Sampayo porq' na defensa teve o primeiro lugar não só no espirito senão nas armas (157).

Em 18 de Agosto chegarão 23 Navios do Brazil a Lix.ᵃ alem dos que forão p.ᵃ o porto de Viana, em q' veyo grã cantidade de Assucares.

No mar tiverão os Olandezes m.ᵗᵃˢ perdas pelos nossos Navios de Dunquerque, mas a mayor de todas foi a de huma Armada de 24 vellas q' hia soccorrer o Brazil, e a da frota dos Assucares, q' vinha de Pernambuco que huma e outra se perderão no Canal.

---

embarcado na Parahyba a 22 de Maio chegou ao porto de Texel em Julho e depois de uma existencia toda de serviços á patria em campanhas gloriosas veio a fallecer na cidade de Cleves a 20 de Dezembro de 1679.

Para substituir ao Supremo Conselho de Recife, que governou até Agosto de 1646, o Regimento de 2 de Outubro de 1645 estabeleceu o Alto Conselho ou Junta do Governo, que se compunha de 5 membros. Para presidir a essa Junta foi nomeado a 23 de Novembro de 1645 Walter van Schoonenborch, deputado de Groninga nos Estados Geraes de Hollanda. Foi elle quem assignou a capitulação de 26 de Janeiro de 1654 e com o nome delle baptisou Mathias Beck e forte, que construiu no Coará por occasião da 2.ᵃ ocupação Hollandeza (1649).

(154) E' este o computo dos auctores portuguezes, mas Netscher calcula a perda dos Hollandezos em 1100 homens.

(155) O sitio da Bahia foi levantado a 26 de Maio. O Conde de Nassau se recolheu ao Recife. Data de então sua desavença com os Directores da Companhia.

(156) O Conde de Banholo teve na mesma occasião o titulo de Principe.

(157) Bello elogio ao bispo Sampaio, a cujo procedimento, aliás, não se referem os nossos historiadores.

Desde Março de 1639 até Fevereiro de 1640 (158).

Nos prim.ʳᵒˢ de Junho se soube em Lix.ª como os Mouros de Argel havião tomado huma caravella em q' vinha o corpo do General da Armada do Brazil Fran.ᶜᵒ de Mello de Castro, e com elle hu Irmão do mesmo General e hu Irmão de Martim de Souza e outros Fidalgos

------

(158) Esse anno de 1639 assistiu a ingentes esforços do P.ᵉ Luiz Figueira para adquerir os meios de facilitar e extender a pregação do Evangelho no Estado do Maranhão.

Vê-se isto de uma C. R. de 10 de Maio, escripta por Miguel de Vasconcellos e Brito, ordenando que em satisfação a uma petição daquelle padre fossem enviados logo ao Maranhão todos os religiosos da Companhia de Jesus que pudesse ser, de uma outra C. R. de 25 de Maio ordenando que a maneira do que se fez com os religiosos capuchos se dessem a Luiz Figueira os ornamentos precisos para as Egrejas que no Maranhão se fizessem, e de uma deliberação tomada pelo Conselho de Fazenda a 29 de Julho para que fosse despachado favoravelmente o requerimento em que L. Figueira pedia viatico para 22 religiosos, que tinham de vir em sua companhia ao Maranhão a maneira do que se praticara em 1622 com 12 Franciscanos que para lá foram. A quantia da la foi de 35$ para se proverem de habitos, etc.

Quantos desses para quem Figueira pedia então o necessario viatico lhe foram companheiros na tremenda catastrophe de Junho de 1643!

Publiquei nas paginas da Revista do Instituto do Ceará, 1902, a descripção do terrivel caso feita por um dos tres sobreviventes.

Remettendo a dita descripção ao seu superior, Nicolau Teixeira acompanhou-a da seguinte carta, até agora inedita, e que devo á obsequiosidade do Rvd. P.ᵉ van Meurs:

Ebora, 1 de Agosto de 1644.—A. R. P. N. Generali. Pax Christi— Já V. P. tera noticia do naufragio q' padecemos os missionarios do Maranhão, mas como as testemunhas de vistas seião mais abonadas, pareceu me enviar a V. P a relação certa do q' a minha vista passou. Nella vera V. P. quantos e quam grandes sogeitos ali acabarão, quam grandes trabalhos padecerão, ficando Eu só com envejas das grandes coroas de gloria, q' cuido terão no Ceo, e como indigno de tão gloriosa morte, ainda que não me faltarão trabalhos que offerecer a Deos, se com o animo q' se deve o soubera fazer, porque as fomes, as sedes, doenças, etc., me acompanharão de maneira q' perto de hum ano q' por lá andei, me não deixarão, dando-me

Ao Conde de Castelnovo fez S. Mag.<sup>de</sup> Vizo Rey do Brazil e General da Conquista, com Titolo de Marquez de Montalvão e doze mil cruzados de ordenado e o Titolo de Conde de Castelnovo p.ª o f.º maes velho com o de General de Portugal e ao segundo D. Fernando o Titolo de Marichal (159).

---

motivos de grandes merecimentos, se bem me souber aproveitar, o que não poderei fazer sem o favor dos SS. Sakreficios e benção de V. P. em que muito me encomendo.—*Nicolaus Teixeira.*

Nicolau Teixeira nasceu na ilha de S. Jorge, dioceze de Angra, em 1620, entrou para a Sociedade de Jesus em 1638, foi visitador das Ilhas, reitor de S. Miguel e do Collegio Angrense. Professou em 1660 e falleceu na Ilha Terceira a 5 de Junho de 1685. Vir boni consilii fuisse dicitur judicii supra mediocritatem, diz delle uma nota de um dos Archivos da Ordem.

Neste anno, 1640, teve logar do Maranhão uma expedição ao Ceará, afim de libertal-o dos Hollandezes.

Tomou parte nessa expedição Pascoal Paes Parente, filho de Domingos Mei Nogueira e natural da villa de Vianna, que muito se salientou contra os Hollandezes no Maranhão principalmente na investida que esses em numero de 900 fizeram contra as trincheiras do Carmo. Foi elle quem na ausencia de Vital Maciel Parente ficou por fronteiro mór do Rio Itapicuru e superintendente do forte S. João Baptista que acabou de fazer e artilhar, e quem substituiu os governadores Antonio de Albuquerque e Pedro Cesar de Menezes em suas idas ao Pará.

(159) D. Jorge Mascarenhas, 1.º Vice-Rei do Brasil, tomou posse do governo na Bahia a 5 de Junho de 1640.

# APPENDICE

# DOCUMENTO N.º 1

11 de Abril de 1614.—Carta que o g.ᵒʳ Gaspar de Souza mandou ao doutor Ruy Mendes de Abreu chanceller da Casa e Relaçam da Cidade da Bahia.—Refere-se á repugnancia da Junta em pagar certas despezas entre as quaes os soldos dos soldados do presidio do Ceará, e ordena que se façam os pagamentos glosados sob pena de serem castigados os recalcitrantes.

GASPAR de Sousa do cons.º de sua magde seu gentil homem da boca gouernador e capitão geral deste estado do brasil etc faço saber ao doutor Ruy mendez daureu chanceler da casa e Relaçam da cidade. da bahia que eu mandei fazer as folhas do asentam.ᵗᵒ do ano que comesou o primeiro de agosto proximo pasado e ade acabar o vltimo de julho do ano presente sobre os almoxarifados desta cap.ᵃ de pnãbuqo e as mais do norte as quaes enviei a dita cidade pa lhe por u.ˢᵗᵃ sebastiam borges prouedor mor da fazenda de sua mgde e serem u.ᵗᵃˢ em mesa da junta que o dito s.ᵒʳ mandou que ouuesse no dito estado cõformandome cõ o cap.º onze de seu Regimento e prouisão pera não averem ordenados os offeciaes da fazenda e just.ᵃ que os não teuessem nomeados p sua mgde que são so as duas cousas que podem duuidar nas ditas folhas por bem do dito Regimto, e p coanto o dito prouedor mor e mais menistros da dita junta excedendo o q' pello dito capit.º e prouisão lhe he cõcedido aRugando asi maior jurisdição grosarão muitos adisvis das ditas folhas não podendo como foi os mantimentos e praças do capitam e soldados do forte dalagem do Recife, dizendo que se lhes não pode pagar por não terem pra iso prouisão de sua mgde sendo asi q' se não deue nem ade pr t'car có eles a dita prouisão dos ordenados p coãto como delle pareçe so se estende aos offeciaes da just.ª e fazenda e não aos da guerra que he cousa mui deferente e coando ao dito s.or lhe aprouuer o mandara declarar por palauras expresas e outrosi duuidarã mais a despeza do capitam e soldados da Rezidencia do seara que não tem cõveniencia alguma có o que dispoem o dito capitolo onze que he som.tes tratarem das prasas mortas e das que no estado sam necesarias e com meu pareçer avizarem a sua mgde vzando mal a dita junta do entendimento do dito capit.º ex..... rupto e sem fundamento grosarão as ditas praças não podendo fazelo asi pella Rezão sobredita como por serem dependencias da comquista do maranhão que sua mgde por sua prouisão me mãde que faça donde cõforme a dereito he visto concederme em concequencia todo o que pera o poder cõseguir he cõveniente e neçessaryo, e por coãto avendo de proceder as ditas duuidas e grosas fumdadas en nenhuã jurisdição he muito cõtra o seruiso da sua mgde e se poem en grande Risquo e cortengencia a cõseruação e aumento deste estado por ficar o dito forte dalagem sem defensa sendo a chaue deste porto e avendo custado tãta cõtia de dr.º e ser outrosy forsado desemparar o dito seara e mais partes omde os nurus Rezidem asi pera hefeito da dita comquista como pra defender aos piratas francezes as agoadas daquela costa e comerçio dos yndios e temdo e temdo a tudo consideração e coanto ymporta advertir a dita junta p.ª q' ao diante nã proceda nesta forma estendendo-se mais do que pello dito Regimento lhes he cõcedido declaro que as ditas duuidas não proçedem por faltar poder e jurisdição a dita junta pera as por nas ditas folhas como atras se cõtem pello que mando ao dito chanceler que có hu official que lhe parecer mande noteficar esta minha prouisão e o que por ela ordeno aos menistros da pita junta fazendo pasar nas costas certidão da dita jus teficação e Registamdoa nos liuros da fazenda dalfamdegoa da dita cidade p.ª que conste da dita deligencia e mando outrosi ao contador mór e côtadores deste estado que nas côtas que derem o almox.ᵉ ou almoxarifes sobre quem as ditas folhas carregão lhes não duuidem as ditas adisvis por Rezão das ditas grosas e lhes leuem en côta o que em vertude das ditas folhas pagarem asi ao capitão e soldados do forte dalagem do Recife como da Rezidemcia de seara padre que nele asiste almox.ᵉ e escriuão do dito seara e comquista do maranhão e hei por leuatadas as ditas grosas aos ditos almoxarifes pera que pagem as p.ᵃˢ que nas ditas folhas se declarão pra o q' outrosi se Registrara esta prouirão nos liuros da fazenda e almoxarifado desta capitania de pnãbuqo e Rezidemcia do seara pera que a todos seja notorio sob pena que não pagando mandarei proceder côtra eles como me pareça justiça e a noteficação que se fizer a dita junta sera cõ consideração que entrometendose daqui avante em semelhãtes matereas ou outras quais que excedão de seu Regim.ᵗᵒ e que por ele lhe he côcedido lhes mandarei por uerbas em seus ordenados e procederei como for mais seruiço de sua n.gde noteficoo assi ao dito chanceler côtadores e almox.ᵉ e lhes mando fação e cumprã o que se nesta côtem sem duuida algua [dada em Olinda so meu sinal e selo de minhas armas onze de Abril seis centos e catorze] o g.ᵒʳ Gaspar de sousa — Aluaro sanches escriuão da chancelaria a treladei da propria na uerdade q' fica em meu poder e a côcertei cõ offecial da junta andre farto na bahia em vintehu de abril de mil e seiscentos e quatorze annos.

Concertado por my escriuão                    e Comiguo
            Alu.º Sanches                    André farto da Costa.

2

22 de Junho de 1614.—Regimento dado a Jeronymo d'Albuquerque
pelo Governador Gaspar de Sousa.

Gaspar de Souza do cons.º de S. Mg.ᵈᵉ e seu gen-
tilhomem da boca governador e capitão geral deste Estado do Brazil faço saber que por quanto em nome do
dito Snor., e conforme aos poderes que para isso tenho,
encarreguei hora da conquista e descobrim.ᵗᵒ das terras
e Rio do Maranhão a Jrm.º dalbuquerque fidalgo de sua
casa, como se conthem na carta que disso lhe mandei
passar hei por bem que o ditto Jrm.º dalbuquerque guarde
o Regimento seguinte, sem delle exceder nada, e paressendolhe que conforme ao Estado das cousas se devem
alterar alguas das declaradas no ditto Regimento, o fara
com cons.º das pessoas abaixo nomeadas e das mais q'
entender podem ter votto, para q' melhor se acerte, fazendo do que se consultar auto com as Rezões q' houve
para assy alterar, em q' elle cappitão assinara com os
mais que nisso forem, os quais guardara para sua des-
carga.

1. – Por q' a prim.ʳᵃ cousa, para que as emprezas tenhão
o bom effeito que se pretende, deve ser tratar de D.ˢ
e sua santa lei o ditto capp.ᵃᵐ tera muito cuidado que
todos os soldados e officiaes vivão xpãos, sem escandalo,
não consentindo juramentos nem blasfemias, e ordenando
que se selebre as mais vezes q' conforme o tempo e
ocasiões for possivel, dando elle de sy aos outros na Religião e piedade xpã particular exemplo, pois sendo cabessa he certo q' os mais como membros o seguirão.

2.—Em todas as cousas como principal fundam.ᵗᵒ
deve preceder o cons.º com maduresa e quietação, sem
o qual não cometera nada de importancia e as Resoluções
que se tomarem executara com suma delig.ᵃ havendo que
nella consiste a maior parte das victorias porq' não ha
dificuldade tamanha q' com a continua consideração senão
vença e facelite.

3. —Procurara fazerse amado de todos os soldados e officiais que he o principal que no capp.<sup>em</sup> se Requere, para que assy por elle se aventurem e offeressão aos perigos, sendo tratavel, compassivo e facil com o devido Respeito, para q' nem o tenhão por austero e pezado nem a muita facilidade o faça menos Respeitado e obedecido.

4.—Trara sempre todos os soldados muy disciplinados e Recolhidos não lhes consentindo liberdades algumas ou desaforos, nem ainda em piquenas cousas, por não tomarem occasião para maiores, castigandoos conforme meresserem, se bem com a possivel moderação mostrando que obrigado de suas culpas e não do gosto que tem de os castigar uza do castigo, mas comtudo de maneira que suas ordens e mandados se obedessão e executem com grande promptidão.

5.—E porq' nos sucessos da guerra se não pode dar regra ou limite certo, o principal que deve seguir he trabalhar por escusar rompimento tudo o q' for possivel, levando os neg.<sup>os</sup> com artes e invenções acometendo sempre com pazes, maiormente q.<sup>do</sup> os indios são faceis de persuadir. a assy com o credito e satisfação qne tem da pessoa delle cappitão procurara conquistalos, e fazelos amigos, antes q' com as armas as quaes so por ultimo Remedio deve seguir.

6.—E porq' o frutto de mais importancia q' S. Mg.<sup>de</sup> como Rei tão catholico pretende desta conquista he a propagação do Santo Evangelho e salvação dos indios, achando dispossição os persuadira a nossa crença por meo dos ministros eclesiasticos com sua suavidade e brandura, não os apertando demasiadamente nem consentindo q' os dittos inimigos os apertem, por não se aventurar neste principio a ser mal recebido e no tempo adiante se poder tratar com mais fundam.<sup>to</sup> dos negocios de nossa Santa fee com os dittos indios.

7.—Sempre deve procurar pellos meos possiveis e com algumas dadivas saber os segredos dos inimigos e havendo de caminhar ter prim.<sup>o</sup> noticia verdadr.<sup>a</sup> das difficuldades do caminho e passos honde pode ser offendido, ou se he falto de agoa e mantimentos para conforme isso se prevenir e ir sobre aviso tendo em todo lugar grandissima vigilancia e sentinellas dobradas p.ª q' o não tomem desapercebido aloiando nos citios mais abundantes, comodos, e defensaveis, e nas occasiões encarregando as cousas aos soldados de mais experiencia e confiança governandosse sem Respeitos e dando os cargos que vagarem ou não forem providos, conforme aos merecim.ᵗᵒˢ e suficiencia de cada hum.

8.—E quando assy caminhar não consentira q' os nossos indios nem soldados fação insolencias nem roubos nas terras, por onde forem não sendo de inimigos declarados, e fazendoos onde mandasse os castiguara, pois muitas vezes por mui pouca cousa, se vem a grandes Rompimentos que despois se Remedea o mal.

9.—Tera grande e particular cuidado na guarda dos mantimentos, fazendas e munições da ditta conquista porq' se não gastem sem muita ordem e Regra porq' as ocasiões do tempo são mui varias e tudo deve ir apoupando, para que senão veia em alguma falta notavel que seia a causa de parar na jornada especialmente estando o socorro tão longe e as ditas cousas estarão Recolhidas em parte sendo possivel de que elle capp.ᵃᵐ tenha hua chave, o provedor da faz.ᵈᵃ outra e o almox.ᵉ outra.

10.—Todas as despezas q' se houverem de fazer, assy com os soldados como com os indios principais e outros a que paresser, serão por mandado delle capp.ᵃᵐ e ordem do provedor e off.ᵉˢ da faz.ᵈᵃ que para isso passarão mandados e sedara despeza ao almox.ᵉ, na forma do Regim.ᵗᵒ do ditto provedor que outrosy lhe mandey passar com o qual elle capp.ᵃᵐ se conformara, e não podera persy ou seus mandados som.ᵗᵉ despender cousa algua sem intervenção dos dittos off.ᵉˢ da fazenda, tendo consideração que noq' elle capp.ᵃᵐ mandar despender com os dittos indios deve de Respeitar a estreiteza das cousas para q' se faça com a moderação possivel.

11.—Tanto que em hora chegar ao Rio Seará, pello perigo do ditto Rio não entrara com as embarcassões, sim dara ordem para tomar o capp.ᵃᵐ Manoel de Britto freire, e paressendo.he levar toda a gente que com elle asiste o podera fazer, tomando nisso cons.° ou se tão bem será acertado deixar algua com o sargento almeida por lhe não serem impedimento, levar alguas molheres e crianças q' ali ha. E o sargento mor diogo de campos moreno vera se pode haver outro sitio onde se faça povoação e se sera de importancia, e se ha outro Rio capaz por onde as embarcações entrem, porquanto o ditto Seara he mui perigoso e do q' achar me avisara per carta sua.

12.—Partindosse do ditto Seara ira ao buraco das tartarugas, e feita ali a maça de toda a gente, assy da que consiguo leva, como da que la está a cargo de Manoel de Sousa dessa, tomando conselho com muita consideração conforme ao que achar, e segundo as informações, trattara se sera mais acertado caminhar dali com toda a gente por terra atte o Rio Totoy, onde ha de fazer assento, não mostrando a experiencia ser melhor assentar noutro sitio, se por mar com as embarcações que daqui partio, e o que se assentar seguira fazendosse disso auto, em que asinem os que nisso forem porem não sendo os inconvenientes do mar mui notaveis, paresse q' sempre se deve antes inclinar a fazer a jornada por mar atte o ditto Totoi p' alguas considerações de importancia e chegar com toda a gente sãa E inteira para proseguir a impreza.

13.—E em caso q' se assente irem por terra, não caminhara longe das embarcações para se socorrer dellas dos mantimentos, e o mais q' lhe for necess.° e nellas ficara por cabessa algua pessoa, a quem a gente do mar obedessa e sigua o que lhe ordenar fazendo sua viage com muito tento e vigia ao passo do que os soldados caminharem por terra, para que como dito he, lhes acudão com o que levarem e possão Recolher algus doentes se os houver por não serem impedim.ᵗᵒ aos sãos.

14.—Chegando ao Totoy soudando prim.ʳᵒ o Rio,

e feitas as mais delig.ᵃˢ necessarias entrara com todas embarcações e podendo ser, descarregaremse loguo as que não forem barcos em parte onde os mantimentos e maes cousas que levão estejão Resguardados, as despedira em carta sua para onde quizerem, fazer viagem e podendo ser para aqui tendo a isso Respeito os favoresserei carregandoos, posto que não tenhão fretadores com muita brevidade p' assy poder avisar a s. m.ᵈᵉ do que houver socedido.

15.—Porem não havendo comodo para os dittos mantimentos, estarão nas ditas embarcações, como hão de estar nas outras hatte se fazer lugar em que se Recolhão e descarregados se polerão partir como ditto he ficando todos os barcos para o serv.º da ditta jornada, por serem embarcações mais comodas de q' se podera aproveitar anhum dos quais dara licença em man.ʳᵃ algua para se partir, salvo paressendolhe q' me deve fazer algum avizo de importancia, e não se offeressendo outro Remedio p' me vir, ou para virem buscar mantimentos.

16.—A prim.ʳᵃ cousa q' hade fazer no ditto Rio Totoy, sera fortificarse por ordem do ditto sargeuto mor diogo de Campos no sitio que melhor paresser fazendo algum Reducto em q' todos se Recolhão da matt.ᵃ mais acomodada e o mais posto em Rezão que for possivel E otrosy casas em que os mantim.ᵗᵒˢ munições e fazendas se Recolhão das injurias do tempo e dos homes p' que se não danem, nem furtem, porq' se bem em particular carregue a guarda de semelhantes cousas sobre o almox.º, a elle cappitão convem ter nisto maior cuidado, pois são o nervo da ditta conquista e faltando senão podera continuar e paressendolhe outra parte mais a proposito para este intento tendo nisso todas as considerações dividas podera assentar nella.

17.—E feito assy assento porq' ja pode ser que as cousas conforme ao tempo se Retardem mais do que se pretende, deve procurar logo que se fação Roças e plantem alguns frutos, que se colhem temporãos, como milhos, geremus, feições, batatas o outros desta calidade que lhe poderão servir de mantimento.

18. – Deve procurar com grande dilig.ª pellos meos q' o tempo lhe Reprezentar sabei se daquella banda passão franceses, ou se tem feito asento em alguma parte, o numero da gente E as prevenções com q' estão e a natureza do sitio para conforme a isso saber como hade proceder no neg.º da jornada, e podendo ser por via dos indios de nossa companhia faze.los odiosos aos outros da terra, p.ª que os inquietem. e não tenhão com elles prestancia nem comercio sera de grande importancia.

19.---Estando os dittos francezes em tão piquena distancia, e sendo tão poucos e mal apercebidos, q' sem nhum Risco nosso os possão ir lançar da parte onde estiverem, mandara a isso a pessoa q' se assentar, mas não tendo nos tanta ventagem q' seguramente nos melhoremos com seu dano e Ruina não trattara elle cappitão disso por não aRiscar e devertir o principal da empreza.

20.—E porque todas estas prevenções e meos se encaminhão ao fim ultimo que he chegar ao dito Rio Maranhão, isto deve elle capp.ᵃᵐ procurar com grande instancia, mandando alguns indios nossos de quem mais confie, p.ª que tomem pratica dos circumvesinhos do Estado das cousas daquellas partes, e o meo q' podera haver para chegar ao ditto Maranhão enviandolhe embaixadas ao seu modo e offeressendolhe pazes, e amisades com promesas de dadivas que não se arriscando muito, por Rosão da dificuldade do caminho lhe podera mandar, q' sirvão mais por mostras doq' se lhe hade dar que por satisfação do que se lhes promette, encarregando aos dittos indios que trabalhem por traserem consigo alguns do ditto Maranhão de quem elle capp.ᵃᵐ haia as informações necess.ᵃˢ e otrosy lhes encarregara q' com muito cuidado procurem saber se ha entre os outros alguma noticia do capp.ᵃᵐ Martim Soares e da gente que com elle foi, porq' podera ser, o q' não permitta q' se perdesse e estar entre os dittos indios alguma da ditta gente cattiva que sendo assy elle capp.ᵃᵐ tratara de Resgatar com a possivel deligencia e zello e ja quiça havendosse alguma destas pessoas, sera de m.<sup>to</sup> effeito pella noticia q' deve ter daquellas partes.

21.—E paressendolhe conforme ao q' achar q' as mesmas deligencias deve fazer por mar, seguira o q' se assentar, Respeitando sempre, quanto se deve estimar arriscarse qualquer soldado, sem m.<sup>ta</sup> consideração porem paresse que devem prim.<sup>ro</sup> preceder as deligencias por terra, pois em distancia de quarenta legoas que disem dista o ditto Rio Totoi do Maranhão, não sera m.<sup>to</sup> deficultoso intentar antes este meo como mais seguro.

22.—E tentadas e espiadas todas as cousas paressendo q' estão ja em dispossição, para se poder proseguir a jornada, medindo a calidade de suas praças e gente, com o perigo e Risco do caminho ira avante por terra, ou por mar, conforme com q' o tempo mostrar mais facil e menos arriscado atte embora se por como espero sobre o ditto Rio Maranhão, e sendo por mar, precedão antes que entre o ditto Rio todas as prevenções possiveis, pello notavel perigo q' ha em mares tão pouco conhecidos e tratados, que he o q' me faz inclinar mais a opinião de caminhar por terra na conformidade do capp.<sup>am</sup> asyma e de huma ou outra man.<sup>a</sup> deixara no ditto Rio Totoi trinta soldados encarregados a pessoa que lhe paressa com Regim.<sup>to</sup> do que ha de fazer, e com os mantimentos e munições convenientes e por não ficar aquelle lugar desemparado, e ser de muito effeito terem onde se recolhão os nossos com qualquer furtuna contraria o q' D.<sup>s</sup> não permitta e dali se poder tornar a seguir a ditta empreza com mais força e noticia. E o deixar ali os dittos trinta soldados, se entendera, sendo capaz o ditto sitio de se povoar e dar mantimentos, com que o ditto prezidio se sustente, porq' não sendo assy se escolhera outra parte, onde os dittos soldodos fiquem e se possão sustentar.

23. Fazendosse o caminão por terra, as embarcasões irão navegando tão bem por mar, no modo que se diz atraz no capit.<sup>o</sup> 13 qn.<sup>do</sup> se trata deirem por terra ao buraco das tartarugas atte o Totoi, e na mesma conformi-

dade, trabalhara elle cappitão p' caminhar não mui distante das dittas embarcasões pellos Respeitos que no ditto cappitolo se apontão.

24.—Vera elle capp.ᵃᵐ se pode alcançar noticia certa das consas da Serra de Buapava onde se diz que ha minerais, e de quaisquer outros que houver daquellas partes em carregando aos indios q' lhe tragão alguas pedras e mostras e o mesmo fara sendo D.ˢ servido que chegue ao ditto Maranhão trabalhando porse inteirar das particularidades das terras eilhas que jazem no ditto Rio e importancia de que serão para q' assy se saiba a conta que se deve para ser da dita conquista.

25.—Nas partes que lhe paresser, levantara elle capp.ᵃᵐ algum padrão de pedra e fara auto de posse em nome de S. Md.ᵉ pella Casa de Portugal, e lhe pora nome na nossa lingoa e o q' tiver na dos indios declarando dia mes e anno com todas as solemnidades ordinarias em que assinara com as mais pessoas principais que nisso forem.

26.—Como embora chegar ao ditto maranhão, assentara povoassão na parte que paresser mais acertada fortificandosse assy por Rezão dos indios. como dos francezes vivendo com suma Vigilancia e podendo ser logo trattara de roças e mantim.ᵗᵒˢ e quanto mais chegado a povoassão melhor, porq' sendo necess.º se possão valler delles, com menos Risco e sem se apartarem muito della havendosse com grande prudencia no Governo de todos e não consentindo que aos indios se fação agravos, quer aos nossos quer aos estranhos para os atrahir a pazes e sustentar nellas.

27.—E porquanto S M.ᵉ me manda e encarrega na ditta instrução que em nhum modo se cattive indio de qualquer calidade q' seia elle capp.ᵃᵐ não consentira cattivarse na ditta conformidade assy no discurso da ditta jornada, como despois de embora assentar no ditto Maranhão, e nisto não podera alterar por nhuma via, sem embargo que como ditto he na introduçãc deste Regim.ᵗᵒ o podera fazer em outras cousas pella forma referida conformo aos ocasiões do tempo porem poderão Resgatar os indios que estiverem em cordas para os comerem, na forma que S. M.ᵉ ordena, fazendo autos mui claros de q' conste p.ª se averiguar despois por elles, cattivos ou não.

28.—Procurara cõ Grandissimo cuidado, não deixando de intentar todos os meos, fazerme sabedor do q' passar, avisandome particularm.ᵗᵉ de todos os successos e despedindome os avisos assy do caminho q' for fazendo, como despois de chegado ao ditto maranhão, por mar, ou por terra, como melhor lhe paresser.

29.—Com o sargento mor do Estado Diogo de Campos Moreno que S. M.ᵉ houve por seu serv.º que va na ditta conquista tera elle capp.ᵃᵐ toda a boa correspondencia possivel, Respeitando e homrrando sua pesoa conforme a conta q' delle fez S. M.ᵉ e nhuma cousa fara sem seu cons.º por ser soldado de tanta experiencia e pratica, e socedendo o q' D.ˢ não permitta que elle capp.ᵃᵐ Jm.º dalbuquerque falessa da vida presente o ditto diogo de Campos lhe socedera em seu lugar no modo e com todos os poderes assy e da maneira q' os tem e leva elle Jm.º dalbuquerque ao qual diogo de Campos obedesserão todas as pessoas da ditta conquista, de qualquer calidade e condição que seião como a seu cappitão q' he por falecimento do ditto Jm.º dalbuquerque, e ficara uzando em tudo deste Regimento como se elle lhe fora dado, e otrosy se aconselbara elle capp.ᵃᵐ nas Resoluções que tomar com Manoel de Sousa de sa e Manoel de Britto freire, por serem pessoas de calidade e exp.ª

30.—Porem estando as cousas em Estado que senão possa despois de assentarem no ditto Totoi proseguir a ditta jornada com a brevidade q' se pretende, elle cappitão se deixara estar avisandome do que passa, e não fara absencia, sem minha Resposta, para seguir o que se lhe detriminar, e for mais serviço de S. M.ᵉ Sera avisado o ditto Capp.ᵃᵐ q' nhuma companhia podera haver de menos de sesenta homens effectivos afora a prim.ª plana, e sendo caso, o q' D.ˢ não permitta que falessão tantos que as companhias haião mister Reformados o fará elle capp.ᵃᵐ Respeitando sempre o numero que assyma se declara, e não havera cabo de esquadras de menos gente q' de vinte e sinco homens cada hum, conforme a este numero se lhes assentarão suas praças E este Regim.ᵗᵒ conferira elle capp.ᵃᵐ Jm.º dalbuquerque infallivelm.ᵗᵉ assy e da man.ᵃ q' se nelle conthem por convir ao serv.º de D.ᵃ e de S. M.ᵉ olinda 22 de Junho de 614.

*Gaspar de Sousa.*

---

### 3.

26 de Julho de 1614.—Auto que mandou fazer o governador e capitão geral deste estado g.ᵃʳ De souza sobre a jornada do maranhão.

Anno do nascimento de nosso Snor Jesus Christo de mil e seis centos e catorze annos aos vinte e seis dias do mes de julho do dito anno no lugar do Recife termo desta villa de Olinda capitania do pernaobuco estando presentes o governador e capitão geral deste estado gaspar de souza e bem assy alexandre de Moura capitão mor da dita capitania e o sargento mayor do dito estado diogo de campos moreno e vicente campello capitão do forte do dito lugar do Recife pello dito governador e capitão geral foi dito em presença de mym escrivão e das mais peças sobreditas que elle viera a esta Cap.ᵃ de pernaobuco por ordem de sua mag.ᵈᵉ pera fazer a jornada da conquista do maranhão na coal como todos sabião e tinha continuado de mais de anno e meyo a esta parte mardando gente e mantimentos por muitas vezes em comp.ᵃ do capitão jeronimo de albuquerque e outras p.ᵃˢ pera efeito da dita conquista a coal gente dentão athe o prezente a fora elle governador sustentando sempre... outra de novo no Rio Seara e buraco das tartarugas pera melhor expedição da dita conquista por serem citios

acomodados pera este intento r fizera pazes por meyo
do dito jeronimo dalbuquerque com o indio diabo grande
mui nomeado daquella Banda cujo filho viera a esta villa
ver a elle governador e asi contrahira amisades com outros indios principais de grande importansia pera a dita
jornada e de seis mezes a esta parte tinha feito com
muito calor todas as pervençoens nesesarias de gente e
embarcaçoens mantimentos e moniçoens pera efeito de
dar fim a dita jornada pera o que elle g.ᵒʳ por dar melhor expediente ha partida avia muitos dias que estava
de asistencia no dito lugar do Recife donde tinha espe-
didos dous caraveloens da costa com muitos soldados e
mantimentos para que fosem em direitura ao Rio grande
onde o dito Jeronymo d'albuquerque que vay por capitão
mor da dita conquista inda os estava esperando para dahy
partirem com os indios frecheyros que estavão juntos e
outros que no caminho maes se lhe avião de ajuntar do
diabo grande e principaes com quem se fizera amizades
athe o dito Seara na qual paragem havião de esperar
dito digo pello dito sargento mayor Diogo de Campos
q' S. Mag.ᵈᵉ mandava servir na dita Comquista que par-
tiria do dito Recife segundo estava ordenado dentro de
poucos dias com o Resto de todas as mais embarcaçoens,
gente e mantimentos os coaes todos assy juntos partindo
do dito Seará avião de tomar o dito buraco das tartarugas onde os estava esperando o capitão Manoel de Sousa
de Saa com a gente que consigo tinha e junta assi toda
a massa se irem na conformidade do Regimento que
elle Governador pera isso tinha dado até se porem sobre
o dito maranhão. He porcuanto tendo assy dispostas e
ordenadas as ditas cousas tivera carta por via de Lx.ᵃ
avia dous dias escrita em sevilha de Martim Soares Moreno que por mandado e ordem delle governador havia
hu anno que fora descobrir o dito maranhão en hua lancha
cõ vinte soldados e comforme ao que avisara e imfor-
maçāo que elle governador tomara digo tambem tomara
de Bastião Martins que fora por mestre da dita lancha
no dito descubrimento e outros soldados da companhia

do dito Martym Soares que erão chegados a este dito porto do Recife na caravella de Roque frz onde viera a dita carta convinha thomar nova Resolução sobre o que se devia fazer por a ello dito g.ᵒʳ lhe não parecer bastante a gente e prevensoens que estavão ordenadas pera a dita jornada Respeito dos muitos francezes que desião estavão fortificados no dito maranhão praticara cõ os sobreditos no neg.º mostrandolhes a dita carta e cumunicandolhes a dita imformação que outra ves mandara repelir ao dito Sebastião Miz em prezença de todos e posto assy o dito neg.º em votos se assentou por parecer commum dos sobreditos o seguinte:

Que por cuanto assi os ditos Martim soares como o mestre da lancha Bastião Martins e os soldados de sua companhia que erão chegados todos nniformes dezião que no dito maranhão avia muitos franceses que estavão senhores da terra e com fortaleza feita e assi afirmarão que coando andavão no descobrimento do dito rio maranhão os correra hum patacho e huma lancha dos ditos franceses e que comforme a imformação que os nossos tomarão dos indios con quem no dito maranhão ouverão pratica de que hum fora com o dito martym soares ao Reyno e estava cõ elle en sevilha a partida do dito mestre e soldados afirmarão que sinco pataxos dos ditos francezes erão hidos pello rio assima huns pera sahirem por elle ao rio das Amasonas e outros dos resgates das perolas E ouro que se dezia trazerem en terra das minas onde se cavava e o benefeciavão depois na ilha onde estavão alojados e forteficados e que outrosi sabião seg.ᵈᵒ os ditos indios certificavão que de frança esperavão duas naos grosas com muita gente de molheres pera povoarem e asentarem no dito maranhão de preposito pello que antes que os ditos inimigos fossem thomando tantas forsas que depois se não podesem lansar fora convinha ao serviço de sua mag.ᵈᵉ fazerse a dita empresa brevemente com as embarcaçõens gente e bastimentos nesesareos a respeito do numero dos inimigos que la estavão e que pois não podia ser pella grande estreiteza em que a fazenda do sua mag.<sup>de</sup> de prezente estava neste estado e falta de náos e artelharia irem logo com tanta forsa que fossem a vista dos enemigos desalojalos e arazarlhes a sua fortaleza lansandoos fora da terra entrasem o dito rio se fortificasem na terra firme defronte da dita ilha onde nos ficava hum indio principal chamado meratapoha que dezia querer ser nosso amigo como se experimentara nos avizos que dera e da sua aldeia era o outro que fora cõ o dito Martym soares por ser aquella parte da terra firme de muita importancia cõ citio defemsavel e cõ augoa em abundancia comforme o dito bastião Miz e mais soldados dezião e que dahi por ficarem oito ou dez legoas em distancia dos enemigos os inquietasem e procurasem fazer todo o danno espreitando coalquer ocazioens que se offerecesem o que o dito Jeronimo de albuquerque por ser peçoa tão conhecida entre todos os indios desta costa mui amado e desejado delles poderia atrahilos a fazerem pazes comnosco o que lhe não seria muito dificultoso assi por seu respeito como pello dos nossos indios amigos que nos acompanhão os coaes entre os do dito maranhão tinhão muitos parentes e que assi odiando os francezes e tirandolhes de sua amisade os indios cõ quem corrião e em cuja terra estavão fortificados se poderia segir algum bom effeito e que entretanto se devia avisar a sua magestade pera mandar forsas e soccorro bastante a dita conquista pera então comforme a sua grandeza se fazer a gerra de poder a poder aos ditos inimigos e se lançarem de todo fora da terra e que isto hera o que de prezente comvinha pellos grandes danos que rezultarião ao diante contra os vasalos de sua mag.<sup>de</sup> assi na costa do peru e nova espanha como no estado do brazil ficando os ditos inimigos senhores do dito maranhão e pois estava serto que delle avião de sahir mui de ordinario cõ suas armadas infestarem todos os mares das ditas provincias tirandolhe os portos do dito rio maranhão e empedindolhe a assistencia e povoação que ahi fazem não somente se lhe empedião os grandes proveitos com que se emriquessem por ser a terra mui grata e fertil e as esperanças do ouro e perolas que deve ser o prin_cipal que os obriga a povoar mas tambem em serto modo se segure a costa da mina por que não tendo os inimigos os portos do dito maranhão onde venhão dar querena a consertar e fazer agoada como fazem de alguns annos a esta parte ordinariamente quoando vem de volta da dita costa roubando de caminho nesta muitos navios e não podendo fazer as ditas cousas enagine sem grande discomodo por ser a terra muy doentia e o rio grande onde tinhão sua colheita esta fortificado não ha duvida que deixarão de vir com tanta frequencia a dita costa da mina faltandolhe as comodidades do dito maranhão que pera efeito de se fazer a nossa fortificação na terra firme como estava acentado convinha muito ir o engenheiro franc° de frias pois se offerecia a hir con tanta vontade por serviço de sua mag.$^{de}$ e que levasse consigo os offeciaes e achegas necesarias e que em efeito se puzesem em execução todas as cousas para a dita jornada como esperavão que Deus lhe daria pera que per aquele meyo ser sua santa fe exaltada entre tanta multidão de barbaros como tinha aquele grande rio e de como asy se asentou mandar elle dito governador e capitão geral fazer este auto em que asinou có os sobreditos e eu Luis marreyros escrivão o escrevy o governador gaspar de souza alexandre de moura o Capitão diogo de Campos moreno o Capitão Vicente Campello Bastião miz. O qual treslado de Auto eu Luis marreyros t.$^{am}$ do publico, judicial e notas nesta villa de Olinda Capitania de pernambuco por Duarte dalbuquerque coelho capitão e governador dellas por El-Rei nosso senhor fiz tresladar do proprio a que me reporto consertey com o t.$^{am}$ abaixo asinado escrevy e asiney em razo. Luis Marreyros. E comiguo t.$^{am}$ J. Pereira.

4

2 de Agosto de 1614.—Auto que mandou faser o Governador geral Gaspar de Sousa sobre hua provisão de S. Magd.ᵉ pelo Cons.º de Portugal aserca da carga do pao Brazil.

Anno do nascim.ᵗᵒ de nosso senhor Jhus Xpto de mil e seis centos e quatorze annos aos dous dias do mez de Agosto do dito anno, no lugar do Recife termo desta villa de Olinda capp.ᵃ de Pernambuco, estando presente o G.ᵒʳ e Capp.ᵃᵐ geral deste estado do Brazil Gaspar de sousa do cons.º de S. M.ᵈᵉ e bem assi Alex.ᵉ de Moura capp.ᵃᵐ mor desta Capp.ᵃ e Diogo Cirne provedor e contador desta cappitania da fazenda de S. Mag.ᵉ e Diogo de Campos Moreno sargento mor deste ditto Estado, e Vicente Campello capp.ᵃᵐ da fort.ᵃ do dito Recife logo em presença de mim tabelião e dos sobreditos pelo ditto G.ᵒʳ e capitão geral foi mostrada hua p.visão de S. Mg.ᵉ assinada pello Snr. Dom Pedro de Castilho vise Rei de Portugal e cõ vista de Dom estevão de faro, veador da fazenda do ditto Snnor do ditto Rn.º q' estava sem vicio nem risca, nem outra cousa algua q' duvida faça a qual mandou a mim escrivão q' a lesse em prezença dos dittos em vós alta de q' o treslado se segue.

G.ᵒʳ amigo.

Eu El-Rey vos envio muito saudar. mandey passar p.visão, que se enviou a esse estado para do rendimento dos disimos do Brazil se tomasse dez mil cruzados, para compra e despeza do pao vermelho que pertence a minha faz.ᵃ e porq' convem q' tudo o mais q' do d.ᶜ rendim.ᵗᵒ sobeiar alem dos dittos dez mil cruzados se empregue e despenda na compra do ditto pao vos mando q' assy o cumprais inteiram.ᵉ e mandeis q' inviolavelm.ᵉ se guarde e cumpra e q' se não despenda em outra cousa, por mais precisa e necessaria q' seja e p' que sei q' assy o fareis como fazeis o mais que convem a meu serv.º volo não encarrego mais q' do cont.º q' não espero volo estranharey, e se havera por vossa faz.ᵃ todas as perdas e damnos q' a minha por esse respeito receber escritta em lx.ª a vinte sinco de Abril de mil e seis centos e quatorze.

Dom Pedro dom Estevão de faro / Para o G.ºʳ do Estado do Brazil. e lida a ditta pvisão par elle ditto G.ºʳ capp.ᵃᵐ geral foi ditto que todos os sobreditos q' presentes estavão sabião e vião o estado em q' cõ favor divino estava a jornada do Maranhão e que S. Magd.ᵉ mandara vir a elle G.ºʳ a esta capp.ª e como havia muitos dias q' assistia no ditto lugar do Recife com mil incomodos de sua pessoa, som.ᵉ para dar valor a partida da armada q' hia a dita conquista p.ª a qual tinha fretado muitas embarcassões assy dos caravelões desta costa como doutras dalto bordo, q' guarnecera e petrechara cõ bastante artelharia e tinha outrosy m.ᵃ gente e mantimentos juntos com as mais provisões dás que a jornada requeria na conformidade q' se assentara pelo auto que disto se fizera q' elle G.ºʳ e capp.ᶠᵐ enviara a S. Magd.ᵉ e otrosy era muita parte da ditta gente já partida com mantimentos, e munições para o Rio Grande onde tinha novas q' era chegada ajuntarse com Jrm.º dalbuquerque capp.ᵃᵐ da ditta conquista q' estava esperando para dali se aballarem cõ os indios amigos q' nos acompanhavão na ditta jornada q' hora se hião aprestando todas as outras cousas para dentro de muy poucos dias, partir d'este porto cõ a maça de toda a mais gente embarcassões mantimentos e munições elle dito sargento maior Diogo de Campos moreno a quem S. Magd.ᵉ mandara do Rn.º para q' fosse servir, na ditta jornada, na qual hia outrosy o engenheiro deste estado, fran.ᶜᵒ de frias cõ off.ᵉˢ e achegas p.ª levantarem hua força, dentro no ditto Maranhão outo ou dez legoas dos imigos num citio em q' tinha praticado e q' porquanto elle ditto G.ºʳ recebera hora havia dous dias a p visão q' lhes fora lida e mostrada de S. Magd.ᵉ pella qual lhe manda q' em nhua outra cousa por precisa e necess.ª q' seja gastasse o q' sobejar do rendimento ordin.º deste estado mais q' na cargua do pao Brazil sob penna de se fazer haver por a faz.ᵈᵃ delle G.ºʳ toda a perda que a de S. Magd.ᵉ recebesse de o dito pao se não carregar, e conforme ao Estado presente em q' as cousas e apresto da jornada do ditto maranhão em q' como vião se tinha feito muita despeza requeria tomasse o assento mais conciderado, que parecesse q' convinha em respeito da ditta pvisão o q' por ella se lhe ordenava pello que lhes requeria e manda da parte de S. Mag.ᵈᵉ a elles sobredittos lhe dicesse a elle G.ᵒʳ o que neste neg.º lhes parecia livrem.ᵉ e o que devia seguir sem respeito algum mais q' o ditto serviço de S. Magd.ᵉ que a tudo devião antepor, porq' o que assy se detriminasse havia de seguir avisando de tudo ao ditto s.ᵒʳ p.ᵃ mandar o de q' mais fosse servido, o que visto despois de se altrecar o neg.º e cada hum dar seu paresser, concordarão que se devia guardar a determinação seguinte:

Que porque como se affirmava assy pellas cartas do capp.ᵃᵐ Martim Soares Moreno, q' elle G.ᵒʳ mandara ao descobrimento do ditto maranhão. as quais lhe communicara os dias atras, p.ᵃ se assentar o q' na ditta jornada se havia seguir e assy pellas informações do mestre Sebastião M.ˢ q' fora no ditto descobrimento e soldados de sua companhia q' erão chegados de Sevilha a este forte se sabia dos muitos franceses que no ditto maranhão asestião onde estavão fortificados e hora scubera mais por cartas do Capp.ᵃᵐ Manoel de Souza, q' asiste no buraco das tartarugas e do p.ᵉ B.ᵃʳ João Vigario do Seará q' era passada hua nao com muitos franceses para povoarem os quais sairão em terra p.ᵃ desfazer nossos presidios q' assistem nas dittas partes e os nossos os fizerão tornar a embarcar deixando alguns dos inimigso mortos e feridos, e assy davão por noticia q' lhe hião aos dittos inimigos outros socorros por saberem conforme desião que S. Mag.ᵈᵉ pretendia mandalos lançar do ditto Maranhão e segundo outras considerações q' se tinhão apontado no auto que elle ditto G.ᵒʳ mandara faser, se assentara q' sem embarguo das forças dos dittos imigos, fossem os nossos entrar no ditto Maranhão, e se fortifiquasem na terra firme outo ou dez legoas infrente da

ilha, onde residem p.ª d'ahi os terem em perpetuo cuidado e inquietação, não os deixando ir cressendo, e fazendo snnors dos yndios de todo aquelle grande rio sem
da nossa parte lho impedirmos intentando por meo dos
nossos indios inimisar aos dittos inimigos com os do
ditto Maranhão, e espreitando alguma boa occasião q' o
tempo offerecesse de nos melhorarmos athe S. Mag.ᵈᵉ mandar os socorros q' lhe havião de pedir p.ª abertamente
se fazer a guerra aos dittos inimigos arazandolhe a sua
fortificassão, e lançando-os de todo fora da terra, e outras
referentes resões contheudas no dito auto, a q' se repor-
tavão, contudo, p.ª se efeituar o sobredito, e os nossos
se poderem ir sostentando na fortificassão q' fizerem, lhes
hera necess.º mandarlhe elle G.ᵒʳ soccorros muy ordinarios
de gente, e mantimentos, o que senão podia fazer sem
dinh.º posto q' neste Estado havia tão pouco da fazenda
de S. Magd.ᵉ p.ª o poder fazer, hora por causa da ditta
pvisão lhe não ficava lugar p ª enviar os dittos soccorros
pois o cabedal com que se havião de fazer mandava S.
Magd.ᵉ precisamente q' se gastasse na carga do páo Brazil
e isto com palavras tão forçosas q' não sofrião outro entendimento algum lhes parescia q' a ditta jornada se não
devia fazer pello modo q' estava assentado p. q' empe-
nhando a nossa gente tanto a vista dos inimigos, muito
mais poderosos sem socorrermos, corria muito certo perigo,
de cõ o mesmo tpo ou nos renderem forçosamente ou
nos necessitarem a hua vil entregua em grande quebra
da reputação de V. Magd.ᵉ porem por quanto era de
muita importancia como a exp.ª mostrava sustentaremse
os presidios q' estavão feitos athé o rio Pará que dista
quarenta legoas do ditto Maranhão e a despeza p.ª a
ditta jornada estava a mais parte feita e doutra man.ʳᵃ
se perderia totalmente sem proveito algum se proseguisse
a conquista pella parte do ditto Pará, aonde fora o dito
cappitão Jrm.º d'albuquerq' e elle ditto sargento mor
Diogo de Campos levando tãobem consigo o ditto engenheiro franc.º de frias e q' dali ficando em tão pouca distancia intentassem saber mais certesa do d.º Maranhão

das forças e do estado dos imigos e paressendolhe de-
verse fortificar no ditto rio Para ou noutra parte q' se
elegesse mais disposta e proxima ao ditto Maranhão o
fizessem e dando occasião o tempo cõ m.<sup>ta</sup> concideração
se fosse chegando, sem se ariscar notavelmente, e q' como
os indios de toda esta costa tinhão tanta satisfação da
pessoa do ditto Jrm.º d'albuquerque e obrigados cõ dadivas por via dos nossos q' entre os do ditto Maranhão
tinhão m.<sup>tos</sup> parentes, os poderiamos atrahir a nossa amisade, apartandoos da dos iuimigos e q' assy não seria m.<sup>to</sup>
dificultoso seguirse algum bom efeito q' entretanto se
devia avisar a S. Magd.º p.ª ordenar o que era servido
se fizesse na ditta conquista p' q' mandando q' sobesti-
vesse se poderião deste modo e sem muito risco retirar
os dittos prezidios e se contudo se servisse que se fosse
proseguindo com o cabedal da gente naos e munições
q' do Reyno enviasse p.ª esse efeito ajuntandosse os soldados dos dittos prezidios já afeitos ao clima e mantimentos da terra assy o ditto Jrm.º dalbuquerque cõ os
nossos indios amigos, e os q' mais tivessem ja de paz
se poderia fazer a ditta conquista cõ muito maior facilidade e confiança do bom sucesso q' se pretende mas q',
em outra man.<sup>ra</sup> conforme ao estado presente das cousas
q' elle G.<sup>or</sup> como ditto he não podia inviar os socorros
necess.<sup>os</sup> por causa da ditta pvisão q' lho impedia totalmente não convinha fazerse a ditta jornada por se
ariscarem os nossos cõ notavel evidencia e assy por darem
de todo pois esta claro q' ainda muito maiores forças
não sendo soccorridas de ordina.<sup>ro</sup> e sendo assy o q' D.<sup>s</sup>
não permitta ficava a ditta conquista mais impocibilitada p.ª
se poder continuar quando a S. Mag.<sup>de</sup> lhe aprouvesse e q'
isto he o q' entendião ser seu ser.º sem outro algum respeito,
e de como assy se assentou mandou elle ditto G.<sup>or</sup> e capp.<sup>am</sup>
geral fazer este auto, em q' todos assinarão, e eu Paulo de
sousa t.<sup>am</sup> o escrivi o G.<sup>or</sup> Gaspar de sousa. Alex.º de
Moura. Diogo Cirne. Vicente Campello. Diogo de Campos
Moreno.

5

20 de Agosto de 1614.—Carta de Gaspar de Sousa a El-Rei quei
xando-se de ser tratado de modo diverso do que merece por
seus serviços e procedimento. Occupa-se da jornada do Maranhão e da carga do pau-brazil.

Snor.

Queixome a V. Magd.ᵉ de anno e meo a esta parte
de não ser servido mandarme responder a muytas q' lhe
tenho escritto em Razão das materias do governo deste
estado e com hua reposta q' agora alcansey me fica aynda
maior queixa sendo tão contraria ao q' a V. Magd.ᵉ mereço
por meus serviços de tantos annos e procedimento. Pois
p.ᵃ eu não gastar o que sobejar do Rendimento deste
estado em outra cousa mais q' ua carga do pao Brazil
bastava mandarmo V. Magd.ᵉ e não era necessario dizer
a provisão q' se passar p.ᵃ esse effeito que fazendo outra
cousa se haveria p' minha fazenda o danno que a de V.
Magd.ᵉ recebesse, por q' esta mesma declaração pedi eu
sempre por causa da jornada do Maranhão q' V. Magd.ᵉ
me mandou fazer e por cujo respeito vim em direitura
a esta Cap.ᵃ e como carregar pao juntamente e fazer a
ditta jornada se não consentia plo pouco cabedal q' p.ᵃ
isso tem a fazenda de V. Magd.ᵉ neste estado, me era
necessario como pedi mandar V. Magd.ᵉ declarar se era
servido que ou o ditto pao se carregasse cõforme a provisão q' p' isso meveo do cons.º da fazenda, ou se continuasse com o Maranhão como por outra do conselho
da yndia se me ordenava de maneira q' nestas contra-
dições recorri logo a V. Magd.ᵉ não deixando porem emquanto se me não diffiria de carregar o ditto pao com
particular delig.ᵃ como se lá tem visto, e yr continuando
com a jornada q' se me encomendou e aynda agora a
provisão q' meveo e de que eu tão justamente me queixo
he tão succinta no principal (se bem larga nas palavras
da cominação) que em nhuma cousa tratta a serca do

ditto Maranhão, como se V. Magd.ᵉ ou não mandara fazer
a conquista, ou eu não tivera escritto tantas vezes sobre
ella plo que me pareceo devia dar mais em particular
nesta razão do estado em que as cousas estavão E do
em que hoje ficão por causa da ditta provisão da carga
do pao com que totalmente se alterarão.

V. Magd.ᵉ como asima digno me mandou a esta cap.ᵃ
onde vim p.ᵃ trattar da conquista do Maranhão, E em chegando puz logo mãos ao negocio com tanto zello e ef-
ficacia e por tantos meos p.ᵃ alcansar o fim da pretenção
a q' era mandado.

Ja V. Magd.ᵉ deve ter lá visto algum principio do
que desta deligencia resultou na chegada a esse Reyno
de Marty soarez moreno q' por minha ordem foi ao descobrimento do ditto Maranhão no qual esteve, e de que
elle daria bastante enformação na cõformidade do q' me
escreveo de Sevilha onde foi ter e foi a viagem tão nova
que o assistente e o Duque de Medina fiserão deligencia
p.ᵃ saber os successos della, e as grandezas que ha tanto
tempo se pregoão daquele grande Rio, e creo que sobre
a materia tem avisado a V. Magd.

P.ᵃ proceder na conquista como convinha assentei
cõ alguas pessoas pratticas q' era necess.ᵒ tomarense e
sustentarense alguns postos como erão o Rio Seará e
buraco das Tartarugas assi por os não occuparem os franceses e lhe empedirmos as agoadas q' de ordinario aly
vinhão fazer como por fazermos aquelles indios amigos
p.ᵃ nos ajudarem no discurso da jornada por as quais
razões guarneci os dittos postos com presidios a q' en-
ueiy o capitão Jeronimo d'albuq. com a gente, munições
e bastimentos necessarios que tudo ha hum anno e meo
que vou sustentando no qual tempo socederão algumas
occasiões cõ franceses em que ficarão muytos mortos dei-
xandonos nas mãos hum pataxo que enviey a esse Reyno
carregado de pao Brazil por conta da faz.ᵃ de V. Magd.
o qual de torna viagem se vendeu e o dinheiro delle se
carregou em Recife ao Almox. desta cap.ᵃ

Procedeo tão bem o segundo effeito das amisades

com os indios p.ʳ q' Jer.º d'albuq.ᵉ as fez com muytos
principais dos quais alguns vierão aqui ter comigo e tornarão muy satisfeitos dispostos p.ª nos acõpanharem na
jornada que sem elles he impossivel faserse e menos
sem Jeronimo d'albuq. a quem V. Magd. tem muita obrigação pela vontade com que se emprega em seu serviço que p.ª o melhor faser e com mais cabedal vendeu
toda sua faz.ª e assi parece que V. Magd. o devia honrar
e faserlhe merce principalmente de habito q' ha muyto
tempo lhe está prometido e sem esta e semelhantes sa-
tisfações mal se animarão outros p.ª fasrem o mesmo no
serviço de V. Magd.

De todas estas cousas avisey logo a V. Magd. nesse
seu cons.º do estado. E estando assi me veo provisão
plo da faz.ª em que se me ordenava do Rendimento deste
estado se separassem 250$ em dinheiro p.ª compra de
pao Brazil. Pudera eu logo cessar cõ o Maranhão se o
zello do serviço de V. Magd. e o mandarme a ysso particularmente a esta cap.ª me não obrigara a cõtinuar na
cõquista e trattar juntamente de carregar o ditto pao. se
bem ante via q' quando neste anno q' agora acabou se
desse cõprimento a ditta provisão. p' eu ter arrendados
os diz.ᵐ das capitanias do norte com tão g.ᵉ excesso do
que hatte então andavão; no tempo adiante não poderia
ser pla falta de cabedal como hoje se experimenta. E assi
o escrevy a V. Magd. muytas veses pedindolhe fosse
servido mandarme declarar ao q' devia acudir, se a carregar o pao se a fazer a conquista, não parando porem
em nhua das cousas e havendo anno e meio que insto, e
importuno com diversas cartas todas reiteradas nesta materia nunqua se me respondeo mais q' agora com a provisão q tratta da carga do páo em forma que em lugar
da merce q' esperava me fica nova razão de queixa.

E como em todo este tempo q' se me retardou a
reposta eu não sabia a qual das duas cousas me mandaria V. Magd. q' acudisse se bem fui sempre carregando
o pao não me descuidey tão bem de fazer as prevenções
p.ª a jornada ajuntando mantimentos, gente, munições,

E tudo o mais necessario E como do Maranhão se não tinha aynda muyta noticia pareceo q' conforme as cousas se representavão, sem o receo dos franceses que depois sobreveo plo aviso do ditto Martyn soarez b. stavão cento e sincoenta hatte dusentos soldados cõ mil e quinhentos yndios amigos, e que por razão do pouco curso que tinhamos da viagem seria mais segura em caravellões da costa por demandarem menos fundo q' outras embarcações maiores.

Nesta cõformidade estava tudo aprestado e eu havia dias no Recife porto desta villa quando me chegarão as cartas do ditto Martyn soarez escrittas em sevilha onde como atraz diguo foi ter de Santo Domingo e hua dellas enviada plo mestre do barco que fora no ditto descobrimento do Maranhão em cuja companhia vierão tão bem alguns soldados dos que forão com elle na viagem das quais cartas envio a cõpia a V. Magd.ᵉ E porq' assi pello q' o ditto Martyn Soarez escrevem, como pellas enformações que tomei do ditto mestre e soldados requeria a jornada respeito do numero dos francezes que dizem estarem d'assento e fortificados no ditto Maranhão mais força e cabedal do que a principio estava acordado meter-se na jornada; o comuniquei com as pessoas que me podião dar voto, e consta do auto que envio a V. Magd.ᵉ Assentamos q' a ditta jornada se devia proseguir cõ brevidade p' muytas razões que no ditto auto se contem, e assi porq' convinha ao serviço de V. Magd.ᵉ antes q' os ynimigos tomassem mais forças não lhas deixar criar sem contradição de nossa parte pondoos em cuidado e sospeitas por via dos nossos Indios amigos com os do Maranhão onde estavão fortificados, e inventando todos os meos possiveis p.ª nos melhorarmos emquanto se não pedia a V. Magd.ᵉ socorro cabal p.ª abertamente lhe fasermos a guerra arrasando-lhe a sua fortaleza hatte os lançar de todo fora da terra e que para ysto era necessario dobrar o numero da gente, e yrem embarcações grossas com munições e bastimentos mandando o engenheiro deste estado francisco de frias com officiais e

achegas p.ª fazer fortificação na parte que melhor parecesse conforme a hum sitio na terra firme em que se
tinha pratticado e que tudo se aprestasse de maneira com
q' nos pudessemos defender e offender o ynimigo, o que
logo se deu a execução com suma deligencia e despedi
aviso ao capitão Jeronimo d'albuquerque ao Rio grande
onde ja estava com muyta parte da gente e mantimentos
esperando pello resto da massa q' na conformidade do
primeiro assento q' se tomara havia de levar daqui o
sargento mor Dy.º de campos moreno que V. Magd. enviou
desse Reyno p.ª yr servir na ditta jornada.

Estando as cousas neste estado e todas as prevenções
feitas cõ muy grande despeza da faz.ª de V. Magd. Re-
cebi a ditta provisão da carga do pao na qual se me
manda q' todo o rendimento que sobejar dos Diz.ᵒˢ deste
estado se compre em pao Brazil e que em nhua outra
cousa se gaste por mais precisa e necess.ª q' seja sob
pena de se haver por minha faz.ª toda a perda q' a de
V. Magd. Receber do ditto pao se não carregar e porque a força e energia destas palavras não dão lugar a
outro entendimento, se bem vi q' encontra o serviço de
V. Magd. devertindome da conquista por parecer que
tomei no caso se assentou como consta do auto q' com
esta envio q' se devia sobestar e parar em tudo no estado em q' estava. Porq' sendo assi que a ditta cõquista
se não podia sustentar sem os socorros q' daqui lhe enviasse hatte os do Reyno chegaren e p.ª elles era necessario o cabedal q' cõforme a ditta provisão com pena
de se haver por minha fazenda não podia despender em
outra cousa mais que na carga do ditto pao Não convinha empenhar tanta gente dentro do Maranhão a vista
do frances p.ª a deixar perecer por falta de socorro ou
entregarselhe com infames partidos em quebra da reputação de V. Magd. e oprobrio da nação portuguesa.
E assi fica a ditta jornada suspensa e desfeitas as mais
dasprevenções com perda da faz.ª de V. Magd. por se
perderem muytas cousas q' he impossivel aproveitaremse
e a ocasião principalmente q' he o de maior sentimento.

Porem porq' toda a maquina deste negocio não parasse sem proveito, E as nossas prevenções se perdessem, plos respeitos que atraz aponto, E ver quanto importa ao servi.o de V. Magd. sustentaremse os presidios hatte o Rio Pará que dista quorenta legoas do Maranhão os fico sustentando donde ordeno a jeronimo d'albuquerque q' com industria trabalhe por alcansar mais certa noticia do ditto Maranhão das embarcações, força e numero dos franceses fazendoos odio os aos Indios com que trattão e ao cõtrario consiliardoos em nossa amisade porque será possivel q' assi em tão pouca distancia lhe offereça o tempo occasião para algum bom effeito.

Mas por q' estes presidios fasem muyta despeza peço a V. Magd. seja servido mandarme avisar se os devo sostentar ou largaremse se bem a reposta disto não ficar igualmente retardada como a do mais q' ynda agora espero lembrando a V. Magd. que p.ª a nossa necess.º ser maior aperta Marcos d'azevedo pelos quatro mil crusados q' por sua provisão lhe mandou dar p.ª o descobrimento das esmeraldas com cento e quorenta mil rs de sallario ao official que se ha de ocupar neste ministerio que eu não sei donde hão de sair conforme a gr.e estreiteza em q' tudo está p'lo que convem avisar se me cõ brevidade o que devo seguir em tudo.

Pudera eu s.or aqui faser hum grande discurso em q' mostrara q' convinha em toda a verdadeira razão destado ao serviço de V. Mg.e e augmento e cõservação de sua Real coroa mandar fazer com instancia esta cõquista por não deixar criar hum ynimigo nas nossas proprias terras enrequicendo com a grossura dellas e esperanças d'ouro e perolas como diz o ditto Martym Soarez em ambas as suas cartas de que a V. Mg.e vão as copias, porem receo q' se me julgue por atrevimento o q' he so zello de seu serviço E a verdade fasemos nós disto tão pouco caso q' os ynimigos tanto q' em 14 de junho passado vierão com huma nao e dusentos homens desfaser os nossos presidios de Seará e Jaracoaca ou por outro nome o buraco das tartarugas, onde não acharão tão bôa hospedagem como quiserão E daly se forão p.ª o Maranhão levando molheres p.ª povoarem e frades falsos ou verdadeiros que se intitulão Provinciais das Indias occidentaes como S.res dellas, e não sera muito q' daly penetrem o mais intimo d'aquella Região tão contigua com as Colonias dos nossos Hespanhoes por aquella parte e lhe dem muyto q' faser. Da vinda dos ynimigos contra os nossos presidios, e sucesso que nelles tiverão, e assi dos frades q' consigo trasem e modo com que se intitullão consta do estromento e copias das cartas q' a V. Mg.ᵉ tão bem envio e os ditos frades escreverão em reposta d'outra que o nosso Vigario da residencia do Seará lhe escreveo lá p'la sua latinidade. E assi deixandoos crescer neste principio virão a cobrar com o tempo tantas forças fomentadas todos os dias com novos socorros de frança e outras nações do norte que as não teremos nós despois p.ª lhas desfaser sem muyto trabalho mostrandoo a experiencia em tantas partes e escuso provallo com exemplos. Crendo V. Mg.ᵉ q' este mal vira em muy breve tempo acundir por toda esta costa infestandoa os ynimigos com seus navios e Roubando os nossos sem lhe podermos valler, ou saindo do ditto Maranhão p.ª esse efeito, ou quando p.ª la vão como hoje costumão e nos a nós tem bem custado.

Na Bermuda tem já presidio como V. Mg.ᵉ vera de huma das cartas do ditto Martyn Soarez que o descubrio naquella parte yndo de S. Domingo de viagem p.ª Hespanha como já lá se deve ter dado noticia. Na florida estão fortificados, o Maranhão he seu q' tudo vay encaminhado p.ª se faserem s.res da Costa do Perú e nova Hespanha, por onde as nossas frotas hão de passar côforme a situação destas tres partes estendense de maneira q' ficão donnos da navegação.

Não me fez parar na cõquista a cominação de se haver p' minha faz.ª os dannos q' a de V. Mg.ᵉ recebesse na carga do pao conforme diz a provisão porq', dessa que tenho me fez V. Mg.ᵉ merce e seu pay q' Deos tenha vendo q' lha merecia por meus serviços e assi quando se me tomara mandaria V. Mg.ᵉ tomar o q' he seu. Porem suposto que la do mais longe se entende o côtrario do que ca ao perto alcanso e vejo tenho obrigação de cuidar q' he o melhor e assi convem q' obedeça com a devida sumissão fazendo só estas lembranças q' he o mais que se me permite.

E se ellas puderem ter lugar p.ª que a jornada se continue cõ a brevidade q' convem antes q' os ynimigos tomem mais forças direy sem q' se me pregunte q' medindo as que hoje tem e côformandome cõ particulares enformações q' tomey das que dizem q' iá tinhão e lhe acrecerão, são necessarias seis embarcações do porte das de Dunquerque de cento e cinq.ᵗᵃ toneis cada hua muy bem artilhadas chatas p. baixo, e que demandem pouco fundo com quinhentos homens, munições e bastimentos p.ª elles, as quais virão p' este porto onde se lhe ajuntará a mais gente dos presidios da mesma conquista, e jeronimo d'albuquerque com os Indios que he o principal do negocio, e algumas embarcações piquenas q' se lhe agregarem e assi poderão seguramente desalojar e expugnar o ynimigo q' aly vay criando outra Mámora atrahido da grandeza e fertelidade da terra e Esperanças das Riquesas della sabidas ja por muitos privando a V. Mg.ᵉ de poder aly fundar hum novo Reyno em maior gloria da monarchia d'Hespanha, fasendo comunicavel todo aquelle transito por terra d'aly hate o Perú q' agora se nos offerece com tanta facilidade por este meo.

E se se me preguntar porq' requerendo o negocio todo este cabedal de gente e prevenções, qual era a razão e com tanto menos de tudo hia a nossa armada ao mesmo effeito partindo deste porto, Responderei que o ynteuto era muy differente porque só a mandaria levantar huma força dentro no mesmo Maranhão oyto ou dez legoas dos ynimigos num sitio que ja estava descuberto donde os inquietassemos e não deixassemos tanto sem côtradição yrem crecendo fasendosse s.ʳᵉˢ dos yndios d'aquelle g.ᵈᵉ Rio os quais por via dos nossos q' levavamos de que muitos erão parentes atrahissemos a nossa amisade E os tirassemos da dos franceses espreitando daly com ot'po algua boa ocasião em q' nos melhorassemos q' não seria muy dificultoso tendo os Indios por nos.

Porem p.ª rompermos de poder a poder, arrasarmoslhe a sua fortaleza e os lançarmos fora da terra havia de mandar pedir a V. Mg.ᵉ estas mesmas naos e gente q' agora lhe represento serem necessarias, porque as forças deste estado sem V. Mg.ᵉ de lá as fomentar não são bastantes p.ª faserem a guerra com a ventagem e reputação que a sua grandeza se requerem.

São tão estreitos os termos desta provisão q' tratta da carga do pao em q' limita q' em nhuma outra cousa por precisa e necessaria q' seja se possa gastar o Rendimento deste estado (pois quem diz tudo não exclue nada) que com certo modo me ata as mãos totalmente p.ª q' vindo ynimigos a esta costa esteja ocioso vendo o que fiserem, porq' guerra offensiva, ou defensiva não se faz sem dinhr.º E se eu gastar na defensão do estado que V. Mg.ᵉ foi servido fiar de my e de que lhe dey menagem quiça se haja despois por minha faz.ª conforme diz a ditta provisão que paroce são de mais importancia a seu serviço carregarense dous mil quintais de pao mais a menos cada anno que deixar a cõservação de todo este estado em cõtingencia a merce do ynimigo quando o queira invadir. Porem se vier não deixarei de faser o que devo sem embargo das palavras da ditta provisão porq' vay pouco em perder a faz.ª por não arriscar a honra q' he o precioso da vida.

Tão bem parece no particular do Maranhão q' poderia ser de effeito mandar V. Mg.ᵉ por sua parte rescutirse com El-Rey christianissimo p.ª prohibir que em todos os portos de seu Reyno se não armem nhus navios p.ª estas partes do Maranhão castigando com g.ᵈᵉˢ demonstrações o contrario porque aynda q' a frança he tão g.ᵈᵉ e ha pontos onde senão obedece aos mandados de seu Rey como devem todavia saberão q' se lhes empede p.ª o não poderem continuar com a soltura e devassidão q' hoje fasem.

Pela necess.ᵉ em q' esta provisão poem tudo he impóssivel pagarense atrasados a'guas ao Bispo e clero deste estado. e aos padres da companhia. nein a outras pessoas q' huns e outros tem particulares provisões de V. Mg.ᵉ p.ᵃ serem pagos, acrecentando mais esta impossibilidade estarem hoje os Dizimos destas cap.ᵃˢ do Norte em estado, por falta das novidades, pouca vallia dos asucares, de não haver nhum dinheiro na terra e sendo ja passado o termo em que se costumão arrendar não tenho aynda lanso nelles, e corre muyto Risco cobrarense p' conta da fazenda de V. Mg.ᵉ e bem se deixa ver que o proveito não sera muito, pois os arrendadores que andão com tanta ansia traz elle lho não achão p.ᵃ conttratarem p'lo que apenas abrangera o Rendimento p.ᵃ pagamento das despezas ordinarias, e então mal havera lugar p.ᵃ a carga do pao q' se ha de faser dos sobejos.

Assaz differença houve o anno passado, e não soy se hum tamanho excesso de crecimento como então houve nos dittos Dizimos foi presagio do abatimento q' agora tem e como o dinheiro foi muito podesse carregar pao e cõtinuar a conquista mas p.ᵃ q' melhor se veja que de minha parte não dei ocasião a q' a ditta provisão se pasasse em termos tão rigurosos faltando em algum modo com acõthia dos dez mil quintais de pao q' neste estado se me ordenou q' carregasse, envio a V. Mg.ᵉ a memoria do q' aqui está carregado p' conta dos seis mil quintais que couberão na repartição que fiz a esta cap.ᵃ que os quatro reparti na Bahia donde tão bem se forão carregando como yra d'aqui o resto p.ᵃ os dittos seis mil quintais com que se acaba a conta deste anno que agora acaba em ultimo d'outubro com o t'po do pagamento do contratto E pois fiz tudo o q' se me mandou e aynda alem de minha obrigação tomando sobre my a dos officiais da faz.ᵈᵃ de V. Mg.ᵉ a quem pertence p.ᵃ seu serviço se faser com maior deligencia e aproveitamento entendendo particularmente na carga do d. pao, e não precedeo hategora culpa escusara a cominação da pena sendo a maior q' me fica estar a fazenda de V. Mg.ᵉ em tã

manha estreiteza neste estado e me não deixa faser tudo
o q' desejo em seu serviço no qual se se offerecer outra
pessoa que tenha mais actividade e talento e abranja ao
q' eu não chego terey p' muito g.ᵉ merce faserma V.
Mg.ᵉ de se servir que ocupe este meu lugar em que tenho
trabalhado Dous annos com tanto zello de verdade que
me não argue a consciencia de cousa alguma que entendesse e deixasse de fazer nas materias do serviço de
V. Mg.ᵉ

E por q' nada me fique de q' deixe de dar rázão
nesta confissão tão larga diguo que a maior parte do dinheiro que se tem gastado hattegora nesta conquista não
he de qualidade que delle se pudesse valler a fazenda
de V. Mg.ᵉ p.ᵃ compra de mais pao dos dez mil quintais
q' este se comprarão e se tem quasi carregado, nem p.ᵃ
pagar ao Bispo, clero e padres da cõpanhia deste estado
á conta do que se lhes deve por ser em roupas das que
o contrat.ᵒʳ da em pagamento do contratto cõforme as
condições delle q' he o que sempre se costumou e de q,
se pagão a maior parte do q' montão os presidios. E
sendo neste genero não se compra cõ elle pao p.ᵃ o
qual se dá o dinheiro de cõtado muytos dias antemão
nem serve para os outros pagamentos que tendo provisões de V. Mgᵉ p.ᵃ serem feitos a dinheiro querem
gosar do q' lhes he concedido sem admitirem nem aynda
a conta dos atrasados hum só vintem em roupas. E posto
que a principio trattey de arrendar tudo a dinheiro era
em g.ᵈᵉ quebra do contratto e vim a aceitar só a quarta
parte do preço do arrendamento em roupas costuman-
dosse antes ser a meiade e quando menos a terça parte
De maneira que denh.ᵒ util que assi lhe pódemos chamar não he m.ᵗᵒ c que se tem gastado E das roupas que
se despenderão se não sente falta no q' erão necessárias
porq' nunqua vos presidios se despende tanto dellas que
deixem de sobejar de huns contrattos p.ᵃ outros de que
agora me ajudei de presente p.ᵃ esta conquista.

Como V. Mg.ᵉ foi servido mandar extinguir o conselho da India, ja pode ser ficassem por consultar, ou

dar reposta a muytas cousas das q' tenho avisado concernentes ao governo deste estado p'lo que V Mg.ᵉ deve
ser servido mandar q' se faça deligencia neste particular
p.ᵃ que os papeis se recolhão lembrando especialmente a
devassa que tenho enviado dos Capitães q' se acharão na
Bahia no desestrado sucesso de B.ᵃʳ d'aragão que Deos
tem os quais merecem ser justamente castigados côforme
seu delicto em ley de guerra e que não sirvão mais os
cargos que tinhão porq' sendo outra cousa he facilitar a
culpa com exemplo semelhante. E eu me não atrevo dar
a satisfação e conta q' devo deste governo servindo nelle
com taes capitães e officiais.

O capitão Manoel de sousa que deixou o officio de
provedor dos diffuntos desta cap.ᵃ por yr servir a V. Mg.ᵉ
no presidio do buraco das tartarugas onde reside, me
tinha avisado faltaremlhe munições e teudolhas enviado
num barço com bastimentos e mais gentte teve com os
franceses o ehcôtro de que tratta o auto q' a V. Mg.ᵉ
envio referido atraz os presidios q' se provem são muytos
e todos estão faltos e assi convem que V. Mg. se sirva
q' se enviem p.ᵃ provimento do estado e defensão delle
cem quintais de polvora e munições offerecendosse maiormente cada dia ocasiões de ynimigos q' esta mesma lembrança me faz o capitão do Rio de Janeiro a que V.
Mg.ᵉ tão bem deve mandar prover das dittas munições
na quantid.ᵉ q' parecer.

Outra provisão me enviou V. Mg.ᵉ em q' me manda
q' favoreça a André farto da costa escrivão da junta q'
V. Mg.ᵉ foi servido enviar a este estado quiçá se quei-
xasse o ditto de não dar aprovação publica alguas cousas
suas q' o não merecem dissimulandolhas eu contra o q'
devo á consciencia e ao serviço de V. Mg.ᵉ convem que
como Rey tão catholico não quer a sustancia de seus
vassallos tirada por tão errados alvitres como os faz em
parte o procedimento de quem os executa mas podesse
crer de my que no que for justiça e bem da faz.ᵃ de
V. Mg.ᵉ não somente hey de dar todo o favor conforme
minha obrigação a André farto mas ser eu quem melhor

o solicito como o tempo mostrará q.ᵗᵒ mais que eu me não intrometo nas materias da junta mais que nas q meramente tocão ao presente governo em q' elles lhes parece que podem ter jurisdição estendendo os poderes de seu regimento ao q' em nhum modo lhes concede como alguns ministros menos apaixonados lho derão a entender e os da junta cõfessarão e deste termo que elles tiverão no particular da folha me queixei logo a V. Mg.ᵉ p.ᵃ q' fosse servido mandar advertillos.

Francisco Caldeira de castel branco que servio de capitão do Rio g.ᵈᵉ no tempo que assistio naquella cap.ᵃ procedeo com muyta satisfação, e assi parece lha deve V. Mg.ᵉ o forte novo dalagem do Recife estivera bem nelle por suas partes sendo V. Mg.ᵉ servido lhe pudera faser merce com ordenado q' lhe aprouvesse. Deos g.ᵈᵉ a catholica pessoa de V. Mg.ᵈ no Recife 20 de Agosto 614.

*Gaspar de Sousa.*

---

## 6

Petição de Antonio Ribeiro que serve a seis annos e foi na Primeira Jornada do Maranhão. Pede o posto de alferes das entradas ou do 1.º forte que se fizer na terra firme. Docs. que ajunta.

D. Antonio Ribr.º que elle serve a V. Mgd.ᵉ na comq.ᵗᵃ do maranhão de seis annos a esta parte embarcamdose em pernanbuco com o Capitão mor Jr.ᵐᵒ dalbuquerque achamdose com elle a todos os Rebates e operaçois militares que no maranhão ouve e na Rota dos Francezes e yndios seus aliados e tomada de seus fortes e a elles os embarcarem para França e porque elle supp.ᵗᵉ esta atualm.ᵗᵉ servindo de Ronda do forte São pheLippe do dito maranhão e nas Rondas se não encarreguam senão a pessoas de muita satisfação e quer ser morador e pouoador e fazer de novo outros serviços a V. Mgd.ᵉ

P. A V. Mgd.ª lhe faça mercê de alferes das entradas e descobrimentos ou do prim.º forte que se fizer na terra firme do dito maranhão E. R. M.

—

Greguorio fragoso dalbuquerqe fidalguo da Casa de sua Mg.ᵈᵉ capp.ᵃᵐ de infantaria nesta jornada, & conquista do maranhão etc. Certefico pello juram.ᵗᵒ dos santos evangelhos que eu Conheço Ant.º Ribeiro soldado de minha Comp.ª o qual se enbarcou comigo p.ª esta conquista na villa de marin donde partimos servindo E assestindo a sua obrigação asi no descurso do trabalho E periguos de nossa jornada q' forão m.ᵗᵒˢ como Em todos os sucessos E cousas de guerra q' tivemos com o enemiguo frances q' na ilha grande de tapari asiste E tapinambas e tapuias desne q' nos fortificamos neste porto de gasimduba donde o dito em todas os Rebates foi dos prim.ʳᵒˢ q' acondião a sua obriguação E asim o dia da batalha que Com todo o poder dos ditos franceses petigoares e mais naçois Barbaras que nos cometerão e ganhar o porto defronte de nos com mais de dous mil homens de guerra em q' avia trezentos franceses nos resolvemos con toda nosa força que seria de duzentos portugueses e duzentos Indios a sair ao Campo e dar nelles como fizemos o dito Ant.º Ribr.º aremeteo e fez o q' devria a onrado soldado e se achou en tudo até o fim da vitoria onde morerão cento e vinte franceses m.ᵗᵒˢ fidalguos e o tenente general del Rey de frança Mensior depiseu e outras persoonages e se tomarão nove franceses vivos e se romperão dous mil Indios queimarão 46 Canoas grandes e se pos a saco tudo o do enemiguo que por passar na verdade e me ser pedido a presente a pasei por mim asinada e sellada com o sinete de minhas armas no maranhão e forte S.ᵗᵃ m.ª e nos 12 de dezembro de 614. J.ᵐᵒ frag.º dalbuquerque.

—

Conrado lins dalbuquerque fidalgu) de solar da Casa
Impirial. e Capitam da infantaria nesta Comq.ᵗᵃ do maranhão certifico pellos juram.ᵗᵒˢ dos cuntos evamgelhos
que antonio ribeyro soldado de minha companhia me
acompanhou en todas as hocaziões que ce hofereseram
nesta comq.ᵗᵃ imdo cempre em minha companhia e asim
o dia de nosa batalha cemdo eu alferes da dita companhia ce hachou o dito na batalha com suas armas
fazendo ofisio de omrado çoldado ajudando a fazer a nosa
serqua de samta maria e pasamdo a ilha grande de tapari
ajudou a fazer a fortaleza carreguando madr.ᵃ e fazemdo
as cousas que lhe cabião emtrando e saindo de garda.
fazemdo suas vigias cendo muito obidiente a seus ho-
fisiais fazemdo tudo ho que por eles lhe erão mãodado
e por me ser pidido lha mãodey pasar na verdade asinada
de meu sinal e selo de minhas armas na fortaleza de
Sam felipe Rio maranhão 9 de Janr.ᶜ de 616 annos.

*Comrado lins dalboq'rq*

—

Diogo da Costa machado Capitão mor da comq.ᵗᵃ do
maranhão etc. Sertefico pelo juramento dos santos Evangelhos que servindo eu nesta ditta comquista de cap.ᵃᵐ
do forte São felippe servio nelle de soldado arcabuseiro
Antonio Ribeyro por espasso de tres annos autualmente
emtrando e saindo de goarda fazendo suas postos e vigias
com muito cuidado e nas fortificações que no ditto forte
se fiserão trabalhou pesoalmente carregando a suas costas
terra e madeyra e faxina p.ᵃ a ditta fortificação E por o
ditto Ant.º Ribeyro ser soldado de confiança e andou por
muitos messes no ditto forte mostrandose sempre nestes
com suas armas para tudo o que se oferesia do serviso
de sua m.ᵈᵉ com muita diligensia sendo muy obidiente a
seus mayores no q' por elles lhe hera mandado o que
per tudo pasar na verdade e esta me ser pedida lha mandey

pasar para bem de seus Requerimentos e assim esta o ditto Aрt.º Ribeyro servindo no dito forte autualmente sob meu sinal somente nesta sidade de São Luis 10 de Março de 1619 annos.

*D.º da Costa Machado.*

---

7

14 de Dezembro de 1616.—Consulta do Conselho sobre o que pede Jeronymo Correa de Carvalho.

Snor.

Hieronimo Correa de Carvalho fez petição a V. Mgd.º neste Conselho em que diz que servio na armada que por ordem do Governador G.ar de sousa foy ao Maranhão e por se achar no assalto e tomada da ditta terra e fort.ª o proveo o Capp.am mor da dita armada Alexandre de Moura do officio de escrivão das dactas daquelle des- tricto per seus serviços e o obrigou que ficasse na ditta terra pera ajudar a povoar e defender, como constava do treslado autentico da carta do ditto officio que presenteava, e da certidão do seu Capp.am Jrm.º fragoso de albu- querq' com quem foi embarcado, e porque he homem nobre e christam velho, e tem as partes necess.ª pera servir tudo o de q' for encarregado Pede a V. Mgd.º que havendo Respeito aos ditos serviços e aos que de presente está fazendo nas dittas partes lhe faça merce de lhe mandar passar carta de confirmação do ditto of- ficio com a praça que vencia de soldado antes que se lhe desse o ditto officio por quanto a terra he ainda pobre e lhe não rendem ao presente nada e elle supp.te está obrigado a todos os rebattes q' de inimigos se offere- cerem q' são muitos.

Deste conselho se pedio informação a Alexandre de
Moura do q' o supp.<sup>te</sup> em sua petição alega q' diz se
embarcou em sua companhia na jornada do Maranhão
por soldado, e q' ao tpo' que delle se partio para o
Brazil o deixou provido no dito offi.º de escrivão das
dactas e marcações por ser necess.º haver o tal officio
para a repartição que das ditas terras fez entre os conquistadores dellas per ordem do G.ºᵣ do Brazil cousa muy
conveniente pera a povoação daquella conq.ᵗᵃ com o qual
lhe não lemitese ordenado algum e que V. magd.ᵉ lhe pode
diffirir a confirmação q' pode sendo servido.

E vista em conselho a petição do ditto Jrm.º Corrêa
e informação de Alexandre de moura em q' diz ser o
ditto officio necess.º pera a povoação daquella conquista
Pareceo q' V. magd.ᵉ devia ser servido fazer merçe delle
ao ditto Jrm.º Corrêa por mais tempo de tres annos com
vinte e quatro mil rs. de ordenado. V. Magd.ᵉ mandara
o que for servido Lisboa 14 de Desembro 616.

Com 4 assignaturas dos membros do Conselho.

Conformome com esta Consulta

L.ᵃ a 15 de Dez.ʳº de 616

*Arcebispo de Lisboa.*

8

Resoluções relativas a Jorge de Lemos de Betancor e mercês a
elle feitas. Per carta de Sua Magd. de 12 de Abril de 617.

Vy hua consulta do cons.º de minha faz.ᵃ sobre os
duzentos casais da gente das Ilhas dos Asores que Jorge
de lemos de Betancor se offerece meter a sua custa na
conquista do Rio Pará aonde diz q' quer servir, e hei
por bem que se lhe dem as embarcações necessarias
para poder levar esta gente; E pipas para Agoada, e vinho

p.ª provim.ᵗᵒ della; E os dous mil cr.ᵈᵒˢ per hua vez que pede de aju la de custo. E a tudo isto dará fiança pera se cobrar, hua e outra cousa, não cump indo o q' promete, com declaração que em caso que morra antes de o executar se não pedira a seus fiadores o q' constar q' elle tiver despendido para effeito de fazer a jornada, E que nos ditos duzentos casaes avera ao todo mil pessoas, e não levara frete nem direito algum dos q' se embarcarem nos navios q' se lhe derem ; E ordenareis ao cons.º de minha faz.ª q' faça logo o Regim.ᵗᵒ de q' se hade rezar nesta materia nomeandosse nelle a parte aonde se a de levar a dita gente e a em q' a de povoar declarandosse o modo em q' se hão de repartir as terras, e o q' se hade pagar dellas; E tendo Resp.ᵗᵒ aos serviços do ditto Jorge de lemos de te ancor q' me offerece fazer nisto, lhe faço mercê, effeituando elle o q' aponta, de promessa de hua comenda de quatrocentos mil rs., e da capitania de Pernambuco per tempo de tres annos navagante dos providos antes de quatorze de Março deste anno.

---

9

Petição de Melchior Vas.

Melchior vas Capitão que de prezente asiste na aldea de Pacurihiba da qual aldea he principal mandioquapua que elle tem servido a V. Magd.ᵉ nesta conquista do maranhão como do instrumento os consta.

P. a V. Magd.ᵉ tendo a respeito o que alegua lhe fassa m.ᵉ da amenistração da mesma aldea com provisão de alferes das entradas com a prasa acostumada.

E. R. M. S.

4 de Outubro de 1618.—Carta contendo queixas de Bento Maciel Parente a El Rei.

Se obrigação e antiguidade q' tenho de servisso de Vossa Magd. me da licença p.ª apontar cousas tocantes a seu serviço, tiramas por outra parte hua prisão feita por hum moço Voluntario e de vinte e dous annos e q.ᵈᵒ pelo q' asima digo sem o dito embargo se me comcedera, mostrara largamente nesse Com.ᶜ desapaixonado do q' carece o serviço de V. Magd. nestas comquistas custandu tant..s mortes, gastos de faz.ᵈᵃˢ q' pelo tal padece oje e tu'lo de hu bom governo q' falta por onde oje estam imquietas menos povoadas, e discubertas, o q' se não poderá faser muito a salvo de hum mao governo, mas como a dita Prisão me empede satisfaser em parte o desejo q' nesta ocazião tinha de manifest.llas, nem com jsso deixarej dandome deslivramento como espero da relação da Bahia hir a esse Reyno dar serto alvitre e de minas q' nestas partes descubry q' emportarão m.ᵗᵒ a faz.ᵈᵃ de V. Magd. e receber o premio de alguns serviços que tenho feito neste estado, assy nas capitanias do sul onde de sinquo villas fui sargento mor, e em companhia do G.ᵒʳ ᵍeral Dom fr.º de sousa nas minas q'em seu tpo sediscubrirão. servi tres annos com gente a minha custa e descobri ao dito G.ᵒʳ alguas de importancia o q' tudo com a morte do dito se estenguiu, E sucedendo mandar v. Magd. e o g.ᵒʳ Gp.ᵃʳ de sousa hua armada a botar os francesces fora, como fisemos e por cap.ᵃᵐ dela Alexandre de moura, me mandou o dito G.ᵒʳ na dita ocazião por cap.ᵃᵐ de hum navvo e de infantaria, a qual servi ate q' Allex.ᵉ de moura vendo o meu prestimo me encarregou de cap.ᵃᵐ das entradas e descubrimentos desta conquista do Maranhão onde entre outras q' fis descubri o alvitre de minas q' asima trato, q' ja noutra ocazião determinava dar conta a V. Magd. se mo não impedira, e sobre viera o alevantam.ᵗᵒ do gentio morte de tantos soldados com a do cap.<sup>am</sup> mor, no qual lugar puserão hu f.º seu com mais dous adjuntos feitos por voto do povo p.ª q' todos no corpo governacem a comq.<sup>ta</sup> entre os quaes entrey eu o que foj cauza de minha prizão e o zelar o serviço de V. Magd. pelo q' em seu deserviço se fasia, o qual adverti dice e estranhei como milhor o dirão esses capitullos, q' peço a V. Magd. mande ver que eu o provarej com toda a comq.<sup>ta</sup> e darey larga fiança p.ª q' assy V. Magd. saiba a causa por q' estas comq.<sup>tas</sup> não permanesem inquietaçam, sendo V. Magd. melhor servido e acresentada sua faz.<sup>da</sup> G.<sup>de</sup> Deos a pessca de V. Magd. em cresente estado tão grandioso como esse vasalo lhe deseja. Maranham 4 de outubro de 618 annos.

B.<sup>to</sup> Masiel parente.

Veiasse esta carta e papeis inclusos no Cons.º da faz.ª e tratesse o que toca a ella e o que tocar a iustiça se me torne a inuiar p.ª remeter ao Desembargo do paço. a 15 de fev.º 619. Com uma rubrica.

~~~~~~

### 11

12 de Novembro de 1618.—Capitulos que o capitão Bento Maciel Parente apresenta contra ho capitão Jeronimo d'Albuquerque e seus ff.<sup>os</sup> a saber Antonio d'Albuquerque e Mathias d'Albuquerque.

1.º—Que deixando o capitão mor Alex.º de moura pertto de trezentas praças que fiquarão Repartidas a saber sento em a fortaleza são phelippe e outro sento em os dous fortes são francisco e são Joseph em ho prezidio do cuma vinte e sinquo e trinta em as canoas de gerra afora capitão mor e Alferes entertenidos e mais officiaes nesesarios a comquista a que se lhes pagava suas praças e fora esta deixou sento e vinte moradores os quoaes por sua ambição deyxou hir por peitas que lhe davão deixando muy pouquos e a comquista em tal estado que não ha oje mais de duzentos entre soldados e moradores.

2.º - Que estando o forte de são phelippe caido e posto por terra não tratou nunqua de o redifiqar senão fora que de todo se extingira senão fora o capitão Dioguo da costa machado que com sua boa deligencia o fes de novo e asi mais os dous fortes a que elle nurqua acodio nem deu ordem a que se consertasem sendolhes muitas vezes notificado pelos capitaens delles.

3.º — Que estando a comquista em muita nesesidade de mantimento he em tal estado que pereção os soldados a respeito de os não aver na ilha nem lhes terem com que os regartar fóra lhe foi dado por alvitre que por se remediar a tal nesecidade se mandace pelas aldeas que estavão aobediencia de S. Magd. dece cada jndio cazado dous alq.ʳᵉˢ de farinha em cada hu anno e metidos no almazem se desen aos soldados a conta de sua praça o que os ditos indios aseitarão e pagarão fazendo o dito capitão mor della o que quis e vendendoa por sua conta aos soldados pelos preços exsesivos.

4.º — Que em novembro de seis sentos e dezasete anos requerendolhe ho capitão das entradas e descobrimentos lhe dece favor e ajuda pera hir em descobrimento de hua serra chamada toi coara e de que elle dito capitão tinha noticia por via dos indios aver minas e por ho dito ser experimentado nellas e fiquar na comqista so aesse efeito lha não quis dar antes mandou a dita empreza hu francisco d'Azevedo homem pouquo exprementado e de pouquo prestimo pera o dito efeito sendo seu intento mandar busqar e dar gerra ao gentio que na dita paragem asestia de Paz e o trouxe por cativo de que todo o mais que na comquista avia se escandalizou notavelmente.

5.º — Que ho dito capitão mór Jeronimo d'Albuquerque foi tão remiço e incapas no serviço de sua magd. que sendo avizado por muitas pessoas asi branquos como n li os quererce o gentio levantar pedindo lhe fizesse cobro niço ho não quis nunqua faser nem mandar recolher os branquos que fora das fortalezas andavão desgarrados.

6.º—Que o dito capitão mór Jeronimo d'Albuquerque comia e dava muitas praças mortas como herão a parentes creados e escravos tanto em desfrauto da faz.ᵈᵃ de Sua Magd. que empedindo o provedor da fazenda a págua das ditas praças elle ditto capitão mor mandou com poder de seu carguo se pagaçe ficando pelo tal m.ᵗᵒˢ soldados despidos e sem pagas.

7.º—Que deixando o capitão mor Alex.ᵉ de Moura hua olaria feita por conta da fazenda de sua magd. pera della se faser telha e tijolo pera as obras dos fortes a deixou cahir e perder de todo so a efeito de se comprar as ditas telhas e tigolhos de suas olarias que fes atemtamdo mais a sua utilidade que ao serviço de S. Magd.

8.º—Ser ho dito Jeronimo d'Albuq.ᵉ ambicioso em tanta man.ʳᵃ que pela dita causa fez Alferes a hum homem da naçam pelo interesse de duas onças dambar e he tão uzeiro e vizeiro nisto que ho tem feito a muitos e não por merecim.ᵗᵒˢ propios he com que escandalizou a todos e se fes odioso e chegou a tanto que chegou a mandar fazer hus dados falços com que usou e ganhou muito dinheiro aos officiaes e soldados e os ditos dados lhe forão achados na mão jugando o que foi tanto em descredito do carguo que tinha como baxeza de sua peçoa.

9.º—Que deyxando Alex.ᵉ de Moura muitos off.ᵉˢ na comquista pera obras do forte com praças pera o dito efeito se aproveitou delles pera suas obras e queixando se os off.ᵉˢ depois de feitas lhe não pagavão e devia a sinquoenta mil, e sasenta mil rs· a cada hu lhe dava pelos ditos hu rapas ou rapariga do gentio da terra podendo so valer athe quoatro mil rs. e alguns o fazião com lhe dar licença se fosse aonde quizesse p.ᵃ o Reino e mais partes.

10.º—Que avendo huas salinas que a natureza creou ma ndava elle dito capitão mor busqar muito grande can-

tidade de sal sem outro nenhu beneficio que lhe elle
fizesse e isto na lancha de sua magd. com marinheiros
pagos de sua Real fazenda e o mandava vender aos soldados por duas patacas ho Alq.ʳᵉ

11.º—Que deixando o capitão mor Alex.ᵉ de moura
na dita comquista sesenta e nove escravos tapuias com-
prados por conta da faz.ᵃ de sua magd. pera fazerem ro-
sarias pera mantim.ᵗᵒˢ dos soldados e se lhe dar por
conta de seu soldo do que o dito Snr. yntereçava muyto
e pera os ditos escravos acodirem as obras dos fortes
Elle dito capitão mor não tão som.ᵗᵉ opos efeito mas os
tomou en si fazendoce s.ᵒʳ da milhor e mayor parte delles
e vendendo as mais aos soldados por preços exsesivos
como herão a corenta e sinquoenta mil rs asentando á
fazenda de sua Magd. sos vinte quatro uzurpando os mais
o que mandando o governador geral do estado hua provizão p.ᵃ que as ditas peças se particem pelos off.ᵉˢ e
peçoas de merecim.ᵗᵒ da comquista e ho dito capitão mor
não quis obedecer nem dar cumprimento ao que elle
mandava.

12.º—Que ho dito capitão mor com poder de seu
carguo fes asinar muitos papeis falços aos capitaens e
mais off.ᵉˢ e fazendo os paçar a hum tabelião mui pouquo
temente a Deus provara q'

13.º – Que deixando provido Alex.ᵉ de moura a Ant.º
d'Albuq.ᵉ por capitão de ytapari se deu tão boa ordem
que por tempo de dous annos que teve o dito forte não
asestio nelle quoatro mezes e sendolhe notado de todos
em geral estar em caza de seu pai folgando sem hir ao
dito forte temendolhe foso imputado fes fazer a força hua
p.curação asinada por todos os soldados em que querião
estivesse na dita sidade com vos de p.curador o que os
ditos fizerão por senão verem mollestados em prizoens
como faria se o dito petitorio lhe não deferiçem e vendo
o provedor da fazenda estar o dito capitão comendo a
praça de Sua Magd. ousiozam.ᵗᵉ adevinhando o mal que
podia soceder no dito forte por falta do dito Capitão lhe
mandou dizer pelo Vigr.º geral se recolhesse ao dito forte

e elle o não quis fascr antes dezafiou o dito provedor e dice não ser peçoa pera o mandar e outras muytas emjurias e a pouquos dias vendo os ditos soldados o dezamparo de seu capitão e o pouquo que procurava por elles e pelo forte o dezempararão e vierão fazer queixa ao capitão mor de como não tinhão capitão e m.<sup>ta</sup> falta de mantimentos.

14.º—Que todo o tempo que o dito asestio no maranhão tratou sempro de hatiranizar asi soldados como jndios ynventando novos modos com q' os deixace pobres e nus e fazendo outras muitas exzurbitancias.

15.º—Que estando elle dito capitão absente do dito forte foi com seu irmão Mathias d'Albuq.º a terra firme quorenta leguoas da sidade hua Aldea entre outras e a hu yndio por nome Pacamo negro Principal ao qual tomarão duas molheres a força e contra sua vontade e as molheres de sua nação e hua espada e hum venabulo pelo coal se arruinou o dito principal e lhe dera o paguo se elles com deligencia lhe não fogirão por mar fazendo daquella viagem os dous irmãos nas mais aldeas da comquista muitos ensultos como erão tomar os escravos Pedras verdes creaçoens e outras couzas ao pobre gentio no que se sentirão tão agravados destas e doutras muitas que lhe tinhão feito esparcandoos e tiranizandoos em tudo em breve se alevantarão matando toda a gente que no prezidio do Cuma estava de que era capitão Mathias d'Albuquerque o quoal tendo noticias do dito levantamento como lhe avia socedido o não quis dizer aos soldados sendo cauza das ditas mortes e de outras que tornando elle dito capitão da sidade indo pera o dito prezidio e mandando alguns soldados diante lhes matarão Vindo o fazer a elle o quoal sem o saber defender fugio deixando feito o dito estraguo de que elle e seu irmão forão cauza.

16.º—Que socedendo adoecer o capitão mor Jeronimo d'Albuquerque e estando no ultimo tratou de deixar por seu soceçor no carguo a seu filho Ant.º d'Albuq.º com mais dous ajuntos que por imleição lhe desem o povo çomo o fez com dos capitaens nhum corpo guovernacem

o quoal vendo o Pay morto a pouquos dias detriminou
a botar de si os adjuntos como fez pera usar milhor de
seus custumes prendendo a hum por lhe estranhar querer
uzar do officio so as mais couzas que fazia contra o serviço de Sua Magd. de que lhe não dava conta e mandou outro p.ª portugal pera ficar absoluto como usou sen-
tandoce na igr.ª como guovernador geral e querendo que
lhe deçem ilustricimo nos autos publiquos.

17.°—Que requerendolhe os dous adjuntos que se
avizasse a Sua Magd. ou ao g.ºʳ geral do estado das
couzas em Março de 618 por terra o não quis fazer sendo
o dito tempo comviniente pera a dita jornada por não
aver enemigo a beira mar que a empedice e ser tempo
de yuverno e aver aguas bastantes de que o caminho
carece o que não quis fazer mandando o dito avizo em
tempo em que elle hia muy a risquado pelas ditas re-
zoens asima.

18.°—Que sabendo os dous adjuntos como o gentio
da ilha fora inconsentim.ᵗᵒ do alevantamento lhe reque-
rerão tirace hua devaça sobre os principaes culpados
como hera o principal por nome tapioqua e outro iaguoara
    o que era fama geral asi dos lingoas portugezas
como de outros principaes de suas naçoens seren os
ditos yndios culpdos não somente no alevantamento mas
o querião fazer dando com traição na mais gente que
ficava o que sabido dos dous principaes ser descuberta
sua tenção se foi hum delles fogindo deixando os seus
e temendo o outro o castiguo q' do tal lhe podião dar
lhe trouxe dous escravos de peita e muita cantidade de
f.ª e outras couzas e asi desimulou com outros por lhe
fazerem muitas graças e darem algodoens canoas pita e
fumo do que uza vendendoos aos soldados por excesivos
preços, bem asi temendo que Sua Magd. mande tirar do
cazo devaça asi delle como de seu irmão e morte dos
soldados da licença as test.ᵃˢ que diço sabem pera que
se vão donde mais poção aparecer.

19.°—Que por lhe advertir elle bento maciel alguas
couzas tocantes ao serviço de Sua Magd. lhe cobrou tal

odio que em breve o prendeu e o mandou a hua fortaleza carregado de ferros da qual era capitão hu primo tolhendolhe que nenhum soldado falace com elle dito nem requereçe sua just.ª ao que o adjunto dioguo da costa acodio dizendolhe o não podia prender sem culpas e seu consintimento e mais em tpo que o gentio estava levantado ao que o dito capitão mor respondeu que sem embarguo do que lhe dizia o avia de prender o que bem se deixou ver seu odio e potencia que uzou em lhe não querer dar sua caza por prisão e asi detriminou emforçar o dito capitão hua noute o que fizera facelmente se todos em geral não acodirão a iço dizendo estranharia muito Sua Magd. não tão somente iço mas outra qualquer molestia que sem justiça se lhe fizese ao que o dito capitão mor respondia ser melhor enforcalo que tello por parte.

20.º—Que tem avido muitos papeis falços em seu favor dos capitaens e soldados desta comquista com poder de seu carguo fazendo os asinar por força as ditas peçoas e tudo pera emcobrir o que tem feito abonando sua peçoa e bem asi não tem obedecido nem obedece e sendo o dito Antonio d'Albuquerque capitão em Itapari mandou de seu moto proprio avendo auditor geral e capitão mor na terra asoutar a hum soldado velho sem culpa algua dizendo justiça que manda fazer Antonio d'Albuq.ᵉ

21.º - Ser ho dito capitão Antonio d'Albuq.ᵉ tão ambiciozo que vendeu muitas peças do gentio da terra da nação tupinambás e tabaiares por captivo por excecivos preços e bem asi tolheu o resçate geral que ho guovernador geral por hua provizão consedeu não dando por ella e ynposebilitando a comquista de moradores que por o tal respeitto o não querião ser.

22.º—Que em tempo de seu pai o dito Antonio d'Albuquerque mandava fazer ymagens e retabulos de santos feitos por mão de hum negro pouquo pr.ᵐᵒ usando com elles de merqancia pera com o gentio pagão Vendendo lhos a troquo de escravos os quoaes as tinhão em pouqua veneração por ver que por seu interesos os querião obrigar e bem asi o dito Antonio d'Albuquerque mandava paçar carta de data de terra e ylhas não podendo pera si e seus irmãos o que não podia fazer comforme a seu regimento.

23.º—Que em o anno de seis sentos e dezasete tempo q' na verdade se achar mandou o capp.am mor Jeronimo d'Albuquerque dar gerra por franc.º de Azevedo ao gentio das coroas vermelhas os quoaes com os francezes estavão de paz quando posuhião a comquista asi ho estavão com nosquo por aver muitos dias tinhão mandado dous dos seus a pedir pazes e antes quelles fosem dar a dita gerra estavão no destritto do Cuma e tinhão tratado as pazes com Mathias d'albuquerque e chegando o dito francisco de azevedo ao sertão as moradas dos ditos yndios dipois do primeiro encontro e de algus que se tomarão vivos mandou hum pelas mais Aldeas pregar pazes aos ditos yndios e que p.ª as confirmar acodicem a elle com molheres e filhos o quoal tanto que a elles vierão os mandou amarrar a todos e os trouxe por cativos aleivosamente couza muy em prejuizo destas comquistas e azi consta isto por hu escrito do mesmo francisco de Azevedo que ao capitão mor Jeronimo dalbuquerque mandava do quoal o P.e Manoel Gomes da Companhia de Jesus levou o treslado authentiquo e assi vindo o dito francisco de Azevedo achou o capitão mór Jeronymo d'albuquerque morto e partio a dita gente com Antonio dalbuquerque o quoal pela dita peita lhe ouve o mal feito por bem feito sem tomar parecer de seus adjuntos como tinha de obrigação

Peço a V. Magd. asi por serv.º de deos como pelo seu mande devaçar pelos ditos capitullos por pesoa de comfiança pera que com iço se castigue a quem o merecer p.º o que darei fiança a prova dous mil cruzados em pernãobuquo donde vivo com protestação que não ade mandar nenhum Albuquerque a comquista coando a prova se tirar asi em cargos de melisia como de outra coalquer couza e asi saberá V. Magd. de quem he bem ou mal servido nestas comquistas e me asino em doze de novembro de seis sentos e dezouto annos.

*Maciel Parente.*

Rel das testemunhas que se hão de perguntar por estes capitulos.

O Provedor luis da mad.<sup>ra</sup>

O Capitão Diogo da Costa Machado.

Antonio Simoens

João Barboza

Mathias glz

João Mestre

Gp.<sup>ar</sup> Lourenço Cajuhi

João Gomes fr.º

José de Maseda que segou

Miguel Padilha test.<sup>e</sup> de vista

D.<sup>os</sup> João Fidalgo

D.<sup>os</sup> frz. sampaio

Pedro de arosquos

O M.<sup>ro</sup> Antonio do Cantto

O sargento mor B.<sup>ar</sup> Alves Pestana

Antonio do livramento soldado do forte São Joseph

Pantalião per.ª soldado do mesmo forte

G.<sup>lo</sup> Carvalho soldado do forte são felippe

Alferes domingos daraujo

Alferes p.º dalm.<sup>da</sup> gama

Bertholameu francisco

O sargento mor que foi Sebastião pr.ª tinoquo

Matheus Carvalho barbr.º

Alferes Sebastião da Cunha

Gp.<sup>ar</sup> glz sap.<sup>ro</sup>

Afonço teix.<sup>ra</sup>

M.<sup>el</sup> dias guterres

Antonio da morin

Jeronimo Correa escrivão das datas

Francisco Soares Vieira

Manoel Mendes Aranha.

28 de Novembro de 1618.—Carta de Balthasar Rodrigues de Mello, a El-Rei sobre a prisão de Caldeira Castello Branco e outros successos do Maranhão.

Snr.

Ao Padre Custodio pedi eu e os mais Capitaens quisesse escrever a V. Magd. e darlhe relação do succedido nesta conquista porq' alem de me não dar lugar os continuos assaltos em q' estamos cõ as armas nas mãos pareceo q' o faria cõ o zello q' elle e seus frades ao serviço de D's e de V. Magd. tem mostrado.

Os procedimentos do Capitão major Francisco Caldeira Castel Branco forão tais em o serviço de D's e de V. Magd. q' este povo o prendeu e tem preso sobre as causas q' ouve p.ª o fazer manda a V. Magd. capitulos q' entregará seu p.curador no dia de sua prisão me ellegerão todos a hua vos p.ª q' os governasse entre tanto q' avisavão a V. Magd. resisti quanto foi possivel mas forçado ouve de aceitar. Bem entendi o risco a q' me punha mas vendo as causas da prisão serem por deserviços de D's e de V. Magd. e q' por parecer eu de prestimo p.ª elle me elegerão ouve de aceitar tendo por premio todo o castigo por não faltar ao serviço de V. Magd. de q' só tratei e trato á muitos dias. No dia q' prenderão a Francisco Caldeira prenderão a Pero do Couto cardoso e sobre as causas de sua prisão mandão tambem capitulos a V. Magd. está tambem preso o capitão Antonio Cabral por matar o capitão Alvaro neto tirouse devaça sobre o caso a qual o dito P.º do Couto entrando no carguo ou officio de Auditor mandou queimar tirando loguo outra que se tem reclamado por nulla sobre as quais materias se não trata cousa algua até ordem de V. Magd. ordene como mais for seu serviço.

O Padre Vigr.º desta conquista quis excomungar os officiais dos diffuntos q' estavão f.tos disendo pertencer-

lhe apresentação delles e como era materia sobre a jurisdição de V. Magd. entretanto q' o avisava das cens-
suras apellei E da Violencia agravei pera o juis dos seus
f.<sup>tos</sup> viemos em conformidade eu e o P.<sup>e</sup> Vigr.<sup>o</sup> que avisaria
a V. Magd. p.<sup>a</sup> q' determinasse a quem pertencia de pre-
sente a Elleição dos tais off.<sup>es</sup> e morrendo algum sem
aver outro provido por V. Magd. a quem pertencia o prov.<sup>to</sup>
da serventia p<sup>a</sup> que se escusem duvidas entre o P.<sup>e</sup> Vigr.<sup>o</sup>
e os officiais de V. Magd. V. Magd. deve de determinar
o q' se aia de faser no caso cõ cuia determinação se
fará o q' cumprir a seu serviço G.<sup>de</sup> nosso s.<sup>or</sup> a catholica
peçoa de V. Magd. por larguos annos.

Pará 28 de novembro 618 annos.

*Balthesar roiz de mello.*

## 13

Provisões e mais Documentos de serviços relativos ao Capitão
Belchior Vaz.

O Capitam da aldea de mandiocapúa Belchior Vaz
que para bem de seus requerimentos lhe he necessario o
treslado das provizois sertidois e mais papeis q' a pre-
zenta pelo q'

P. a V. Magd. lhos mande dar em modo q' fação
fe e tornandoselhe os proprios no q' E R M.

Demselhe como Pede tornandoselhe os proprios. são
luis do Maranhão 12 de Abril de 619 annos.

Luis de madureira.

Treslado do que se pede

Jeronimo dalbuquerque fidalgo da caza de Sua Magd.<sup>e</sup>
cap.<sup>am</sup> mor e prim.<sup>o</sup> conquistador destas novas provincias
do rio maranhão pelo dito Snr. aos que esta minha pro-
vizam virem faço saber que vendo suas m.<sup>tas</sup> partes e

sufficiencia de belehior vas e os serviços que a sua magd. tem feitos nesta comquista por fiar delle que daquillo em que o encarregar procedera com satisfação como soldado velho e pratico de m.<sup>tos</sup> anos hey por bem e serviço do dito Snr. de o prover de hua das comp.<sup>as</sup> de infantaria desta comquista da qual he capitam salvador de mello dalbuquerque com o qual cargo avera hoordenado, prois e percalços que direitamente lhe pertencer e o servira emq.° eu o ouver per bem e Sua Magd. não mandar o contrario, e porq.<sup>to</sup> jurou em minhas mãos aos santos evangelhos de bem e verdadeiramente servir o dito cargo e goardar nelle o serviço de deos nosso Snr. e de sua magd. manda o dito cap.<sup>am</sup> o metta de posse da alabarda e deixe servir seu cargo pela dita man.<sup>ra</sup> e aos soldados da dita companhia ajam e conheção por seu sargento obedecendolhe como a tal de q' se fara auto de posse nas costas desta na forma costumada a qual se registrara no livro dos registros desta comquista dada neste forte santa maria sob meu sinal e sinete de minhas armas ao prim.° de abril de seis sentos e quinze annos Jeronimo dalbuquerque Maranhão.

Termo de juram.<sup>to</sup>

Ao prim.<sup>ro</sup> de abril de seis sentos e quinze anos em o forte santa maria em guaxenduba e nas pouzadas do cap.<sup>am</sup> mor desta comquista do maranhão Jeronimo dalbuquerque maranham estamdo elle prezente logo ahy pareceo belchior vas e a provizão digo e aprezentou a provizam atraz do cargo de sargento de hua companhia de prezidio desta comquista requerendolhe que em vertude della lhe dese juram.<sup>to</sup> dos santos evangelhos o qual o dito capitam mor lho deu em que elle poz sua mão encarregandolhe que em vertude della fizese o serviço de Deos e de Sua Magd. o que o dito belchior vas prometeo fazer de que fiz este termo em que asinou com o dito capitão mor eu luis monis escrivam da fazenda do dito Snr. desta dita comquista que o escrevy. Jeronimo dalbuquerque, Belchior vaz.

Fica registada esta provizam e auto de juram.ᵗᵒ no lyvro dos registos desta comquista a folhas cento e cinquo. Luiz Monis.

—

Belchior vaz que a elle lhe he neces.º o treslado de sua provizam de capitam de canoas e aldea que esta no livro dos registos do escrivam da fasenda luis munis p' q.ᵗᵒ se lhe perdeo a propria pelo que pede a Vosa Magd. mande ao ditto escrivam da fazenda lhe de o dito treslado em modo q' faça fee e R. M.—Dêlhe como pede— Sam luis vinte e dous de Julho de seis sentos e dezasete annos, Madur.ª

—

Treslado que se pede.

Porquanto o cap.ᵃᵐ mor Jeronimo dalbuq.ᵉ me fez rellação das partes e sufficiencia de belchior vaz e do grande serviço que fas a sua magd. tendo a cargo a aldea carnapio do gentio tabaiar que... darlha lhe mandey paçar esta provizam de capitam da dita aldeia e bem asim de hua das canoas de guerra donde trara consigo sinquo soldados pera melhor goarda e defensa da dita aldea e desta ilha asim pera acudirem aos rebates de náos enemigas q' a qualquer destas partes venham surgir pera o que como diguo instituimos estes e outros capitãis e canoas com seu capitam mor dellas e per esta que sera registada no livro dos registos desta comquista do maranhão não vencerão mais de soldo que o que tem de soldado e mando aos que esta pertencer o tenhão e conheção pello que dito he e assim convem ao serviço de Sua Magd. dada nesta fortaleza de sam phelippe sob nossos sinais de ambos aos dezoito de dezembro de seis sentos e quinze Alexandre de moura, Jeronimo dalbuquerque maranhão o qual treslado de provizam eu luis monis escrivam da fazenda do dito Snr. desta dita comquista tresladey do livro dos registos donde esta registada a dita provizam a que me reporto bem e fielmente sem couza que duvida faça maranhão vinte e dous de Julho de seis sentos e dezasete

Luis moniz com o treslado por mim escrivam da fazenda
Luis moniz.

—

Jeronimo dalbuquerque fidalgo da casa de Sua Magd.
cap.ᵃᵐ mor e prim.º comquistador destas novas provincias
do rio maranhão pelo dito Snr. sertefico pelo juramento
dos santos evangelhos que provendo eu a belchior vas
de cap.ᵃᵐ da aldea pacurihuba ao fim de ter o gentio della
en quietação e sogeito por estarem feitos vasallos de Sua
Magd. e insinar as doutrinas christães e juntamente a os
fazer trabalhar e fazerem suas grãgearias pello grande
proveito que com isto rezulta aos soldados e moradores
destas comarquas de hirem a ella a faser seus resgates
e para cobrar delles a penção que lhes pus pera Sua Magd.
e sustento dos seus prezidios pela falta que tivemos the
gora de mantimentos e nos faltarem os de pernambuco
o dito Belchior vaz se tem avido na dita aldea com tanta
satisfação dos branquos e indios e no demais em que o
tenho encarreguado do serviço de Sua Magd. e fortificação
do forte sam phelippe que tem feito ventagem a muitos
sem que jamais ninguem se esquandelize delle e pelo
q' tenho visto desde que serve nesta comquista he hum
dos bons servidores de sua magd. a quem se devem
fazer muitas honras e merces por seus bons procedimentos q' por tudo paçar na verdade e me pedir esta p.ᵃ
bem de seus requerimentos lha mandey passar por mim
asinada e selada com o sinete de minhas armas maranhão e cidade de sam luis vinte e sinquo de Junho
de seis sentos e dezasete anos Jeronimo dalbuquerque
maranhão.

· ·-

Jeronimo dalbuquerque fidalgo da casa de sua magd.º
cap.ᵃᵐ e primeiro comquistador destas novas provincias
do Rio maranham pello dito Snr. aos que esta minha
provizam virem faço saber que avendo eu respeito as
muitas partes e sufficiencia de Belchior vas e aos serviços

que a Sua Magd. tem feitos nesta conquista e ser pratico na arte melitar e soldado de muitos anos e por fiar delle que de que o encarregar do serviço do dito Snr. procedera com satisfação e tem feito no de que o tenho encarreguado hei por bem e serviço do dito Snr de o prover de alferes nesta ocaziam que se offerece da gente que mando em segimento dos homes que fugirão desta conquista e contra os salvagens nossos contrarios em cuja companhia se diz estão os ditos homes da qual gente mando por capp.ᵃᵐ Bento Maciel parente e porquanto o dito Belchior vas jurou em minhas mãos aos santos evangelhos de bem e verdadeiramente servir o dito cargo e goardar nelle o serviço de deos e de Sua Magd. mando ao dito cap.ᵃᵐ o meta de posse da band.ʳᵃ e deixe servir na dita ocaziam dada na ilha das goiabas sob meu sinal e sinete de minhas armas aos des de março de mil e seis sentos e dezasete anos Jeronimo dalbuquerque maranhão.

--

Jeronimo dalbuquerque filalgo da caza de Sua Magd.º cap.ᵃᵐ e pr.º comquistador destas novas provincias do rio maranhão, etc. sertefico pelo juramento dos santos evangelhos que em dezanove de novembro de seis sentos e quinze eu com o meu arayal no forte santa maria amanheceo defronte delle o ynimigo francez que asistia neste maranhão em sete embarcações dalto bordo e quarenta e mais canoas com pasante de duzentos francezes e dous mil indios frecheiros lançaram gente em terra p.ª effeito de nos tomar hum monte que nos servira de Padrasto e daly nos combaterem o nosso forte e porem em serquo por fome e sede e asim nos entregarem nas mãos dos ditos indios pera seu pasto pelo que vendo eu o perigo em que estavão muitos por seremos menos que elles em muita cantidade me resolvy a darlhe batalha antes que se fortificacem de todo e fazendo duas batalhas hua q' levey pella montanha com couza de setenta soldados e quarenta indios pouco mais ou menos e outra pella praia de· q' o cap.<sup>am</sup> Antt.º dalbuquerque méu filho levou a ·dianteira em q' o acompanhou o seu cabo de esquadra Belchior vas aremetemos ao dito ini nigo que achamos ja fortificados no dito monte de hua serqua mui forte de páo a piquo e na praia de sete trincheiras ao qual desbiratamos e rompemos matando-lhe mais de hum sento de francezes e o lugar tenente general del Rey de frança e muitos fidalgos de casas conhecidas desfizemos seus coarteis e trincheiras ponlo-lhe tudo a saquo e queimando-lhe todas as ditas canoas e porq' o dito cabo descoadra B.<sup>or</sup> vaz nesta batalha e em todos os mais rebates e operações militares fortifica ois e Recolhimentos de nossas moniçois se ouve como muy esforçado pedir esta para bem de seus requerimentos lha mandei pagar por mim asinada e sellada com o sinete de minhas armas dada no maranhão e cidade de sam Luis aos vinte de junho de seis sentos e dezasete anos Jeronimo dalbuqúerque maranhão.

—

Jeronimo dalbuquerque fidalgo da caza de sua magd. cap.<sup>am</sup> mor e pr.º comquistador destas novas provincias do maranhão pello dito Snr. etc. sertefico pello juramento dos santos evangelhos que vindo eu no ano de seis sentos e dez por mandado do cap.<sup>am</sup> geral gaspar de sousa em descubrimento do rio camocy e asentar nesta côsta hu prezidio de portuguezes pera que asim se consegise millior effeito que se pretendia da tomada deste maranhão, Belchior vas q' entam estava no prezidio de seara me acompanhou na dita jornada fazendo en todo o descurço della o que por mim lhe foi incarregado do serviço de Súa Magd. com muita satisfação como soldado pratico de muitos anos do prezidio de pernanbuquo e ordenando eu de mandar hua lancha com alguns soldados a descubrir e sondar a barra deste maranhão e per cap.<sup>am</sup> a martim soares moreno o dito Belchior vas se me offereceo pera ir na dita ocasião como com efeito o foy e tendo feito seu negocio pellos tempos serem contrarios e os correr o

inimigo frances que neste maranhão asistia aribaram as
indias donde embarquandose pera portugal e daly pera
pernanbuquo he achando ja a nossa armada prestes pera
este maranhão se tornou a embarcar em minha companhia o dito Belchior vas e pelo conhesimento e pra-
tiqua que tinha da terra vindo nos ensinando os portos
onde a dita armada podia surgir mais seguramente por
respeito dos muitos baixos que ha por toda esta costa
the que chegando nos a ilha das guaiabas o mandey por
cabeça de seis omens e em companhia de todo o gentio
que com nosco nos vinha aposentalo no sitio guaxinduba
onde fisemos o nosso forte santa maria defronte do dito
ynimigo frances em que em tudo o dito B.or vas se ouve
como muy hourado e valente soldado e pello que delle
tenho visto em toda esta jornada e o zello e vontade
com que serve a sua mag.l. he merecedor de q' o ditto
Snr. lhe faça muitas onras e merces que por todo passar
na verdade como o sertefico e me pedir esta pelo bem
de seus requerimentos lha mandey paçar per mim asinada
e cellada com o sinete de minhas armas dada no maranhão e cidade de sam luis aos des de Junho de seis
sentos e dezasete anos Jeronimo dalbuquerque maranham.

—

Alvaro da camara moço da camara de sua magd. capitão do forte sam fr.co que esta nesta barra do maranhão etc. sertefico pelo juramento dos santos evangelhos
que Belchior vas esta per capitam na aldea de pacu-
riupe o qual adeministra ao gentio della em forma que
por seu respeito se achou nella sempre muito socorro
pera os soldados desta comquista asim agora como no
tempo da fome pello que fez e faz muitos serviços a
sua Magd. e he merecedor de lhe ser encarregado de
couzas de maior pezo porque dellas dara a satisfação
devida como onrado que he e zelloso do serviço do dito
Snr. como se tem bem mostrado nesta comquista por
passar na verdade e me pedir o prezente lha pasei per
mim asinada e sellada com o sinete de minhas armas

no maranhão sinco de abril de seis sentos he dezoíto annos. Alvaro da Camara.

—

Salvador de mello dalbuquerque fidalgo da casa de Sua Magd. capitam mor do mar desta comquista do maranhão por provizão de Alexandre de Moura que a ella veyo com poderes de governador Ett.ª sertefico pelo juramento dos santos evargelhos que indo eu a correr a costa com as canoas e capitãis dellas me acompanhou o capitam Belchior vaz e soldados que tinha a seu cargo .e com gentio de gerra acompanhandome ate nos tornarmos a recolher a esta ilha de todos os santos e o fez sempre como honrado cap.ᵃᵐ e delle se esperava e per me pedir a prezente lha mandey paçar por mim asinada e sellada com o sinete de minhas armas no maranham forte de sam phelipe oje oito de abril de mil e seis sentos e dezanove annos Salvador de mello dalbuquerque. Este sinal e sello he de Salvador de mello dalbuquerque capitão mor das canoas de gerra e asim paça na verdade oje onze de abril de mil e seis sentos e dezanove anos. Antonio dalbuquerque maranhão.

—

Antonio dalbuquerque capitam mor desta comquista do maranhão e primeiro comquistador della etc. sertefico pelos juramentos dos santos evangelhos que eu conheço des o tempo do meu antesesor Jeronimo dalbuquerque capitam mor que foi desta dita comquista Belchior vas asistir por capitam da aldea de pacuriuba de tres anos a esta parte e nella fazer muito serviço a Sua Magd. aquietando o gentio della domandoos exortandoos ao gremio da igreja i na nossa santa fee catholiqua e ao nosso modo de viver em comuniquação e amizade com os branquos dando a todos o serviço necessario e a farinha e mais mantimentos asim pelos seus resgates como pera ordem minha e do meu antesesor p.ᵃ provimento e sustentação dos fortes de Sua Magd. e hasim mais a to.los os Rebates entradas e ocasiões que se tem offereci'lo tem acu.lilo e achado muy prestes e ap pare- lhado a tu.lo o que convem ao serviço do dito Sr. sendo muy obediente a seus maiores e nunqua ser achado em motim nem levantamento algum que aja avido que por pizar na verdade e me pedir a prezente lha mandej paçar por mim asinada E sellada com o sinete de minhas armas aïs nove de abril de mil.e seis sentos e dezanove annos Ant.º dalbuquerq' maranhão.

—

Antonio dalbuquerq' capitam mor das provincias do maranhão e dos primeiros comquistadores dellas etc. aos q' a prezente virem faço saber que avendo respeito as partes e sofiencia de Belchior vas por ser dos primeiros comquistadores que em companhia de Jeronimo dalbu- querque capitam mor vierão a esta dita comquista e aver servido já nella de sargento e alferes hej por bem e serviço de Sua Magd. de o prover de alferes desta gente que agora mando nesta ocasião contra os tupinambás levantados q' matarão os branquos de q' vay por capitam Mathias dalbuquerque maranhão e por quanto o dito Belchior vas jurou em minhas mãos de bem e verda- deiramente servir o dito cargo e nelle guardar o serviço de Deos e de Sua Magd. mando ao dito capitam em ver- tude desta o meta de posse da Bandeira e o deixe ser- vir pella sobredita maneyra na dita ocazião e outrosim mando aos officiais, soldados, o tenhão, ajão e conheção ao dito B.ºr vas por seu alferes e lhe obedeção como a tal dada no Maranhão aos vinte e tres de agosto de seis sentos e dezoito annos Antonio dalbuquerque maranhão.

———

## 14

Dezembro de 1618.—Sobre a Expedição de Jorge de Lemos de Betencor ao norte do Brazil.

Auto da partida que fizemos em companhia do ca- pitão mor Jorge de lemos de betãocor

partimos da ilha de san Jorge a treze de dezembro
da hera de mil e seis centos e dezouto annos quinta
feira vespera digo dia de santa luzia toda armada q'
sua magd. mandou fazer as ilhas dos asores dando vela
a capitania as quoatro horas da tarde e logo derão vella
todas as mais fiquando almeiranta por deradeiro pera
asim levar os navios diante fazendolhe o forol ate pela
menham e seguindo o da capitania aos quatorze dias do
dito mes amanhesendo armada toda junta nos cheguamos
a capitania e a salvamos e fomos todos na volta da terceira onde o almeirante chegou a vista do porto he
atravesou he mandou largar hua pesa pera dar avizo em
terra de sertos cazais que a harmada hia tomar e loguo
a capitania ficando por balravento lhe respondeo com
outra he atravesou na mesma volta he com duas horas
da noite chegou hu barquo a bordo com recado do
provedor da fazenda manoel pachequo de lima que os
cazais estavão a monte e não avia ordem pera os embarquar que se não detivese por elle a armada e pelo
tempo ser fresco he ficar por balravento a capitania não
foi posivel o barco levarlhe avizo nem a almeirante e
pela ordem que o almeirante trazia do seu capitão mor
em que seos rebates he nos cazos de nesesidades des-
parasem duas pesas he que todos os navios que fiquasem
por balravento acudisem he aribasem a hela mandou atirar
duas pesas he esperou duas horas com forol asezo o
coal teve toda a noute seguindo a mesma volta hem que
a noute fiquarão os navios em canbo de duas oras vimos
forol asezo por balravento que julguamos ser a capitania vendo q' não acudião nen nenhuns dos outros navios
os quoais fiquavam por balravento por nen o almeirante
a mandar desparar hua e outra pesa era meia noite e
nenhu navio lhe acudia he o vento cresia quada ves mais
tendo o barco a bordo o quoal com o muito tempo se
bia alaguando e desfazendo vendose en nesesidade larguarão o cabo e se forão pera terra e nos nos puzemos
de mar em traves com muito vento he ao dia seguinte
não demos vista da terra pola manham dnen e neuhus

navios e polas des oras do dia demos vista dua nao pela
proa e por noso balravento a quoal estava de mar entraves como nos e pela hua despois do meio dia demos
vista de duas vellas por noso balravento e pela popa
corendo pela volta do sueste julgamos ser a capitania he
a outra nao hao que aguardamos aver se aribavão a nos
o que não fizerão e logo demos vela seguindo a mesma
sua derrota ate outro dia as outo horas levando de noite
sempre o forol asezo he vegiando o mar não demos vistta
de vella nenhua he vimos a ilha de sam miguel fiquando
nos a leste e cheguamos ao porto a dar vista delle e
pelo o vento se atravesia, e vir crescendo viramos na
volta do nordeste a ver se encontravamos a armada e
pelas des oras do dia com muito vento nos puzemos de
mar entraves e por ser o mar muito groso e dar muito
detrimento a nao que fazia muita agua se veio toda a
gente da jornada requerer o almeirante que elle mandase ao mestre pilouto que aferase a ilha de sam Miguel
he se puzesem ao abriguo della pera q' asim a nao não
chegase a mais periguo e logo o capitão se foi ter com
o mestre pilouto e marinheiros os quoais todos juntos forão
de pareser que o requirimento da gente era asertado pera
não desguararem he asim nos puzemos a beiguadadela até
o outro dia pola manham que forão dezasete do dito
mes he este asento he auto asinarão todos he eu escrivão
antonio soares que o escrevi.

*Manoel Correa de mello.*

Manoel camacho, R. frz., antonio da costa, gonsalo †
frz, Joan † Joaquim de matos, João Ros. an.º † pinto,
Ant.º † moutão. manoel † fran.º Melchior † glz, manoel
pagem, An.to † dias, antão † v.ª fagundo g.º fr.es, domingos glz, jorge † enes. Antonio peres, fr.º vas, fausto
guomes. manoel † de melo, mateus † nunes, baltezar †
furtado, belchior † pires, Joan † frade, Manoel † Cravalho, Joam † de borba, Ant.º † quintal.

## 15

18 de Dezembro de 1618.—Auto mandado fazer pelo Almirante Manoel Correa de Mello.

Auto que mando fazer o almeirante Manoel correa de melo fidalguo da casa de sua magd.

Em os dozouto dias do mes de dezombro de era de mil e seis sentos e dozouto annos estando sobre a ponta da ilha de sam miguel do nordeste pera nos abriguar a hella comforme o asento he pareser que estava feito o dia atras adozasete do presente mes he anno nos creceu tanto temporal que a gente toda comun nos gritou aquedel rej que os queria matar o almeirante por não querer aribar e não poder ja venserem a baguoa por ser muita he estar o navio aberto por estar sinquo dias ao paro pera efeito se abrandava o tempo pera seguirem sua viagem e mandado do capitão mor e por todos serem de pareser e por averem pareseres em contrados mandei chamar o comtra mestre e mais marinheiros a quem dei juramento dos santos evangelhos onde puzerão as mãos os quais todos em confrimidade diserão por seu juramento o coal deu Manoel Correa de mello almeirante que hera mais das vidas e serviso de sua magd. aribar asidade de lisboa por ser parte mais acomodada pera se aviar a gente e tornar a ceguir sua viagem o coal pareser he resposta dos ditos marinheiros he gente comuna mando ao escrivão lhe notefique ao mestre pilouto da parte de D.ᵉ e delrej que elle sigua o que mais proveito for pera salvação da gente e serviso de sua magd. e o dito almeirante Manoel correa de mello se desencaregua sobre o dito mestre pilouto como pesoa que no mar se entende he se ade seguir seu pareser Antonio Soares o escrevi Manoel correa de mello.

Melchior † glz, Manoel † mois camacho, João Ros ⸱ gonsalo † foz, m.ᵃ † fran.ᶜᵒ, Jozé de matos, Ant.º † da Csota, ant.º † pinto, An.º † moutão, manoel † paigem antonio † dias, Antonio peres, belchior † cardozo, domingos g, baltezar † cardozo, fr.ᶜᵒ vas, Joan † frade.

E logo fiz eu escrivão e despenseiro o requirim.ᵗᵒ ao mestre pilouto comforme o auto e mandado do almeirante Manoel correa de mello antonio soares o escrevi.

Loguo respondeu o mestre pilouto que elle tinha vento inda que rijo e furiozo pera segir a rota da ilha da madeira por ser mais perto o coal queria seguir ate não aver outro tempo encomtrado e avendo segueria aribada que o comtra mestre e mais marinheiros dezião fizese do que loguo se foi ao almeirante por ante mim escrivão que vise o que queria o que seguise antonio soares o escrevi.

Estando para detrimiuar quoal seria melhor caminho e mais seguro se armou tan grande sonbrante ao sueste e o mar tam alavantado que esteve a nao mui arisquada a sesobrar e com o sombrante se desfazer em muito temporal de modo que a gente se temorizou gritamdo as grandes vozes sobre o almeirante e mestre pilouto que aribasem e dese folguansa a nao na volta da sidade de Lisboa o que vendo o dito almeirante e mestre pilouto se reszolverão com o mais tempo que cresia he enquietação da nao e pera quietação da gente e salvação das almas a fazer o que lhe pedia por ir a nao muito aberta e se não aguoa venser antonio soares o escrevi.

*Manoel Correa de mello.*

Bento g

⁓⁓⁓⁓⁓

16

18 de Dezembro de 1618.—Auto mandado fazer pelo Almirante Manoel Correa de Mello.

Auto que mando fazer o almeirante Manoel correa de melo fidalgo da casa de sua magd.

Em os dozouto dias do mes de dezembro da era
de mil e seisentos e dozouto annos despois desde aferrar
almeirante do abriguo e a ponta do nordeste da ilha de
sam miguel com muito temporal indo correndo na volta
delesueste con tres horas da noite emcomtramos com hu
navio q' hia correndo na mesma volta dado popa ao mar
ca tromenta chegou tam perto de nos que nos pergun-
tarão eramos e conhecendo nos que eramos companheiro
lhe disemos ser almeirante he antre ambos asendemos
forol e pela almeirante seguir mais que a outra nao
mandou o mestre pilouto amainar o traquete tanto quanto
a nao podese governar em popa e fogindo aos mares e
com todas estas diligencias não nos pode a nao seguir
nem nos pudemos mais esperar e asim pela hua ora
despois da meia noite perdemos o seu forol de vista he
coremos toda a noite he outro dia seguinte e a outra noite
ate outro dia a oras de vespera que creseu tanto tempo
demaziado que nos queria soverter e dava tão grandes
balansos a nao que se hia abrindo toda e ouve tam gruamde
temor e clamor na gemte asim marinheiros como soldados gritavão a que del rej que o almeirante não mandava cortar o mastro grande que todos avião de padeser
e que diante de Deus dese conta de suas almas pois não
queria fazer o que lhe pedião pera salvação delles o que
visto pelo almeirante que todos os marinheiros e mais
povo asim lho requeria chamou o condestabel Joam rodrigues fose a cortar o mastro grande com os mais marinheiros e soldados e dando o pr.º golpe o dito com-
destabel acodio o mestre pilouto da popa domde estava
mandando fora tello mão que não cortase o mastro e
tiramdo lhe o machado da mão logo de novo a lavantou
tam grande barborinho antre a gente e de novo tornarão a requerer ao almeirante cortase o mastro que se
abria a nao com os grandes mares e tromenta e não
podião vemser ja a bomba e se o não o farião elles por
salvarem suas vidas de tamtas almas pegou no machado
o almeirante por remir as vidas de tamtas almas e deu
dous golpes e logo toda a gemte lhe peguarão do ma-

chado e com outros mais que tomão derão com o mastro
logo no mar e vellas emcharsia verguas e tãoto que os
soldados virão o mastro no mar pera aliviar a nao alijavão      aqua ilhos, fato barsas pedindo a Deus mi-
sericordia que lhe salvase suas vidas e permetio Deus
que dahi a duas oras ficou o tempo mais manso e dahi
a espaso de sinquo oras venserão agoa e ao dia seguinte.
com o mar fiquar da tempestade passada muito groso he
ainda ser o vento rigo e saltare o vento o sueste em-
cruzarão os mares ao meio dia deo hū mar tam gramde
no leme que irem guou com todas as femias fora e fi-
quamdo prezo pela popa pelo barquesro e portando po
elle com a furia com que veio deo na popa e descozeo
tres taboas e abalou a popa toda domde creseu tanta agoa
que a bomba não podia venser e pera darem a outra em-
pedia a barqua e juntamente dava muito detrimento e
juguava a nao toda asini com o pezo da barqua como da
artelheria a quoal barqua se lansou ao mar e dando a
outra bomba não vensião aguoa e nos hiamos a pique
ao fumdo e foi forsado botar duas pesas ao mar e os
marinheiros desalinhavarem a popa domde tinhão o seu
paiol de pam. vinho polvora murão e tudo quanto por
diante achavão alijavão e fazendo a nao leve de popa forão
a porão bando das pipas de vinho aguoa e mais bastimentos pora cheguarem ao porão... com gramotes por
sinquo ou seis ordens acodindo toda gente comuna as
bombas que vinte quatro horas não larguarão da mão ate
que botarão hua moneta estupada na popa com doas
arochos e premetio noso s.ʳ que entupio algua couza e
pasadas as vimte quatro horas nos foi abonasando o tempo
e rasandonos pelo sueste não tendo outra volta mais que
a deles nordeste pera abarqar a terra viermos portar a
bara de vianna de que asiuarão todos Antonio Soares o
escrevi.

Manoel Correa de mello, Antonio Soares. Melchior
† glz. João Ros, bento g.ᵉˢ los R foz. An.ᵗᵉ † da Costa,
Manoel † mois camacho, manoel † fran.º João de mato,
Joam p.ʳᵃ, Ant.º † pinto, Domingos g, An.ᵗᵒ † moutão,

Gonsalo † foz, Manoel † paigem, Antonio † dias, antão † v.ª fagondo, Jorge † enes, baltezar cardo, Antonio peres, mateus † nunes, belchior † cardozo, fr.º vas, Manoel † de melo, Joam † de borba, Joam † trade, belchior † pires, Balthazar † fortado, m.ª † cravalho. Ant.º † quintal.

---

## 17

20 de Novembro de 1614.—Interrogatorio aos prisioneiros fran-cezes do combate de Guaxenduba. O original desse docu-mento está no Archivo Geral das Indias, Hespanha, Ramo 2.º

Auto de diligencias y preguntas que el Capitan mayor desta Jornada Geronimo de Alburquerque Marañon. y el Capitan y sargento mayor del estado del Brasil, Diego de Campos moreno mandaron hazer por servicio de su Magestad, de los franceses prisioneros que se prendieron en la batalla de Guasinduba en el Rio Marañon.

El año del Nacimento de nuestro señor Jesu Christo de mil y seiscientos y catorce años, a vinte dias del mes de Noviembre del dicho año, en esta fortaleza de Santa Maria del Marañon, y posadas donde vive el Capitan mayor desta Jornada, Geronimo de Alburquerque Marañon, es-tando el alli presente y assi mesmo el Capitan y sargento mayor del estado del Brasil, Diego de Campos Moreno, mandaron a mi el escribano adelante nombrado que hi-ziese este auto para por el hacer preguntas a los fran-ceses prisioneros que se prendieron en la batalla de Gua-sinduba en este Rio del Marañon, y en ellas se proceder como fuese mas servicio de su Magestad; lo qual yo el escrivano hize, y los sobredichos lo firmaron, e yo Francisco de Araujo de moura, escrivano que lo escrivi, el Capitan mayor Geronimo de Alburquerque Marañon, el Capitan Diego de Campos moreno.

Y hecho assi el dicho auto, como dicho es, luego el dicho Capitan mayor mando venir ante si a Estevan Ma-richal, Marin Hartier, Pedro Aleman, Noel de la Mota,

Binarte Atambor. Antonio Mandareo Guascon, y Juan
Pache, prisioneros que se prendieron en la batalla de
Guasinduba, y estando presente el Capitan y sargento
mayor Diego de Campos moreno, deste estado del Brasil,
que hazia el officio de Interprete, hizo a cada uno dellos
las preguntas por la manera siguiente: e yo Francisco
de Araujo de moura escrivano que lo escrivi.

### Preguntas de Estevan Marichal

Y preguntado Estevan Marichal como se llamava,
dixo que Estevan Marichal, y era natural de Normandia,
de la Villa de Enflor, e de idad de treinta y dos años,
y que el se embarco en Habre de gracia en una nao
llamada Regente que alli se aparejo para el Marañon. la
qual tiene trecientas toneladas y traya dentro trecientas
personas, en las quales entraran veinte Frayles Capuchinos,
y diez mugeres que venian en la mesma compañia, de
la qual gente y nao era Capitan monsiur du Prata que
tenia cada mes quinientos escudos de renta del Rey de
Francia, al qual dixo el dicho prisionero que le oyo dezir
y era publico que traya licencia para traer el dicho socorro
de pobladores al marañon, en que entravan carpinteros
cerraxeros, canteros alvañiles masoneros, sapateros, sastres;
y finalmente todos los generos de officios convinientes
a una grande poblacion. la qual quedaria guardando si
quisiese, y sino que quedaria en su lugar monsiur Ravardiera, el qual ya estava aqui que quedo en lugar de
monsiur de Prisjan muerto en esta batalla, y que este
hidalgo Prisjan era primo hermano del Principe de Condé,
ó, de Janville, que no sabia de qual de los dos, pero
que era gran personage y assi mesmo que Ravardiera
era el que oy governava la Isla grande del Marañon en
nombre del Rey de Francia con dos fortalezas, la una
llamada el fuerte de San Luis, con artilleria, de la qual
no sabia el numero, y otro fuerte se llama el fuerte de
Sardina, en el qual estava un Portugues que le tenia a
su quenta, y travajava en el para si, obedeciendo a los

francezes, y que havia un monasterio en que estavan los Capuchinos; mas que no estava acabado, y entendia el dicho prisionero que antes que la dicha nao llegasse no havia mas franceses en esta tierra que hasta cinquenta, poco mas o menos, que los demas eran los dichos que en la dicha nao havian venido; y dixo mas el dicho prisionero que viniendo en el viage la dicha nao hecho gente en mucuripe, poblacion nuestra en esta costa del estrecho oeste, y la volvio a recoger, y de alli fueron a las tartarugas, o, Juruquaquara, donde hecharon en tierra quatro bateladas de gente, en las quales havia mas de cien hombres, los quales queriendo deshazer aquel presidio de Portugueses, que alli estavan fueron resistidos y les mataron dos hombres y hirieron siete, o, ocho, y de alli sin hazer otra cosa, se vino la dicha nao a este rio del marañon, donde oy esta con algun algodon, y humo, o, tabaco, sin tener la carga conveniente; y que un patacho suyo havia venido de las Amazonas el rio para la que llamamos Orellana, y que alla hexo en el rescate algunos hombres para rescatar con los Indios algunas perlas y ambar, y ver unas minas de Lapis Lazuli, y de alguna tierra de que sacavan oro; y que estas cosas savia de platica y no de vista, en lo que tocava a las de las minas y perlas, mas que entendia que venian debaxo de algun fundamento, hidalgos de gran Casa, que los mas dellos eran muertos en la batalla, es a saver, el General monsiur de Pisjan, y monsiur du Prat, y monsiur de Longeville y otros de quien no se acuerda por estar herido y lleno de dolores, mas que quedava vivo monsiur de la Ravardiera Governador de la Isla, el cavallero de San Juan, hermano de Monsiur de Rasilly, el qual huvo la colonia del Rey de Francia para venir aqui, que es como dezir licencia, y traya consigo a monsiur de Lonay, y otrosi un hermano de Rasilly, y que estos personages no se hallaron en la batalla, y assi estavan de la otra parte y que quando pasaron para contra este fuerte de Santa Maria, venian para deshazer-lo con todas sus fuerzas, y los del estado de los Indios, los quales convocados por

ellos de varias partes, passaron con quarenta y sinco
canoas, en que venian mas de dos mil flecheros Indios
selvages de varias castas, y traydos hasta desta otra
parte de tierra firme, y que venian siete embarcaciones
de alto borde con trecientos hombres franceses de los
quales saltaron en tierra de los Indios mas de ducientos,
y los demas quedaron en guarda de los navios hasta
que se acabasse la fortificacion que havian començado frontero del fuerte de Santa Maria, para tomar el agua, y
cercar por hambre y seel, todo el campo de su Magestad
del Rey Catholico de España lo qual ha sucedido al reves,
y el quedo prisionero y muchos de los suyos muertos:
y mas no dixo, y lo firmo con el dicho Capitan mayor
y sargento mayor; e yo Francisco de Araujo de Moura,
escrivano que lo escrivi; el Capitan mayor Geronimo de
Alburquerque, el Capitan Diego de Campos Moreno.

Preguntas de Marin Hartier, y Pedro Aleman, presos ambos
en un hierro.

Y preguntado Marin Hartier, natural de Guizort, entre
Paris y Roan, dixo: que el vino en la nao Regente, y
se embarco en Havre de Gracia, a persuasion, y por mandado de monsiur de Rasilly, el qual havia alcançado del
Rey de francia, licencia para venir aqui, y que al dicho
respondiente dio el dicho monsiur de Rasilly veinte cruzados en dinero para aparejarse para el viage, porque
era herrador de su oficio, y que en la dicha nao venian
otrosi, hombres de todos los oficios mecanicos, y que no
venian mas hidalgos que monsiur du Prat, y monsiur
de la Bastille que ambos eran muertos y monsiur de
Longeville, y monsiur de Pinery, page del Rey de francia
que estava enfermo en la Isla, los demas que en la batalla entendia ser muertos, y un hidalgo escoces que
murio peleando en Juraquaquara, o, tartarugas donde
les hirieron siete, o, ocho, y mataron dos, yendo ellos
en la primera batelada cinquenta hombres, y en las

otras hasta a quarenta, los quales mientras se travo la
escaramuza, y nuestra gente se puso en defensa, fueron
mandados retirar de monsiur du Prat, diziendo que se
enbarcasen, que el no traya orden mas que de caminar
al marañon; y que sin embargo desto otro hidalgo su
lugarteniente, llamado monsiur de la Bastilla, quiso saltar
en tierra para deshazer el Presidio Portugues; y que el
no lo consintio, y mando sacar las ancoras, y se fueron
derechamente al marañon al fuerte San Luis en el qual
havia trinta y cinco pieças de Artilleria, en que entravan las
de la dicha nao que eran treze, y que tenia el dicho
fuerte quatro pieças de bronze medios sagros con la cruz
de Malta, las quales eran de monsiur de Rasilly, que
dio para esta empresa, en la qual tenia pretension de ser
señor de la tierra y dezia que en persona havria de de-
fenderla, o, que enviaria su ygual porque della lo havia
hecho merced el Rey de francia, y dixo que al punto que
aqui llegó la Armada Portugueza, luego se dispusieron
por mandado de monsiur Ravardiera a venir contra este
fuerte y juntar sus fuerzas que serian hasta trecientos
e veinte hombres de los quoles saltaron en tierra ducientos, hasta ducientos y cinquenta, poco mas o menos,
y que los demas quedaron en los navios; es a saver la
compañia del cavallero Rasilly que tendria hasta a cinquenta hombres y los demas estavan en la Isla, y que
en todo el numero de la gente, hombres y mugeres, frayles
y niños, estimava ser los que de francia havian venido
a esta Colonia quatrocientos en dos embarcaciones, de
los quales havian ydo veinte hombres com monsiur de
la belanxartiera a traer Indios de los Amazonas para
hazerlos Christianos, y que otra cosa no savian por ser
pobres hombres, assi el dicho Marin Hartier, como Pedro
Aleman, los quales juntamente dixeron lo mismo, y lo
firmaron con el dicho Capitan mayor y sargento mayor:
y yo francisco de Araujo de moura escrivano que lo escrivi: Marin Hartier, Pedro Aleman, el capitan mayor
Geronimo de Alburquerque Marañon, Diego de Campos
moreno.

## Preguntas de Noel de la Mota

Y preguntado Noel de la M. ta, vecino de Roan, de
edad de veinte y un años; dixo que el se embarcou en
Havre de Gracia, por el tiempo de Pascua de seiscientos
y catorce años; y que su officio era tecedor de paños de
Lemosque, y el se embarco por amor de un primo suyo,
y que le dieron quarenta reales como a los demas para
su gasto, por ordem de monsiur de Rasilly, que era la
persona que despachava la dicha nao para venir a estas
partes del Marañon con gente de todos oficios para po-
blarla, en que venian ocho Capuchinos, poco mas o menos,
para baptizar a los selvages, y que en el camino tomaron
la Isla de San Vicente, y luego Fernan de llorona, otra
isla assi llamada, y de alli corriendo la costa vinieron al
puerto de Mucuripe en Siara para hazer aguada, y que
hecharon en tierra mas de cien hombres con monsiur du
Prat, los quales se embarcaron sin hazer nada, y luego
volvio a dezir que era monsiur de Longueville, el qual
desembarco con la gente y de alli vinieron a las tartarugas, o, Juruquaquara donde hecharon en tierra mas de
cien hombres los quales tuvieron escaramuça con los del
Presidio Portugues, y que alla perdieron dos hombres
muertos, y tres o quatro heridos, y de alli vinieron a
este fuerte de la Isla grande llamado San Luis, el qual
tenia doze pieças de Artilleria de hierro colado y dos de
bronze, y que teman, sin este, otros tres fuertes en la
Isla, y que uno que esta frontero de nuestros quarteles
se llama el fuerte de Tapari, otro mas al sur el fuerte
Cahur cada uno con dos pieças de artilleria de hierro
colado, y que quando llegamos estava para partir la nao
grande con carga de palo amarillo, algodon, y pimienta
de la tierra, y tabaco, y que era verdad que venian con
fama de ciertas minas de Lapis Lazuli, y de oro y plata,
y de rescate de perlas; mas que el respondiente no sabia
que desto huviese nada; y que la nao estava para partir
dos dias antes de nuestra venida, y que por venir nosotros a contratar se detuvo, y que viniendo contra nuestros

quarteles le quebramos las marromas, y perdio las ancoras assi que volvio a llegar la dicha nao; y que el
sabia que en la Isla grande governava monsiur de la
Ravardiera, el qual al punto que llego la armada del Rey
Catholico nuestro señor, luego trato de yuntar el estado
de los Indios comarcanos para venir contra nuestras gentes,
y que embarco casi dos mil dellos con trecientos franceses dexando en la Isla y en los fuertes la gente inutil,
que serian hasta a cinquenta, poco mas, o, menos, y que
assi con esta prevencion dando el cargo de la Iornada
a monsiur du Prat, el qual salto en tierra con ducientos
franceses, y dos mil Indios flecheros, y estavan, para desembarcar el resto; es a saber, la compañia del cavallero
Rasilly, y la compañia de monsiur de la Ravardiera, que
al tiempo de la batalla no estavan aun en tierra; en la
qual estimava ser muertos, monsiur de Longeville, monsiur de Pisjan, primo del Principe de Condé, y assi
mesmo monsiur du Prat, que entendia ser muerto, y
monsiur de Laval, y otros que no sabia el nombre, porque la rota fue grande y no pensada, y que assi debia
de ser el daño mayor que se podia dezir; y mas no
dixo y lo firmo con el dicho Capitan mayor, y sargento
mayor, e yo francisco de Araujo de moura, escrivano que
lo escrevi: Noel de la Mota; el Capitan mayor Geronimo
de Alburquerque Marañon; el Capitan Diego de Campos
moreno.

Preguntas de Binarte, atambor.

Y preguntado Binarte, atambor de la Compañia de
monsiur du Prat, natural de Moambrie, a diez leguas de
Paris, de edad de veinte años, dixo: que el se embarco
en Havré de gracia, en la nao Regenta, la qual despachó
monsiur de Rasilly, morador en el dicho Havre de gracia,
persona noble y que ya habia hecho viage a estas partes
y llevado salvajes a francia, y que sabia que venia por
Capitan de la dicha nao, monsiur du Prat, vezino de
Paris, el qual traya en la dicha nao trecientas personas;
es a saber, duze frayles Capuchinos, y dos clerigos y

siete mugeres, en que entravan tres damiselas que el Rey de Francia en Paris, havia dado por mugeres a tres selvages del marañon, haziendolos cavalleros, y que todo lo mas de la gente eran officiales mecanicos, es a saber, carpinteros, pedreros, fundidores, tecedores, y todos los demas officios, con la qual gente venian tambien algunos hidalgos; es a saber : monsiur du Prat. Capitan de la nao, y monsiur de la Bastilla, su tiniente, y monsiur de Longeville, su alferez, y monsiur de Cruysilly, y monsiur de Jurbar'ville y monsiur minuou, (sic) y monsiur de Japerin, y un Astrologo llamado monsiur de Janet, y monsiur de Many, y otros de cujos nombres no se acuerda y que con toda esta compañia vinieron a tomar tierra en las Islas de Cabo verde, y en la Isla de San Vicente, una de las de Barlovento, y della vinieron a la ysla de Santo Antonio, y de alli, reformandose vinieron a la Isla de Fernan de Llorona, y della vinieron a Mucur donde desenbarcaron sessenta hombres, los quales se volvieroni a embarcar luego por ocasion de los Indios, y de alli se vinieron a las tartarugas, o, Iuruquaquara, donde hecharon en tierra dos Chalupas que llevavan hasta a sessenta hombres, y queriendo yr otra chalupa no lo consintieron antes se retiraron con dos muertos, y seis, o, siete heridos haviendo salido a tierra monsiur du Prat, y monsiur de Bastille, y monsiur de Longeville, y con esto se retiraron, y vinieron al marañon donde el respondiente vio que su gente tenia Portugueses y tapuchos captivos que le labravan algodon y humo de tabaco, y oyo dezir que trayan de ciertas partes que el no conocia Lapis Lazuli, oro, plata, y perlas, y que esto entendia por haverlo oydo dezir a uno de los Religiosos coronsta, que hazia un volumen, ó libro, de las cosas del Marañon, y que los Padres havian hecho un navio para enviar a francia a buscar cosas de comer, y que entendia que monsiur de Ravardiera volvia para francia en esta nao, y dexava en su lugar a monsiur de Pisjan, y que se havian de volver con el algunos hidalgos, para venir otros, mas que los franceses no ganavan sueldo del Rey, ni de otra

persona, y que assi le parecia que durarian poco porque
los Indios les daban de comer mientras duraban las
herramientas que les davan, y que no tenian almazen mas
que en el fuerte San Luis el qual era para poca gente,
el qual fuerte tenia dentro seis pieças de artilleria tan
solamente, las dos de bronze de hasta a diez libras de
bala; y que en el fuerte de Tapari havia dos piezas, y
en el otro de palo havia dos; y que presidio no sabia
que habiese en los dichos fuertes, sino algunos enfermos
en pequeño numero porque se embarco toda la gente
para la jornada de Guasinduba a matar a los Portugueses,
en seis compañias, es a saber, la de monsiur de Ravardiere, que no salio a tierra, y la de monsiur du Prat,
que se escapo de la batalla, y la de monsiur de Pisjan,
que murio en la batalla, y monsiur de Longeville, que
murio en la batalla; y que en todas las seis compañias
estimava haver trecientos hombres; y que en la Isla quedaron hasta a cinquenta poco mas o menos, y que sabia
que eran muertos casi la mitad de los que saltaron en
tierra, en los quales entravan muchos nobles, es, a saber:
monsiur de Pisjan, de gran casa, monsiur de longeville,
monsiur de Praeria, monsiur de Rochefort, monsiur de
Petvesy, monsiur de Ruysilly, hijo del Thesorero de Lon-
guedoc, monsiur de Monnu de Ruan, monsiur de Jun-
barville Picardo y otros de que no se acuerda, y que
venian en seis navios, quatro de alto bordo y dos Planchas con artilleria, y con dos mil selvajes de varias partes
en cinquenta embarcaciones de remo llamadas canoas, en
que havia algunas de setenta palmos de largo y ocho de
boca, en que venian cien Indios, de modo que con todo
este aparato de fuerzas municion y bastimentos venian
para extinguir el nombre y fuerte Portugues, y darnos
a los selvajes para su pasto; pero que con las armas
les haviamos roto el desinio y la cabeza: y mas no dixo,
salvo que sabia de cierto que monsiur de Ravardiera tenia
licencia de los Serenisimos Rey y Reyno de Francia para
venir a estas partes a poblar, y que el respondiente, vio
la copia, y era cosa entre ellos publica; y lo firmo con

lo dicho Capitan mayor, y Sargento mayor; e yo francisco de Araujo de moura escrivano que lo escrevi. Binarte; el Capitan mayor Geronimo dalburquerque marañon; el Capitan Diego de Campos moreno.

### Preguntas de Antonio Landuzeo Guascon

Y preguntado Antonio Landuzeo Guascon. natural
de la tierra de Burdeos; dixo que el de su officio era
official de carpinteria de Caxas y escritorios; y que estando junto de Paris. oyo decir ao Pueblo que los Tupinambas eran buena gente y pedian franceses, por lo qual
el con poca consideracion, y menos dineros, huyendose de
su maestro se fue a Havre de gracia a embarcarse en
la nao Regenta, que despachava monsiur de Rasilly, y
en su lugar para venir en ella monsiur du Prat, el qual
le dio algun dinero, poco para pagar sus costas, y le
embarco para venir al marañon en la nao dicha Regente,
en la qual juntamente con el se embarcaron otros muchos
officiales mecanicos de todos los officios, y que en la
dicha nao vinieron qualque trecientas personas, en que
venian doze Capuchinos, y dos beatas y tres clerigos, y
tres damiselas, que dezian que havia dado el Rey de
Francia a los selvages por mugeres, haziendolos cavalleros, y que el les havia visto al pescueço la cruz de oro,
y que allende desta gente venian algunos hidalgos; es
a saver, monsiur du Prat, Capitan de la nao, y monsiur
de Bastilla Guascon, y monsiur de Longeville, su alferez,
y un Astrologo llamado Janet many, y monsiur de Rochefort, y monsiur de monuou y Sanvinein, y un gentil
hombre llamado la Mita, y monsiur de la prairia, monsiur de Valemos de la Sentana danil, y monsiur de la
Benadiera, y monsiur de fose, astrologo, que el piensa
ser tanbien muerto en la batalla. y otros de que no se
acuerda, bien. es verdad que eran mas. y que sabe que
no tenian paga alguna ni gajes del Rey, mas que entendia
venir a la fama de la tierra, a la qual antes de llegar,
tomaron la Isla de san vicente, y la de sant Anton y

la de Fernan de llorona, y de alli fueron a Mucurippe, donde hecharon en tierra ochenta hombres, y sin hazer nada se volvieron a embarcar por respeto de los Indios, y de alli se fueron a la tartarugas, ó, Jurucuquaquara, donde entendian que havia Portugueses, y que hechando aqui dos bateladas de gente eu tierra de hasta setenta, ó, ochenta hombres, huvo una escaramuça en la qual los Portugueses les mataron dos hombres, es a saber, uno que luego alli quedó muerto, y otro que murio en el navio y siete heridos y que queriendo desembarcar mas gente a instancia de monsiur de Bastilla, monsiur du Prat no quiso, antes haziendo retirar la gente la hizo embarcar, y se fueron diziendo que no tenia orden de hazer nada mas que llegar al marañon, y que no havia de quebrala; y que llegados al Marañon, el respondiente fue a cortar y serrar madera para travajar para si, porque no le davan sueldo ni cosa alguna, mas que algun mantenimiento de harina por ser privilegiado del que govierna que es monsiur de Ravardiera, el qual estava para embarcarse y partir antes que llegase nuestra armada por la qual dixo el viaje y nos preparó a ruyna, trayendo en cinquenta canoas mas de dos mil yndios de la tierra y quatro compañias de Infanteria, es a saber, la de monsiur de Ravardiera que quedó en la mar, la de monsiur de Rasilly, caballero de san Juan, que quedó en la mar y de monsiur du Prat, que salio a tierra, y de monsiur de Pisjan que salio a tierra; y que Mingan era capitan de los negros y que monsiur de Longeville era alferez, y monsiur de Bastilla era Tiniente, y que sabia que en la Isla no quedaron mas que los frayles y enfermos, sin otro almazen de mantenimientos y municiones de guerra, que dentro en el fuerte de San Luis, el qual tiene la artilleria de toda la ysla, y de la nao, que en todo hera treinta y quatro piezas: es a saber, en el fuerte de san luis ocho, en la nao diez y seis, y en los dos fuertes quatro; y en las embarcaciones las otras; y que le parece que havia ducientos y cinquenta hombres en todos los que oy tiene, porque con el aparato dicho,

haviendo tomado tierra, y siendo rebatidos tan cruelmente
y con tan grande perdida y de tantos nobles estimava
quedar los suyos fatos de todo principalmente de canoas,
y que les faltava aquel grande lingua llamado Homingon
que fue muerto en la batalla, y que entendia ser tambien muerto otro lengua llamado de Menuaem, porque
estava para venir con los Indios, y que como nuo murio,
otro podia ser tambien muerto, y que el respondiente
vio la copia. ó, traslado de las patentes del serenisimo
Rey de francia que a monsiur de Ravardiera lugartiniente general en el Brasil por el dicho señor et coetera:
y que savia que los suyos havian fundamento de ciertas
minas de lapis lazuli, y de tierra de plata y oro ; mas
que no havia uisto nada mas que cargar tabaco y tatajuba, y algo de ambar, pimienta y algodon, de las quales
cosas la não tenia alguna carga con la qual havia tra-
vajado por venia aqui a nos molestar ; pero que con el
tiempo se le havian quebrado las maronas, y assi havia
hechado el hierro en el puerto, junto ao fuerte, y que
oyo dezir que monsiur de Vao havia ydo al paraola perto
a buscar algunos Indios para traer a la Isla y hazerlos
Christianos y mas no dixo y lo firmo con el dicho Capitan mayor, y sargento mayor, y yo Francisco de Araujo
escrivano que lo escrevi. Antonio Landuzeo el Capitan
mayor Geronimo de Alburquerque Marañon, el Capitan
Diego de Campos moreno.

### Preguntas de Juan Pache

Y preguntado Juan Pache, de edad de cinquenta
años, canoquero, natural de Boutin, entre Chanpo y Bor-
goña ; dixo que era verdad que el vino en la nao Regente
a instancia de los padres Capuchinos, y que era del numero de los veinte canoqueros que vinieron de Paris, a
los quales davan a tres veinteines cada dia, y que el
truxo a su muger la qual tenia en el fuerte San Luis
con una hija de treze años, y que otros sus compañeros
tambien havian traydo sus mugeres, convidados de la

bondad de la tierra; pero que desde el primer dia haI
landose engañados, havian deseado de volverse, y que
no podian y que monsiur de Rasilly, vezino de Paris, de
la Casa del Serenisimo Rey de Francia, era el que havia
solicitado y hecho esta Jornada, la qual encargo a monsiur du Prat dandole la nao, y el gasto que todo era
del dicho monsiur de Rasilly, y que assi la Junta se
hizo en Havre de gracia, donde todos se embarcaron y
partieron, y que save el dicho respondiente que monsiur
de la Ravardiera se intitula lugartiniente general de la
Magestad del Rey de francia en las partes del Brasil,
y que assi ellos partieron de la dicha Havre de gracia,
trecientas personas en la dicha nao en que venian doze
capuchidos y dos clerigos que con su gente hazen numero de veinte, y veinte mugeres casadas con sus hijos
y hijas, y tres mugeres de los Indios Tupinambas que el
Rey de Francia hizo baptizar, hallandose presente en
persona con grande solenidad, dando a cada uno su Cruz
de oro, y que todos estos venian en la dicha nao, y
llegaron a salvamento a este Marañon, haviendo algunas
escalas, assi en el cabo verde como en esta costa de leste
oeste, donde de la dicha nao saltaron en tierra en Mucuripe algunos sesenta hombres, y que se volvieron a
embarcar luego y que save se fueron a las tartarugas,
donde hecharon dos chalupadas de gente en tierra como
hasta a sesenta hombres, porque la otra no salio a tierra;
y que salio a tierra monsiur du Prat, y monsiur de Bastilla su lugartiniente; y assi mesmo monsiur de Longeville, y que travandose con los nuestros perdieron dos
hombres y hirieron seis, ó siete y con essa se fueron al
Marañon con toda la compañia en que entravan muchos
nobles que el no conocio por ser official mecanico, y que
llegados trataron de hazerle fabricar un monasterio para
los frayles el qual começaron de tapia de pilon y de
piedra, a uso de francia e assi mesmo se començo el
fuerte de Tipari de quatro baluartes, las paredes de cinco
palmos de ancho, y de alta havian de tener veinte palmos,
mas que oy no estava mas que llenos los aliserses, y

que no tenia este fuerte mas que dos pieças de artilleria de hierro, y que de la otra parte havia otro reduto
con quatro pieças de la mesma suerte; y que el fuerte
grande era de madera y de tierra, y que tenia dentro
hasta ocho pieças de artilleria, estimando que en toda la
que tenian havria treinta y quatro pieças en los navios,
fuertes, y planchas, y que en toda la gente francesa que
havia en la Isla, no havia persona alguna que tuviesse
paga del Rey, mas que venian para valerse de la anchura
de la tierra, y que su gente estimava ser oy quatrocientas
personas, y que eran muertos muchos de enfermedad, y
agora en la batalla tambien de que devian de estar em-
barcadas, y que si huvieramos con nuestra armada tar-
dado tres dias mas, sin duda huviera partido la nao Regente con mas de cien personas, porque al dicho respondiente y otros le havian dado la palavra los frayles
que en haziendole el monasterio y Iglesia luego los des-
pidirian; pero que como vino nuestra armada, mudando
desinio nos vinieron a deshazer por ordem de monsiur
de Ravardiera el qual venia con trecientos hombres franceses en quatro compañias de las quales los Capitanes,
y parte de las dos no estavan aun en tierra en la ora
de la batalla, y que se havian ayudado de las fuerças
de los Indios. los quales venian en cinquenta canoas quedando de socorro para venir a otro dia como vinieron
en que hazia que huviese mas de dos mil Indios los quales
todos se hallaron en la batalla. y que oyo dezir que el
dezinio de los suyos era tomarnos el agoa y rendirnos
a hambre y sed; mas que con nuestro valor rompimos sus
desinios matando muchos de los suyos y desvaratando
toda la fuerça de la Jornada, quedando el respondiente
prisionero; y que savio que los suyos llevavan palo amarillo llamado tatajuba para tinta. el qual en francia valia
ocho veinteines el rotul, que viene a dezir veinteines el
quintal y aun mas, mas que de lapis lazuli. oro. plata y
perlas anu no estava divulgado el provecho que tenian,
mas que cargaban algodon que valia una arroba en su
tierra dos mil y quinientos reis; y assi mesmo humo de

tabaco, que valia una libra un cruzado menos ocho veinteines, y que cargavan pimienta de la tierra, y otras maderas y drogas de que sacavan provecho y que de aqui enviaban al rescate ao Paracoin, ó Stapuñas que son los del Rio Orellana, ó Amazonas, donde ellos de presente tenian algunos hombres a rescatar con los Indios y que era verdad que el Capitan minguan era Capitan de los Indios, y que fue muerto en la batalla, y que quedo otra lengua llamado Baeun, natural de Havre de gracia que fue el que llevo los Indios a francia, y que su gente vino embarcada en seis navios de alto bordo, y mas no dixo, y firmó estas preguntas con el dicho Capitan mayor y sargento mayor. E yo francisco de araujo de moura, escrivano que lo escrivi. Juan Pache, el Capitan mayor Geronimo de Alburquerque Marañon, el Capitan Diego de Campos moreno; el qual traslado de auto de diligencia y preguntas, yo, Francisco de Araujo de moura, escrivano publico de lo Judicial y registros en esta fortaleza de Santa Maria del Marañon por su Magestad, traslado del próprio que queda en mi poder, a que me refiero; y con el este traslado concertó bien y fielmente, sin cosa que duda haja, y lo firmó en la dicha fortaleza, oy veinte y nueve de Noviembre de mil y seiscientos y catorze años. Francisco de Araujo de moura. Concertado por el escrivano—Francisco de Araujo de moura.

Traduzido de Portugues en Castellano por mi Thomas Gracian Dantisco que tengo el oficio del Secretario Diego Gracian mi padre, & y que por mandado y Cedula particular del Rey nuestro señor traduzgo sus escrituras. y de sus Consejos y Tribunales. En Madrid a onze dias del mes de Julio de mil y seiscientos y quinze años. Thomas Gracian Dantisco. (hay una rubrica)—(Nota)— va en veinte y dos ojas como esta (rubrica).

1615.—Breve Relação da Jornada da Conquista do Maranhão
por Manoel de Sousa Dessa. O original está no Archivo Geral
das Indias, Sevilha. Patronato (2—5—1—27) Ramo 4.º

Breve relacion de la Jornada de la Conquista del
Marañon.

En veinte y tres dias del mes de Agosto de mil y
seiscientos y catorze años, partio de Pernanbuquo la armada, la qual constava de ocho embarcaciones pequeñas,
es a saver, cinco barcos de dos velas cada uno, y dos pataxos, y una caravela, y todas con tres compañias de
infanteria, llegó ao Rio grande donde se embarco la gente
de guerra que para la conquista tenia el Capitan mayor
Geronimo de Alburquerque aparejado; fue el sargento
mayor Diego de Campos de parecer que toda esta gente
con el dicho Capitan mayor marchase por tierra hasta el
presidio de Siara que es distante del Rio grande mas
de cien leguas; pero no tuvo efeto su parecer, porque
por esta via se podia ymposibitar la Jornada, y assi se
hubo de embarcar toda esta gente.

Llego toda la armada Junta al puerto de Macaripe
presidio de Siara donde se tomo mas gente de guerra, y
se fue siguiendo la navegacion hasta el presidio de Buraco
de las tartarugas, en cuyo puerto surgio toda la armada,
en treinta dias del mes de Setiembre.

En este presidio asistia por Capitan con poder de
General Manoel de Sousa Desa el qual havia partido de
Pernanbuque en veinte y siete de mayo de la dicha era,
con socorro de gente y mantenimientos assi para el Rio
grande como para el dicho presidio, el qual llegó en
nueve de junio de mil y seiscientos y catorze años, y
luego en diez y nueve dias del dicho mes entró en el
puerto una nao de trecientas y cinquenta toneladas que
venia de Francia del puerto de Havre de gracia, con
socorro a los franceses del Marañon, con trecientos soldados, y diez y ocho frayles capuchinos, la qual nao vino

al dicho presidio con determinacion de quemarle y de-
gollar a los que en el estavan, conforme ellos mesmos
confesaron depues de las pazes, para lo qual hecharon
en tierra una compañia de infanteria con quinze picas de
armas blancas, y marchando assi la compañia le salio al
encuentro el dicho Capitan Manoel de Sousa Dessa, con
veinte soldados arcabuzeros no se pudiendo ajudar de
mas gente del presidio por quedar en guarda de la cerca,
porque en la misma ocasion en que el enemigo hechava
gente en tierra venia deziendo mucha gente del certon de
que havia mucha sospecha, que en el dicho presidio no
havia mas que hasta a cinquenta hombres en todo, de
manera que encontrandose el dicho Capitan con los dichos
veinte soldados en una playa por donde el enemigo venia
marchando, le hizo retirar y embarcar matandole y hi-
riendole alguna gente, y luego levanto hierro y se fue
muy escandalisado para el Marañon.

Llegada como dicho es nuestra armada despues del
dicho conflito, se hizo Junta sobre el havernos de yr al
Perea primer fuerte de la barra del marañon todos unanimes, sino es el Sargento mayor, fueron de parecer que
nos fuessemos a meter en el dicho Perça, y assi huvo
el sargento mayor de firmar el auto que se hizo sobre la
resolucion que su parecer que fuessemos quando mucho
hasta a un Rio que llaman Totoy, y que de alli em-
biasemos nuestros exploradores, y assi huvo de partir
la armada para el dicho Perea, y antes que partiesse,
para que la infanteria toda fuesse contente hizo el Capitan Manoel de Sousa Dessa, que tambien servia de
Provedor y Contador de la hazienda de su Magestad en
la dicha conquista, pagamento a todos los soldados de
lo que se les estava deviendo.

Partio la armada del Buraco de las tartarugas a
doze de Octubre por la mañana; a los treze en la noche
surgio en el puerto de Perea donde no huvo ninguna
noticia de franceses, ni de alguna gente, lo qual visto se
aprestó un batel con alguna gente de mar y con tres o
quatro soldados que fuesen a descubrir adelante lo ue

havía, y si se hallaba algun sitio, donde con mas como-
didad pudiesemos estar, por ser el del Perça muy esteril
de pescado y caça, y sin ninguna madera de que pu-
diessemos hazer nuestra fortificacion si fuesse necesaria,
y quedar el agua dexos.

Y pasados cinco dias llego el batel con nuevas de
buen sitio, pero que estava pegado y frontero del enemigo; hizose Junta sobre si haviamos de yr a ocupar
el dicho sitio, ó, no, el Sargento mayor, y Capitan mayor,
y demas consejeros, fueron de parecer, que no nos mu-
dasemos del sitio del Perea donde estavamos, y que en
el nos fortificassemos, y que desde alli avisasemos a su
Magestad, para el qual aviso se ofrecia el Sargento mayor
Diego de campos y se avisase tambien al Governador
Gaspar de Sousa, pediendole mas gente y mantenimientos;
pero el Capitan Manuel de Sonsa Dessa, y el Capitan
Geronimo fragoso, y toda la infanteria fueron de contrario
parecer, diziendo a altas vozes, que teniamos obligacion
de llamar a la puerta del enemigo y yr adelante hasta
a ver quien con mayor fuerça nos impedia el paso: que
esto era a lo que su Magestad nos enviava, y que no era
justo pedir socorro de mas gente hasta a ver si nos era
necesaria. Y vistas estas razones y clamores de la infanteria, y su zelo de servir a su Magestad, el Capitan
mayor mudó su parecer; y assi nos hizimos a la vela
con presupuesto de ocupar el sitio de que teniamos in-
formacion como ocupamos; estuvimos en el Puerto de
Perea ocho dias: a veinte y uno de Octubre salimos
navegando, siempre entre Islas y rios, y boquerones muy
estrechos quedando algunas vezes en seco esperando la
creciente de la marea; a veinte y seis del sobredicho
llegamos al puerto sin descubrirmos el enemigo, aunque
luego la noche huvo muchos fuegos en la Isla donde el
enemigo estava, que servian de señal de llamar la gente:
de alli a tres dias vimos surgir de una y otra parte de
la Isla algunas embarcaciones pequeñas, por quanto vian
nuestras embarcaciones surtas en el puerto.

Desembarco luego toda nuestra infanteria, y ocupado el sitio se trató de socar la artilleria que trayamos para el fuerte, y demas pertrechos de guerra y mantenimientos, lo qual se hizo con toda brevidad; determino el Capitan mayor fortificarse en un valle entre dos montañas que le quedavan por padrastos, diziendo que quien fuesse su amigo, no le aconsejase otra cosa; pero el sargento mayor y demas capitanes fueron de contrario parecer, y assi començamos a fortificarnos en el mayor modo que podiamos, haziendo una cerca de palo a pique.

Estando las cosas en este estado vinieron de la Isla de los enemigos, por diferentes vezes algunas piragoas, que son embarcaciones de remo, fingiendo la gente querer nuestra amistad; pero como despues el enemigo frances confesô, por su mandado y orden venian a saver que gente eramos, y que fuerça trayamos, y que cantidad; el Capitan mayor agasajava esta gente, haziendole muchos regalos, imaginando de poderlos traer a si; pero nada aprovechó, y no pudo acabar con ellos nada; antes unos quatro Indios nuestros que el Capitan mayor embiô a la Isla de los Francezes para que hablasen a los de la Isla, fueron alla presos y mal tratados, y a riesgo de matarlos.

Mientras estas cosas passavan, los Franceses venian a descubrir a nuestro fuerte en sus embarcaciones, hasta que en doze de Noviembre, en el quarto de la luna, dio el enemigo Frances en nuestras embarcaciones, y nos llevaron tres, siendo assi que el dia antes havia llegado una piragoa de la otra parte, y obligãdos los Indios de buen agasajo que se les hizo avisaron al Capitan mayor que pusiese en cobro sus embarcaciones porque el Frances determinava llevalas la noche siguiente, para en ellas y en las suyas que tenia passar a nuestro puerto y degollarnos; pero de nada se hizo caso, y todo sucedio como los Indios avisaron. Quedo el enemigo frances con la llevada de las embarcaciones tan ensobervecido, que luego en diez y nueve del dicho mes passô a nuestro puerto hechando en tierra ducientos infantes, y dos mil y tantos Indios, quedando aun en las

embarcaciones cien infantes por salir, que estavan con
el General: passô toda esta massa de gente en cinqueta
y siete embarcaciones, es a saber, siete de los Franceses
en que entraron tres que nos llevaron, que eian mayores
que las suyas, con ser las nuestras pequeñas, y cinquenta
piragoas.

Desembarcada la gente arriva declarada, se tomô
resolucion que nombrasen dos Compañias por la parte
del bosque, y otras dos por la parte de la playa, y assi
embistimos con el enemigo, antes que se acabasen de
fortificar, fue por la parte del bosque el Capitan mayor
con el Capitan de los aventureros Manoel de Sousa Dessa
en la vanguardia, y luego el Capitan Francisco de Frias,
por la parte de la playa fue el Capitan Antonio de Alburquerque, y el Capitan Geronimo fragoso, con los
quales asistia el Sargento mayor Diego de Campos.

Yendo las dos Compañias marchando por el bosque
llegô un Indio nuestro con mucha prissa a dezir al Capitan mayor, que a nuestra cerca havia llegado un Frances
con una Cartá, fue un alferez a saber lo que pasava, y
entre tanto hizimos alto: llegô luego el Alferez con recaudo del sargento mayor diziendo que los franceses havian embiado por su trompeta una carta, en que decian
que dentro de quatro oras nos resolviesemos, si queriamos
ser sus prisioneros, y quando no que nos havian de
entregar a los selvages que consigo trayan, para que
nos comiesen, que si su merced queria que el fuese a
hablar con ellos yria, y sino que hiziese su merced lo
que le pareciesse.

Pero la resolucion fue dar en el enemigo, unos por
una parte, otros por otra, y fue el rompimento de manera que se desvarato el campo frances, de los quales
murieron a espada y arcabusazos noventa y tantos que
luego alli quedaron, sin los que se ahogaron yendo huy-
endo para las embarcaciones, que en todo murieron ciento
y sesenta franceses de los mas grauados en que entraron
muchos hidalgos, y siete, o ocho señores de titulo, personas de mucha importancia, cautivandose nueve que to-

mamos vivos; quemaronsele quarenta y seis piragoas; tomaronse en todo ducientas armas de fuego, mosquetes y arcabuzes; de los selvages se averiguo despues que faltavan quatrocientos, de los quales la mayor parte murieron ahogados; de nuestra parte murieron quatro soldados y ninguna gente nuestra, salieron heridos de nuestros soldados obra de veinte y tantos.

A lo alto del bosque se recogieron obra de veinte y tantos franceses con alguna gente selvage, a los quales el Capitan mayor quizo imbistir el mesmo dia en la tarde, pero como fue sin comunicarlo con los Capitanes, llevando consigo algunos particulares se retiro otra vez con perdida de siete, o, oche soldados que le mataron, y otros tantos heridos.

Lo qual visto, el Capitan de los aventureros Manoel de Sousa Dessa, pidio licencia al Capitan mayor para yr a imbistir al dicho frances con la gente que para ello se le ordenase, determinando ponelle cerco y impedirle el agua que estava ao pié del bosque, y el mismo requerimiento hizo al Sargento mayor; pero ni uno ni otro lo quiso permitir, y assi mientras cerrô la noche, los franceses se embarcaron en las lanchas a nuestra vista.

Passadas todas estas cosas, el General de los Franceses escrivio una carta al Capitan mayor, en la qual allende de las demas cosas, le dezia que se holgaria de hablar con uno de los nustros; para esto se ofrecio el Sargento mayor, y de la primera vista que tuvo con el Frances, averiguo las paces de que ha informado a su Magestad, el las comunicava solo con el Capitan mayor, sin hazer Junta de Capitanes en materia tan importante, y assi las reprobo siempre todo el Real.

El auto que sobre esta materia se hizo en que vienen firmados los Capitanes, fue hecho despues de las pazes, diez ó doze dias, y como de los Capitanes, el uno es hijo, y el otro sobrino, hizieron lo que su padre y tio les mandô, entre el Capitan Manoel de Sousa Dessa, y el Capitan mayor huvo muchos dares y tomares, sobre haver de firmar el dicho auto porque llegô a dezirle el

Capitan mayor que a fuerza lo havia de hazer firmar, por lo qual el dicho Manuel de Sousa, dixo en publico, que todos le fuesen testigos de lo que el Capitan mayor le dezia, y que se firmaba el auto era por redimir su vexacion, y no se descomponer con su general, de lo qual saco sertificacion del escrivano publico que presente estava, por quanto el dicho Capitan siempre fue contra el hazerse las pazes, por entender eran en deservicio de su Magestad; pues de aquella vez se podia extinguir el enemigo, visto que estava ya desbaratado y con menos fuerza que la de los Portugueses, de los quales so los diez, o, onze se murieron en la guerra, y havia aun en nuestro Real en todo trecientos hombres entre la infanteria y gente de mar, y de nuestros Indios ningun muerto y pocos heridos; y que si el enemigo fuesse señor del mar, siendolo nosotros de la tierra no se podia el conservar en el mar. y conforme despues supimos de los Portugueses que ellos tenian captivos entre si todo era nuestro si pasaramos a la otra parte de la Isla, y para este efecto, teniamos aun en nuestro puerto un lharruon y dos barcos en que cabia todo la gente de guerra.

Con las pazes cessô toda la guerra. tomando por fundamento solo la palabra francesa (si algun dia la tuvo) los quatro Capitanes que oy ay en el Marañon todos ellos Juntos no llegan a ochenta años, el Capitan mayor no puede suplir esta falta, Diego de Campos que lo podra hazer se auzentô viniendo con el aviso a su Magestad de todo lo sobre dicho, conformandose en este particular con el Capitan mayor, siendo assi que para este efeto vino de Pernanbuque ya nombrado por provision del Governador general Gaspar de Sousa, el Capitan Manoel de Sousa Dessa.

La fortificacion que es de palo a pique bien travada, pero no acabada; los soldados que dentro della quedan muy esforçados, como lo han mostrado; pero poco contentos de haverlos empatado y del estado de las cosas; mantenimientos pocos, y menos municione. En este estado queda el Marañon, el Governador Gaspar de Sousa sin aviso de lo que passa, porque el Capitan Manuel de Sousa, que lo llevava, llego a Indias con mastiles quebrados, y está en esta ciudad para conseguir su intento em còmpañia de las naos, no ordenando su Magestad otra cosa.

El Capitan Manuel de Sousa Dessa.

Traducido de Portugues en castellano por mi Thomas Gracian Dantisco, que tengo el oficio del Secretario Diego Gracian mi Padre & y que por mandado y Cedula particular del Rey, nuestro señor, traduzgo sus escrituras, y de sus consejos y Tribunales. Madrid a nueve de Julio de mil y seiscientos y quinze años --Thomas Graciano Dantisco—(hay una rubrica).

<hr>

## 35.º

Dezembro de 1618.—Carta de Francisco de Azevedo a El Rei sobre o estado e necessidades do Pará e Maranhão.

Relação sobre o estado em que está o Pará e o Remedio com q' se pode Restaurar outra ves a obediencia de V. Magd. e o que de prezente he nesesario no Maranhão avendo V. Magd. de o socorrer.

O gentio topinãoba do cuma donde estava o prezidio de V. Magd lemite do Maranhão ate o caite que são corenta leguoas com todas as aldeas de que a terra estava povoada se alevantarão fogindo pera o sertão e do caitte ate o Para o gentio que ao está tambem porem inda em suas aldeas e delas vão dar muitos assaltos aos soldados do Para e tem este gentjo per sy os tapuios naturaes da terra que he infinito e hus e outros tem morto no dito Para alguns setemta soldados dos milhores que la avia e ao tempo que este navio della partiu em principio de dezembro findo anno de seis semtos e dezoitto com avizo a V. Magd. fiquarão os soldados mui apertados e faltos de mantimentos e moniçois,

Comvem ao serviso de V. Magd considerando o sobredito mandarlhe acudir com muita brevidade com o socorro e remedio que comvem a seu servisso e por que pera se tornar a remir este gentio a obediencia de V. Magd. por pas ou guerra serão nesesarias alguas pervensois pella parte do Maranhão jmdo pelos Rios dentro Em cannoas até o Pará sem as quoaes se não poderá comsegir o que se pretende sem muito mais trabalho e despeza da fazenda de V. Magd. apontarey as que se me oferesem nasid's da esperiensia Pera por hua E outra via se senhorear a terra e os Rios e por o Paiá em sua liberdade e quietasão e de todo o modo semdo V. Magd. servido que o va servir nesta ocazião o farey como tenho feitto no desqursso de muitos annos e será com muy pouqua despeza da fazenda de V. Magd. levando gentio do maranhão que eu abalarej obrigandome ao tornar a trazellos outra ves a suas cazas que doutro modo serão maos dabalar da terra e asim com os tapuias selvajes q' eu descobri no sertão do rio tury e com dadivas a minha custa fis com elles pazes e dessy perto de duzentas legoas pera o maranhão que são parentes dos tapuias do pará he o gentio muy gereiro que são creados em canoas e nelas custumados a peleiar de quem tenho esperiemsia per me averem acompanhado em alguns descobrimentos e me ajudarão a deser p.ª o maranhão hua aldea de gentio do Rio guoaropi distansia de mais de duzentas leguas pella terra dentro e por eu ser o primeiro portuges que os descubri me são muy fieis e amiguos e farão com os parentes imdo com elles faselmente pazes no Pará E pera isto aver efeitto serão nesesarias alguas couzas pera se darem a algus prinsipais do gentio que ãde ajudar como a algus parentes dos alevantados que imda estão com nosquo e a algus tabajares e outros mais o que oje maes prezão he mehia duzia de vestidos de mel coahado p.ª os prinsipais algus alfanges e pera outros marlotas de cores vinho, ferramenta, espelhos goivas e repa omde for nesesario fazerem canoas e rodellas — E sera de efeitto mandar V. Magd. o filho do imdio

quequamrio per nome Pau Brazil p.ª dar comta aos parentes de como o pai moreo de doensa, que tem pera sy
o matarão qua e p.ª as pazes he de muito efeitto saberem
a verdade como qa o não matarão que he irmão de dous
principaes alevantados por nome hum tacuruba e outro o
tapioqua e as maes pervensõis p.ª a jornada que são as
que a la na terra eu as proverey sem custar da fazenda
de V. Magd. nada e irey ao sertão p.ª omde fogio o gentio
do maranhão imda que se forão p.ª lomge e trabalharey
per os tornar a reduzir a nosa amizade e deseremse p.ª
suas aldeas domde damtes estavão e em tudo o mais
que se offereser servirey a V. Magd. esperando de sua
Real grandeza as merses e omras que custuma fazer aos
que em semelhantes ocaziões o servem.

Couzas nesesarias para a comquista do Maranhão
em pagamento dos soldados.

Esta a comquista ouvi falta de polvora e monição
ao menos se ão metter sesemta soldados de prezente com
suas armas que esta a comquista mui falta de gente pelo
gentio matar todo o prezidio do cuma de que somente
escapou o capitão por ser na sidade a falar com o capitão
mor e mandar V. Magd. a pernãobuquo trazer algua gente
a esta dita comquista que ha la muita e sera fasel de
faser e he o que serve p.ª amdar no sertão e em canoas que
são ja acustumados a este trabalho.

Sem arcabuzes — duas duzias descopetas de pedern.ª
de seis sete palmos.

Terçados de cabos de ferro que os que ora forão
erão os cabos de chumbo.

machados.
foises grandes.
ferros de covas.
faquas carniseiras.
pano de linho.
camisas feitas e chinelas.
gibões feittos.
trezentas carapusas de rebosso.

ferro E asso.

Roqueiras pequenas p.ª as canoas q' são de efeito.

Dous carpinteiros da Ribeira p.ª fazerem embarqua-sois pequenas pera amdarem no Rio que são de muito efeitto—Breu pera vellas estopa preta per que do breu da terra se remedearão amzois pretos e branquos --Sa-patos feitos—cordovão e sola e fio.

hua Botiqua que não ba nenhua mezinha.

hu mineiro p.ª se faser esperiencia que não não alla.

V. Magd. mandara o que for servido.

*Fran.ᶜᵒ daz.ᵈᵒ*

Velasse esta petição no cons.ᵉ da fazenda e consulte-se o que parecer com brevidade—a 15 de fr.ʳᵒ 619.

### 37.º

31 de Janeiro de 1619.—Carta do Vice-Rei de Portugal a S. Ma-gestade opinando sobre as medidas que se devem tomar com relação ao Maranhão, Pará e Ceará á vista de cartas de Antonio de Albuquerque, e dos religiosos Christovão de S. José e Antonio da Marciana.

Em Carta do Snr. Vizorey.

Para sua Magd. de 31 de Janeiro 619.

Chegou aqui hum dia destes hu navio do Maranhão no qual vierão para sua magd. as duas cartas, que se-rão com esta de Antonio de Albuquerque que ora esta por capitão mór do Maranhão, e foi eleito naquelle Cargo por morte de Hyeronimo de Albuquerque seu pay as quaes sendo vistas em conselho de Estado, E assi as duas cartas, que mais inviou a V. Magd. de frey Xovão de S. Joseph E frei Antonio da Marciana, religiosos ca-puchos da Provincia de S. Antonio em que dão conta do alevantamento que ouve no Para contra frc.º Caldr.ª

de Castel branco, capitão daquella praça E da causa que
elle a isso deu, tratando mal ao gentio, e que ficava
preso pellos seus soldados, pareceo que das couzas que
o capitão do Maranhão avisa ter necessidade se desse
copia aos tribunaes na forma que V. Magd. o mandara
ver pellas remissões que vão scriptas na margem de
sua carta, que V. Magd. deve mandar escrever ao Governador do Brazil que mande logo farinhas em abundancia
ao Paraa, E vinho E azeite pera provimento dos soldados
daquella fortaleza, E conquista Encarregandolhe a brevidade E cuidado do provimento della, assi nisto como
no maes que lhe parecer.

E que daqui lhe mande V. Magd. inviar munições
E o biscouto que puder ser. E que o governador do
brasil faça embarcar sem casaes de gentio, pera irem soccorrer o Paraa com declaração que acabada a guerra, E
estando as cousas quietas se tornarão E que com elles
vá frei manoel da piedade, frade capucho que está no
Brazil, E outros que saibão a lingoa do gentio, E assi vá
a mais gente branca portuguesa, E mamalucos que poderem ir com os ditos gentios.

E que a Martim Soares Moreno mande V. Magd.
que va ao Seara donde fara embarquar nos navios que
daqui forem sincoenta ou sasenta cazaes E o mais que
puder, para que vão do Seara pera o Para.

E que Manoel de sousa de ssá va ao Pará por capitão daquella praça, E em sua companhia va B.ᵉʳ Rangel com algum cargo de guerra por ser bom soldado
E grande lingoa.

Que fr.ᶜᵒ Caldr.ᵃ venha prezo e os cabeças que forão
do alevantamento que ouve contra elle, E va hum letrado
fazer informação dos que forem culpados no dito levantamento, E assi nos motins que ouve no Maranhão.

## 38.º

31 de Janeiro de 1619.—Deliberações tomadas pelo Conselho de Estado á vista de Cartas recebidas de Antonio de Albuquerque, capitão-mór do Maranhão, frei Christovam de S. José e frei Antonio da Marciana, assistentes no Pará.

Vendosse em conselho destado as duas cartas de Antonio de Albuquerque que ora está por capitão do maranhão, E assi as duas cartas que maes vierão com ellas de fr. christovão de são Joseph e fr. Antonio da merceana Relegiosos capuchos da provincia de santo Antonio que estão no Pará em que dão conta do levantamento que ouve no Pará contra francisco caldr.ª de castel branco capitão daquella praça e da causa que elle a isso deu tratando mal ao gentio e que ficava prezo pellos seus soldados Pareceo que das couzas que o capitão do Maranhão aviza ter necessidade se desse copia aos tribunaes, E que asy as suas cartas, como as dos dous relegiosos se enviassem a S. Magd. como se lhe tem enviado e que S. Magd. deve mandar escrever ao governador do brazil que mande logo farinhas em abundancia ao pará e Vinho e azeite para provimento dos soldados daquella fortaleza e conquista encarregando-lhe a brevidade e o cuidado do provimento della asy nisto como no maes que lhe parecer E que daqui lhe mande S. Magd. inviar monições E biscouto que poder ser.

E que o Governador do brazil faça embarcar cem casaes de gentio nosso amigo pera irem a socorrer o Pará, com declaração que acabada a guerra e estando as cousas quietas se tornarão E que com elles vá fr. Manoel da piedade frade capucho que está no brazil e outros que saibão a lingoa do gentio, e assy vá a mais gente branca portuguesa e mamalucos que poderem ir com os ditos gentios.

E que a Martim soares moreno que aqui anda mande V. Magd. que vá ao Seará donde fará embarcar nos navios que daqui forem cincoenta ou sesenta casaes e os maes que puder para que vão do Seará para o Pará.

E que Manoel de sousa deça vá ao Pará por capitão daquella praça E em sua companhia vá Belchior Rangel com algum cargo de guerra por ser bom soldado e grande lingoa, E francisco caldr.ª venha prezo e os que forão cabeça do levantamento que ouve contra elle E vá hum letrado fazer informação dos que forem culpados no dito levantamento e asy nos motins que ouve no Maranhão.

E que ao Maranhão mande V. Magd. dom diogo de carcomo por capitão mór daquella praça e conquista, escrevendose a Antonio de Albuquerque que envie os papeis de seus serviços e de seu pay para S. Magd. os mandar ver e despachar com o favor e mercê que cuver lugar o que se contem neste papel he o que se asentou em conselho destado de que se tem dado conta a S. Magd. e se lhe inviou as Cartas dos Religiosos capuchos e do Capitão do Maranhão em Lx.ª a 31 de Janeiro de 619.

*Rui diaz d mns.*

## 39.º

3 de Fevereiro de 1619.—Carta da Camara da villa de S. Paulo em abonação de Salvador Correa de Sá e de seu filho Martim de Sá.

Com a vinda de Martim de Saa Nos veio ha M.ᵉ q' V. Magd. fez a esta Villa dos materiais q' sederão ao min.ʳᵒ que truxe he asim loguo com o dito min.ʳᵒ se veio Salvador Correa de Saa a quem V. Magd. tem encarregado ha obrigação destas minas he tem posto cobro a buscaremse todos os metais de q' havia noticia asistindo aqui mandando a todas as partes por amostras como tem dispidido gente he vai dispidindo ha onde quer q' aj noticia para com ho dezengano do que ouver se recolher e yr dar conta a V. Magd. deixando em seu lugar seu filho Martim de Saa pera o que pede licença a V. Magd. v.ᵗᵃ sua m.ᵗᵃ ydade q' posto que seja muita comtudo pello

grande zello q' tem do serviço de Sua Magd. se trata
como mancebo, como foy yr pe oalmente ao Cabo frio
seçenta legoas daqui pello m ndar V. Magd. a defenção
do pao Brazil e asim fez outra saida daqui ao Rio de
Jan.ro por outra provizão de V. Magd. a ir mandar os
cavallos para a conquista de Angolla e daqui mandou
tãobem outros e ysto tudo com muito detrimento de sua
pesoa he gasto de sua fazenda, por as cousas por qua
todas serem muy trabalhozas he não menos ho são os
caminhos.

Não menos M. nos fes V. Magd. com a emleição
de seu filho Martim de Saa de lhe emcarregar a defensão
desta Costa pello m.to que he della temido dos ynimigos
do norte pellas victorias q' de elles tem e a qual oje ya
teve hua no cabo frio... hua lancha e dezoitto homeis
a hua nao olandeza q' hia para a Yndia q' tomada trazia
a galizav.m de V. Magd. q' hia para a mina e hoje tem
ya o dito Martim de Saa toda esta costa em muy grande
vigia e toda a gente postta em ordem e dandolhes ordeis
necessarias e todos alistados e toda a costa corrida he
vizitada sem soldo nenhum tem muito gasto he trabalho
de sua pesoa que asim como o pai e elle lembramos a V.
Magd. merecem comforme a grandeza de V. Magd. lhes
deve fazer M.e e q' o ditto Martim de Saa se lhe nomee
soldo tãobem lembramos a V. Magd. q' deve favorecer
esta Villa de São paullo pois nesta costa do Brazil soo
nella ha minas as quais sem gente não podem ser la-
vradas. e a real fazenla de V. Magd. lhe faltarão seus
qintos que podem vir a ser de muita ymportancia allem
do... dos vaçallos de V. Magd. e pois Martim de Saa
traz o poder de ter gentio de V. Magd. para a defensão
desta costa e situados nella, deve V. Magd. aver por seu
serviço se setuem algus para o beneficio das minas repartindose pella ordem com que no Rejno do peru corre
o ditto gentio. gr.de D.s a catoliga Real pessoa de V. Magd.
São Paullo. 3 de fev.ro de 619.

Sebastião frz C.... Pedro Vas de Barros. J. da
Silva. Ant.º bicudo,

## 23

1 de Abril de 1619.—Attestação dos serviços de Antonio Ribeiro passada por Mathias de Albuquerque Maranhão.

Mathias dalbuqerq' Maranhão Capp.ᵃᵐ do forte São Philippe que ora sou desta Conquista do Maranhão Etc. Sertifigo Pello joramento do Santo Evangelho q' indo eu em segimento do gintio Tapinanba q' se avia levantado Pella treição q' fizerão na gente do Presidio de Cuma distrito desta mesma conquista os segi duzentas e corenta legoas pello sertão dentro Rio guarapy acima aonde o achei indose ya fortificando o qual destroy e matei como comvinha ao serviço de sua Magd. P.ᵃ aquietação da ditta Comquista e mais gentio da mesma nação q' esta de Paz com nosgo entre a gente q' me acompanhou q' forão corenta e tres soldados dos forttes desta conquista foi hum delles Antonio Ribeiro soldado do forte são felippe o qual em toda a jornada se achou sempre na dianteira com suas armas muy prestes para o que se oferecia p. o serviço de sua Magd. e nossa defenção e no encontro q' tivemos com o ditto gentio o fez como onrado soldado e delle se esperava fazendo sua obrigação e o mais que lhe hera mandado por seus officiais com muitto cuidado e diligencia e zelo do serviço de sua Magd. o que por passar na verdade e me pedir a presente lha mandey passar por min acinada e celada com o çinette de minhas Armas no Maranhão o primeiro Abril de 619 Annos.

*Mathias dalbuquerq' Maranhão.*

---

## 24

13 de Abril de 1619.—Attestado passado por Sebastião Pereira Tinoco em favor de Antonio Ribeiro, um dos expedicionarios do Maranhão.

Sebastião pr.ᵃ tinoquo Sargento mor dos primeiros Comquistadores desta comquista do maranhão etc. ser-

teſico pello juramento dos santos evãgelhos que eu Co-
nheso Antonio Ribeiro vir a esta Comquista dos premeiros
Soldados que a ella vierão em Companhia do Capitão
mor jeronimo dalbuquerque o quoal pellas emfermaçois
que delle teve se achou em todas as ocaçiois e na q' na
tomada desta Comquista se oferserão se achou elle dito
presente e na batalha que tivemos Com o enemigo fran-
ses saio a ella fazendo Como onrado Soldado e mãdando
me o Capitão mor jeronimo dalbuquerque em siguimento
de hu patacho frances elle dito me aCompanhou fazendo
Como onrado soldado e vay per sinco anos q nesta Comquista serve a sua Magd. Com muita sastifasão de seus
ofisiais sendo em tudo mui obediente e não se achando
numqua em levãtamentos nem motins alguns e per pasar
na verdade e pedir a prezente lha mãdei pasar per min
asinada de meu sinal somente oie 13 de abril de 1619
anos no maranhão.

Bastião pr.ª tinoquo.

~~~~~~~~

## 25

6 de Maio de 1619.—Carta de Jorge de Lemos de Betancor dando
conta de como chegou ao Maranhão e do estado do logar.

Cheguei a esta conquista do maranhão a 11 de
Abril pus na jornada 46 dias desde que parti da ilha
de são miguel tendo a mor parte delles de calmas e
quis D.ˢ quɛ fosse boa per restaurar as tormentas passadas; esta carreira será muy bem asombrada com o
tempo quando os pilotos acabem destar bem imteirados
no conhesim.ᵗᵒ da Costa e barras o q' ainda aguora se
fas com muito risco por resp.ᵗᵒ dos muitos baixos e
parseis q' ha eu estive perdido de remate num baixo
darea e com a gente do mar toda desacorsoada mas
com os animar vensemos esta fortuna e sahimos a duas
braças que milagrosamente escapamos mas tem de bem
q' se vay logo melhorando e com hir sempre com a

sonda nà mão se sahe de perigos que sem elles não se navegou nunqua.

Hua sangradura antes de chegar a vista desta barra emcontrej dous navios hua nao grande e hum pataxo q' me vejo reconhecer por balravento fisme na sua volta asi porq' entendesem q' os não temia, como porq' trazia eu gente para poder ofender e defenderme não nos podemos aiuntar por anoiteser e tambem elles não se trabalharão muito por isso quando virão que eu os buscava depois de ser noite vim na volta desta barra fiquey ao amanheser a vista della e sem a ter dos navios fui a entrando e emcorej as tres horas da tarde e sem sobresalto nenhum que he ella bem asombrada e aprazivel.

Comforme a volta e que a noite forão estes navios e cortiei nella com os pillotos q' trago dous e nos pareceo que hião reconhecer ao outro dia hum monte que ha nà terra firme a sutavento desta barra aonde... o Cuma e isto fasião mui amarados e dah yirão a tomar a boca do Pará p.ª irem p.ª o cabo do norte aonde comforme a noticia que aqui se tem dos indios e tambem o afirmão alguns brancos tem colonia os extrangeiros fazendo tabaco e computando com o gentio o q' a terra da e comforme aos efeittos q' comigo tiveram entendi que não a couza feitta e q' senão quizerão embaracar; tambem alguns dias antes que aqui chegasse esteve a vista do porto do seara hua nao grande e amainou os traquetes de gavia estádo a trinca hum espasso e como vio que lhe não sahião se veyo nesta volta entendese que seria companheira doutras duas que avião lançado em gericocara hus roubados e já pode ser q' toquem tambem o Pará; ou se obrigue o tempo a fazello.

E asy por estes resp.tos destes navios como por a revolução do gentio me quizera logo q' aqui chegei partir ao Pará em companhia de jeronymo fragozo dalbuquerque que com hordem do governador do estado vaj aquella conquista q' partio depois de heu aqui chegar sinco dias e não ha sido possivel fazello assy por a minha gente estar tam mal tratada que algua della andou embarcada seis mezes como porq' sem mantimentos p.ª la em terra se dar de comer não posso hir e se entender que avera poquisimos emquanto o gentio esta emquieto e asj tratei com o capitão mor desta conquista diogo da Costa machado que ajuntasse mantimentos os mais que pudesse e eu por minha parte fis o mesmo obrigando minha faz.ª a pagar este socorro p.ª aquella conquista se V. Magd. o não ouvesse por bem e tudo consta dum precatorio que passei ao Capittão mor de que mando o treslado p.º se ver no Conselho da fazenda e se entenda as deligencias que hei feitto em tudo e que não perco ponto no serviço de V. Magd.

E eu entendo q' se este levantamento do gentio do Paia não esta quietto que eu o poiei de todo como convem, por que por pas ou por guerra saberei por minha parte ajudar a tudo alem de q' em o gentio vendo hua nao com moradores e maior que todas as q' lá tem hido e com lhes soar a artelheria vera que lhes não convem guerra e entendera q' o negocio he p.ª se perpetuar o q' elles não imaginavão segundo aqui dizem e perderão de todo os brios e afirmão os homens que aqui sabem do sertão q' logo que eu chegej os Indios do Para avião de ser avizados por terra dos desta parte e darlhes novas como eu estava esperando navios com mais gente.

Quando chegei a este maranhão, achei aqui a caravella de minha companhia; e não me morrerão nela nem na minha e nas mais que sinco ou seis pessoas que foj muj grande mercê de deus porque como a nao hera dartelheria cabião mal entre cobertas tanta gente como lhe meti e todos vinhão sentados sem se poderem deitar e só deus sabe o que me custou de minha saude e fazenda a trazellos qua vivos e sãos, porq' isto de barquear com molheres e meninos ha mister muito mimo e mais em tanto tempo de mar.

E sobre tudo achar a pobre gente nesta conquista

tam pouco remedio e tanta desventura de fome que quando aqui chegou a Caravella andaram os homens e meninos pedindo esmola pella terra sem se lhes acudir com nenhua cousa da fazenda de V. Magd. nem doutra pessoa avendo muito mantimento nesta conquista e chegarão os pobres a vendeiem as camisas pera comerem e os q' traziam algum cabedal p.ª o meterem em rossas e grangearia gastaramno em comer.

E foj parte este mao acolhimento que acharão p.ª lhes parecer a terra muitto mal e escreverão as ilhas mil males dellas que ninguem se embarcace para tal terra e que eu que os trouxera a morrer e os lançara numa praja e mato ao dezemparo foi a peor couza do mundo não achar qua esta gente algum modo de gasalho, e quem lhes puzesse a mão pella cabeça por que não disera tanto mal da terra que eu deixava apilidado nas Ilhas outros duzentos cazais, e mais se V. Magd. fosse servida os mandar vir e temo que aguora se não queirão vir com estas novas.

Quando comecei a dar principio a esta jornada sempre me diserão os menistros todos e foi matheria muj praticada que seis mezes se avia de dar de comer a esta gente e nem seis dias por enjoadas se lhe fez este bem e fiquei eu tido entre elles por enganador que he a peor fama que pode ter hum capitão mas a mim nada me desanima que inda tenho biscouto e carnes e algum vinho com q' os vou sustentando porq' farinha sem mais nada não sustenta e na terra não ha outra couza.

A queixa q' faço de ser a gente mal agazalhada entendesse pella da Caravella que vejo diante de mim porq' coãdo aqui chegei achei servindo de poucos dias de Capitão mor a diogo da Costa machado; que do seu prim.ro que tudo socorreu logo a gente com muj grande zello e pontualidade achando nelle todos todo o bom acolhimento, de maneira que os da Caravella diziam q' se refizera com elles a ventura parte do q' fas este Capitão mor que elles se tiverão por bem afortunados

mas tambem não vejo hordem p.ᵃ se puderem sustentar
os que aqui ficão.

Eu deixo nesta Conquista muitas muitas molheres
moças donzelas formosas honradas e pobres e convem
muito q' o Capitão mor que se mandar p.ᵃ ella seia
homem de hidade e que tenha zelo e partes p.ᵃ saber
ser pai de gente desta calidade e por serviço de deos
faço esta lembrança para V. Magd. o mandar ordenar
como cousa tanto do bem comum.

Conquistas novas so a fama as acresenta esta esteve ate agora muj falta de tudo e por hisso esta tam
fea e parece pouco de cobiçar a gente hordinaria aquem
o espirito não ajuda e a fome acanha : estas terras
são excelentissimas per o aparelho q' os homens tem
p.ᵃ serem ricos e fartos o pescado infinito e carnes e
cazas de q' a terra é composta mas isto não se colhe
e esta tal que se lhe não tem posto hua pedra sobre
otra e val hum aratel de peixe boi hum real de pratta
avendo muita cantidade delles pello Rio asima. E os
francezes q' aqui estam tratam nisto e se fazem ricos
so não querem dar senão a dn.º de contado e hua Ga-
linha val hua pataca avendo infinitas na terra E tudo
saj por este teor, com a povoação q' fis hordenamos
camara e deixo tudo reduzido a Resão pera q' torne
a terra a cobrar fama por que parece q' escandaliza
escreverçe isto duma terra que tudo produz excelen-
temente.

Eu entrej nesta conquista com 400 E tantas pessoas q' trouxe na minha nao e caravella deixo dellas
a terça parte aqui neste maranhão conforme ao Regimento de V. Magd. hajnda ficarão mais que muitos se
vam pella terra dentro porque toda a gente da terra
e hos q' a guovernão dizião q' se nam va ninguem della
E assy lhes metem medo com a guerra do Para.

Os dous navios q' me faltam espero que me che-
guem sedo que pois arribarão a esse Reino nam devem
tardar e ao para os vou aguardar deixando aqui a Simão Estacio da silveira capitam de minha não capit-

tania por ser pessoa de q' tenho muita satisfação p.ᵃ emparar a gente E agazalhar os q' se esperão e dar as minhas hordens q' lhes deixo aos Capitães dos navios e se partam a busquarme deixando aqui a terça parte de todos.

Comvinha muito que V. Magestade mandase agradeser muj particularmente ao capittão mor desta conquista diogo da costa machado o bem que tem servido a V. Magd. no particular desta gente q' eu trouxe o lhe deixo aqui porque alem do que gasta do seu se ha com elles de man.ʳᵃ que estam animados p.ᵃ tudo e em todo o mais fas o serviço de V. Magd. com m.ᵗᵃ pontualidade E aprazimento de todos e o vejo aqui mui amado E p.ᵃ conquistas novas hisso he o que convem para birem em aum.ᵗᵒ e mormente esta que he hum Reino mui grande, e que com tempo se V. Magd. a manda favorecer vira a dar mui grandes proveitos a Real fazenda.

Estes moradores que eu aqui deixo tem muitta nesesidade que V. Magd. os mande socorrer p.ᵃ se poderem Remedear e poderem cultivar por q' os mais delles ande gastar o q' tem em comer e mais em terra tão cara como esta e tão nesesitada como afirmão estar o Para e os mantim.ᵗᵒˢ da terra que elles ande cultivar estão ainda de vaguar p.ᵃ se valerem delles que fazendolhes V. Magd. merce dalgum socorro ficara a fama disso sendo de muita Utilidade a conquista q' com hisso folgarão os homens de a vir busquar que so os prim.ʳᵒˢ annos he o trabalho p.ᵃ quem vem de novo.

Entendo q' não convem mandar V. Magd. a estas conquistas por este anno mais cazais que os que por minha conta se andão navegando por q' não ha ainda que comer nellas E qua dizem q' hum Antonio ferreiro esta obrigado a trazer 40 cazais das jlhas; pera o anno poderam vir q' avera muita farinha porq' eu tenho mui disposto todos os principais das Aldeas q' fação grandes Resgates e de prezente não esta o para p.ᵃ poder sustentar tantos moradores que quando a terra estiver de

pas são nellas mais nessesarias q' em todas guarde nosso
s.ᵒʳ a catholica pessoa de V. Magd. por longos annos.

Maranhão E mayo—6—619.

*Jorge de lemos de Betancor.*

26

9 de Maio de 1619.—Carta de Jeronymo Fragoso de Albuquerque
dando conta a El-Rei do estado em que encontrou a Conquista do Pará e necessidades que ella tem.

Snr.

Foi d's servido trazerme a esta conquista do pará
c'o o q' pera ela vinha a salvamento a qual achej mais
quieta algum tanto per a nossa gente depois de aver preso
ao cappitão mor fr.º caldr.ª de castel branco faser pazes
cõ hus poucos de tapuias de q' se tem vallido nesta ocazião de sua necessidade q' lhe forão de mujto prestimo
posto q' o não são pera a guerra por serem pr.ª pouco
o g.ᵈᵒʳ tera avizado a V. Magd. de como me enlegeo com
paresser do povo pera Vir socorrer a esta conquista pelos
Resp.ᵗᵒˢ que tambem diria ordenando q' fizesse guerra
ao gentio tapinamba que he o q' se rebelou matandonos
tanta gente branca quanta he sabido de q' não sej a
quem culpe.

En chegando fiz diligencia pera saber do estado dos
inimiguos achej por nova serta q' estão fortificados asima
desta povoasão cousa de sessenta legoas c'o infinito gentio
tapuia que asy tem aggreguado afora todo o mais que
procurão sem descansar que he o resp.ᵗᵒ porq' terão já
oje vinte mil homens de peleia consiguo detrimino ir
pessoalmente darlhe guerra pera donde me partirey dentro
de dez dias pello grande danno q' se seguirá de qlq.ʳ
dilassão q' aia por q' não tão somente a fortificarão cada

ves mais mas ainda nos deixarão sem gentio q' possamos ter de nossa parte sem o q.¹ será cousa impossivel sustentarçe a conquista por mais força q' se nella metta.

Da terra e propriedade della não diguo nada porq' não sei de informar senão do q' sei de vista e não de cousas fantasticas das quais se não tira mais fruito que descredito quando se achão o contrario aguora c'o esta saida q' fasso do q' alcansar q' será o mais q' puder avisarei a V. Magd. do q' achar na verdade e de alguns segredos do Curuppa e cabo do norte que tambem trago a minha conta saber delle pera V. Magd. mandar acodir ao q' for mais seu serviço.

Encommendoume tambem o g.ᵈᵒʳ m.ᵗᵒ buscasse outro sitio pellos grandes inconvenientes deste e cõ a ordem que achej de V. Magd. na mesma materya fiz diligencia e em hua paragem coatro legoas daquj pera o mar a q' chamão a ponta do mel me paresseo muj acomodada a nossa pertenção porq' tem seu porto o mais seguro que pode ser pello abrigo delle o q' nenhum tempo pode offender embarcassão q' nelle esteia onde pode estar amarradas c'o a proa na terra en seis sete braças de baixa mar e o çitio pera a fortaleza c'o infinita pedra e o da povoassão junto a ella rodeada de agoa muj excelente de que este caresse de man.ʳᵃ que todos andão c'o a cor palida alem de não aver adonde se possa lavar roupa nenhuma e sobretudo ficão os moradores c'o milhor serventia pera se buscar de comer e mais perto do mar donde se podem prover em abundancia pello mujto pescado q' ha c'o muita mais facilidade q' daquj lugar em q' nenhum ha entretanto irceão descubrindo outros citios pera as mais povoassões q' ao diante se farão para segurança desta machina a q' me paresse senão sabera fim pella grandeza deste rio e ilhas q' en sy tem todas povoadas de gentio differente hum do outro o q' primitira d's por sua m.ᵃ se reduza a fé catolica e ao sogeito da Real Coroa de V. Magd. c'o tanto augmento de sua grd.ᵃ q' daquj se anda a outras partes.

Frc.º Caldr. mando entregar as just.ᵃˢ de V. Magd.

não sendo possivel ir ao brazil donde o g.ᵒʳ esta Baltezar Roiz q' he o cappitão elleyto vay tambem na conformidade do meu regimento V. Magd. mandará prover no cazo como lhe paresser.

Mandoume o g.ᵒʳ acodir ao aperto en q' esta conquista esta e a remediar os desmanchos della q' são infinitos. E c'o saber deserto o trabalho q' avia de ter asy nas guerras como do q' he necessario pera a conservassão do gentio e aquietassão dos moradores não puz diante mais q' o serviço de V. Magd. offeresendo-me a elle c'o o gosto q' sempre tive de acodir as obrigassões de quem sou e prometendome o g.ᵒʳ q' daquj me iria pera essa Corte tanto q' desse a guerra e deixaria em meu lugar quem me paresseçe achej no fim do Regim.ᵗᵒ q' me deu q' me não fosse desta conquista sem expressa ordem de V. Magd. porq' asy entendia q' convinha a seu serviço como vy c'o este presuposto q' asima digo não me prevenj de q' era necessario pello que se V. Magd. ouver por bem q' eu qua assista mais algum tempo seja c'o me fazer mercê do ordenado de Salvador Correa dessá pois a parte em q' sirvo he de tão differente trabalho e risco como se deixa ver e este se me pague en pernãobuco porq' me não atrevo a sustentar pello gasto q' tenho forçozo c'o duzentos mil reis de prassa fazendome juntamente en mandar difirir a minha consulta q' esta em madrid a mais de anno e meio na conformidade de meus serviços porq' eu não me prezo de servir a V. Magd. cõ papel e tinta escrevendo vidas alheas nem gastando tpo nisso como fazem mujtos senão c'o as armas nas mãos de ordinario procurando dar de my a cõta q' convem a qualidade de minha p.ª e pello q' se tem feito nesta conquista en coatro annos q' se comessou julgará V. Magd. q' vaj ter nella p.ª q' a fassa ir para diante e não pera tras como vemos e cõ tanta mizeria q' eu me corro de ver q' se não tem sabido de nada c'o tanta despeza da Real F.ᵈᵃ de V. Magd. p.ᵒ a q.ⁱ he bem mandarme os poderes q' semelhantes partes requerem e p.ª o mais q' convem ao serviço de V. Magd. p.ª poder atalhar a m.ᵗᵃˢ

sem razões q' ha e ahj mais nas praças q' he muj necessario darençe as p.ᵃˢ q' as meressem e acresentarlh as
conforme os serviços q' fazem e tem feito e deminuil as
a quem nem cõ hum arcabus sabe tirar tendo as de capitão e outras q' callo q' por aderencias tirão o premio
de quem o meresse e isto he fallar com quem tem m.ᵗᵒ
conhesimento das couzas do Brasil e do serviço de V.
Magd. en q' me criej.

He muj importante ao serviço de V. Magd. mandar
por cobro nos pagamentos dos soldados p. q' se não pre-
mitte em lei homana e divina venderçe lhe o que val
sincoenta por coatrosentos en q' os contratadores procurão seu interece tanto contra o remedio dos pobres q'
não tem mais q' o q' V. Magd. lhe da por o servirem.

Ant.º d'alboqr'q. cappitão mór do maranhão veio p.ᵃ
esta conquista pera ver o estado della e informar a V.
Magd. vaj a seus requerimentos a essa corte delle pode
saber particularmente de tudo p. q' he p.ᵃ digna de fee
e credito e q' saberá dizer o q' pera bem do serviço de
V. Magd. he necessario advertir de q.ᵗᵒ convem mandar
acodir a conquista do maranhão antes q' o gentio delle
se aruine p. q' em minha prezença se fizerão alguns ex-
cessos q' estranhej e sabe d's o q' fora se me não achara
lá cõ tudo o não hej por seguro esta conquista esta falta
de mujtas couzas importantes a ella e pera se descu-
brirem as de que até aguora se não sabem pello q' assima
diguo deve V. Magd. mandar o q' por este rol pesso se
dê cõ brevidade porquanto senão pode fazer nada sem
isto.

Mandandome tambem licença pera dar terras e confirmar as q' pella do g.ᵒʳ tenho dadas pera os homens
comessarem a fazer suas lavouras q' não tem princi-
piadas asy pello aperto em q' estão como por não saberem donde esta povoassão estaria o de q' V. Magd.
a de mãdar prover de prezente pera se saberem dos segredos desta conquista sem ariscar gente he o seguinte
Primeramente muita polvora e chumbo, murrão e
arcabuzes q' não ha cõ ser a arma q' qua he só de pres-

timo e os ynymigos terem em seu poder todos os dos homens q' matarão q' dizem serião setenta.

E porq' detrymino cõ o favor de D.ˢ por esta conquista em diferentes termos do q' até agora esteve e sem risco algum das vidas dos homens q' a V. Magd. servem nestas partes adquerindo a maior parte do gentio a nossa amizade; vira ferramenta de toda a sorte tirado eixadas q' não uza e ferro asço pera se fazer algua qua a seu modo.

P.ᵃ dadivas q' he forçado fazerençe a principais virão alguns pannos de pouco custo de cor aprazivel pera suas vestiduras de q' relevão mujto c'o guarnição gaitejras pera se fazerem a seu uzo e gosto.

Virá tambem algum vinho pera os convites que lhe fazem em tpo que se delles tem ruim presumpção cõ o q.ˡ descobrem todas as treições q' entre sy tem ordenadas e c'o facilidade se remedeão enq.ᵗᵒ não estão firmes na pás q' com elles detrymino fazer.

Tem esta conquista mujta neçessidade de hua tenda intr.ᵃ de ferro q' a não escuza o oficial pera ella e assy mais outro carpıntr.º da Ribr.ᵃ pera se fazerem as embarcassões q' se requerem pera o desenvolvim.ᵗᵒ de tudo e segurança asy dos homens como das armas p.ᵃ o q'ha muj grandes madr.ᵃˢ e na relassão que pretendo mandar a V. Magd. muito verdadeira farei menção do prestjmo dellas.

Pr.ᵃ as embarcassões q' ha e as q' se ande fazer se ha mister panno p.ᵃ vellas de q' estamos faltos enxarcea de toda a sorte e cabos p.ᵃ se amarrarem algua graxa e breu enquanto se não descobre q' sej o ha p.ʳ negligençia se não tem sabido delle fio e agulhas p.ᵃ se fazerem as vellas.

Alguns panos pera os soldados se vestirem e del·º m.ᵗᵒ q' he o de q' de contyno andão vestidos azeite dosse cõ isto e algumas pelles escusavão o mais chapeos tambem são neçessarios e espero na m.ᵃ divina que ha V. Magd. de poupar mujto de sua real faz.ᵃ nestas partes e q' dellas a de prover outras mais apertadas p. q' em o gentio estando de pas tudo irá em mujto cressimento e não se consumirá tanta gente nesta conquista q.ª se consumio sem ordem.

Rede tambem avemos mister pera pescar q' he nessesario e hua botica pera os doentes.

G.ᵈᵉ D.ª a catholica e real·pª de V. Magd. Do Pará em 9 de Maio 619. Vasalo de V. Magd. Hieronimo Frag.º dalbuquerque.

## 27.º

Petição de Francisco de Frois e lista de serviços que allega.

Francisco de frois que ha sinco annos que serve a Vosa Magd. embarcandose na era de mil e seis centos e quinze no primeiro socorro q' foi ao Maranhão em companhia do Capitão mor francisco Caldeira de castel branco

E na dita Conquista asistio trabalhando na fortificação da fortalesa ate os franceses a entregarem a Vosa Magd. como consta da primeira e setima sertidão que apresenta

Domde se embarcou em comp.ª do dito Capitão mor em descubrimento do gram rio para o amazonas onde asistio tres annos como consta da terceira sertidão

E outro si oferecemdose ir dar hua guerra ao gentio por certa rebelião q' avião feito o dito francisco de frois se achou nela fazendo o q' lhe tocava com satisfação e obidiencia como consta da terceira sertidão

he se embarcou da dita conquista p.ª a capitania de pernãobuco a curarse de hua ferida perigosa q' em serviço de Vosa Magd. recebera.

he dela se tornou a enbarcar voluntariamente para a dita comquista en comp.ª do Capitão mor jr.ᵐᵒ fraguoso dalbuquerque o quoal por ver seus serviços e sulficiencia ho emcarregou do cargo de sargento q' fica servindo actualmente como consta da provizão q' oferese he da segunda sertidão pelo q' p A Vosa Magd. visto ho q' alega em pagua de seus serviços ho mande prover no oficio de apomtador da dita comquista ou da do Maranhão pois em ambas tem servido com praça q' tem os alferes das ditas partes providos por Vosa Magd. com todos os prois e percalsos—E. R. M.

*Fran.*<sup>co</sup> *de frois.*

fran.<sup>co</sup> de frois que para bem de seu requerimento lhe he necessario o treslado de huas certidois que tem em seu poder pede a V. Magd. mande ao escrivão publico lhe de o treslado dellas ficando os proprios em poder delle supplicante e receberá merce.

passe como pede para hoje onse de mayo de seiscentos e desanove annos Manoel calado de lima.

Hieronimo dalbuquerque fidalgo da casa de sua magd. capitão e pr.º conquistador desta nova provincia do maranhão pello dito Senhor ett.ª certifiquo pello juramento dos santos evangelhos que mandandome o governador e capitão geral deste estado do brazil gaspar de sousa em Junho passado socorro de gente e mantimentos do qual veo por capitão mor francisco caldeira de castel branco, veo tambem no dito socorro francisco de frois por soldado do capitão Jeronimo dalbuquerque de mello o qual trabalhou e asistio no servisso de sua magestade como convinha procedendo em tudo com boa satisfação de seos officiais e passandome com o meo arraial do forte santa m.ª para hesta ilha de jtapari onde estava o frances e fasendo nella minha fortificação o dito francisco de frois trabalhou nella com todo o cuidado e diligencia assi no que tocava a faser suas vigias como na fortificação e cousas do servisso de Sua Magd. o fasia como bom soldado e assi mais tendo aviso do capitão mor Alexandre de moura da armada e socorro con que vinha para hesta conquista para cometer por mar o forte do frances

me parti por terra com o meu arraial para o dito forte
a lhe dar poi terra vindo o dito francisco de frois acom-
panhando seu capitão na companhia da retaguarda e
fasendo sempre como bom soldado e asistio nesta conquista ate o frances nos largar o forte para Sua Magd.
e por assi passar na verdade e me ser pedida a pres.ᵗᵉ
lhe mandei passar por mim asinada e sellada com o
sello de minhas armas no maranhão a vinte e dous de
desembro de mil e seis centos e quinse Jeronimo dalbuquerque maranhão.

—

Jeronimo fragoso dalbuquerque capitão mor desta
conquista do para certifico que apresentandome eu em
pernambuco heste março passado de mile seis centos
e desanove para socorrer a dita conq.ᵗᵃ pella rebelia e
morte de muitos homes brancos que nella avião feito
os topinambas hum dos soldados que de novo se tornou a offerecer para me acompanhar avendo estado na
dita conquista tres annos sendo dos primeiros conquistadores e descubridores della foi francisco de frois,
ao qual vendo sua sufficiencia e partes por entender
podia dar boa conta de tudo o q' lhe fosse encomendado
emcarreguei do cargo de sargento de hua companhia o
qual fica servindo autualmente com boa satisfação e obediencia de seos maiores o que tudo juro pello juramento
dos santos evangelhos e por me ser pedida a prezente lha
mandei passar por mim assinada e sellada com o sinete
de minhas armas em sete de mayo de mil e seiscentos
e desanove annos. Jeronimo fragozo dalbuquerque.

···

Jeronimo fragozo dalbuquerque fidalgo da casa de
Sua Magd. e seu capitão mor da conquista do gram para
e rio amasonas com poderes do g.ᵒʳ geral do estado do
brazil Dom luis de sousa ett.ᵃ faço saber aos que esta
minha provisão virem q' avendo respeito as partes su-
fieucia e serviços que francisco de frois tem feito a Sua

Magd. asim nesta conquista como na do para hei por bem e serviço do dito s.ᵒʳ de o prover no cargo de sargento da companhia de que he capitão diogo de miranda e com o dito cargo vencerá de ordenado cada mes sete crusados e esta se registara nos livros da fasenda da dita conquista do para aonde ade vencer seos pagamentos comforme a ordenança e asim mando ao dito capitão diogo de miranda por virtude desta minha provisão meta de posse no dito cargo de sargento ao dito francisco de frois e assim aos soldados da dita companhia o conheção e ajão por seo sargento e guardem suas ordens como se por mim lhe forem dadas nesta cidade do maranhão sob meu signal e sinete de minhas armas aos onse de abril de mil e seiscentos e desanove annos Jeronimo frᵉgoso dalbuquerque: fica registada no livro dos registos a folhas sescenta e nove. Christovam vas betancor.

—

Dioguo botelho cavaleiro fidalgo da casa de Sua Magd. sargento mayor desta conquista do gram para e Amasonas pello dito s.ᵒʳ certifico, que aprestandoce no maranhão em desembro de mil e seiscentos e quinse a armada e descubrimento desta dita conquista pello capitão mayor Alexandre de moura hum dos soldados que nella veo voluntariamente foi francisco de frois o qual na fortificação desta fortalesa trabalhcu com muito cuidado e oferecendoce outro si ir eu e o capitão Paullo da Rocha por adjuntos e unanimes por mandado do capitão mayor francisco Caldeira de castel brãco ao certão a buscar farinha por estar naquelle tempo a fortalesa falta de mant.ᵗᵒˢ e juntamente dar hua guerra ao gentio pacayas por certa rebelião que avião feito onde se matarão perto de mil indios e se tomarão e desbaratarão muitas canoas hum dos soldados que na dita occasião me acompanhou foi o dito francisco de frois o qual no descurso da viagem e todo o tpo que nella se gastou fes tudo o que por seos oficiais lhe era mandado com muita satisfação e obediencia o que tudo por assi passar na verdade pello juramento dos santos evangelhos e por me ser pedida a presente lha passei por mim assinada em dose de mayo de mil e seiscentos e desanove annos o sargento mayor diogo botelho davide.

Antonio dalbuquerq' capitão mor que foi da conquista do maranhão dos primeiros conquistadores e descubridores delle certifico que mandando o g.ᵒʳ e o capitão geral do estado do brazil gaspar de sousa em junho de seiscentos e quinse hua armada de socorro de que vinha por capitão mor francisco caldeira de castel branco nella veo francisco de frois o qual trabalhou e asistio no serviço de sua magd. como convinha com obediencia de seos officiais e passandosse a g.ᵗᵉ do forte santa m.ᵃ para a ilha de itapari e fasendoce nella fortificação o dito francisco de frois trabalhou nella com muito cuidado, e assi mais avendo aviso do Capitão mor Alexandre de moura da armada com que vinha para a dita conquista para por mar cometer o forte do imigo partio tambem gente por terra em a qual foi o dito francisco de frois e asistio na dita conquista ate o frances largar o forte para sua magestade o que tudo por passar na verdade juro pello juramento dos santos evangelhos e por me ter pedido a presente lha mandei passar por mim assinada e sellada cõ o sinete de minhas armas em trese de mayo de mil e seiscentos e desanove An.º dalbuquerq' maranhão os quais treslados de sertidoens e provizão eu Ant.º frz. Ribr.º tabalião do publiquo judisial e notas nesta conquista do gram para e amasonas fis tresladar das propias sertidoens e provizão que torney a parte e com ellas e este treslado consertei e a ellas me reporto sobescrevy e asiney de meus sinais publiqxo e razos que tais são. Para quinse de mayo de seiscentos e desanove annos.

*Ant.º frz. Ribr.º*

Consertado com os proprios que torney a parte.— Ant.º frz Ribr.º

Christovão vaz de Betancor escrivão da fazenda de sua Magd. nesta conquista certifico pelo juramento de meu carguo q' o signal publico da certidão asima he de Ant.º frz Ribr.º q' ora serve de tabalião do publico judicial e notas.

Para 16 de mayo de 619.

*Christovan vaz de Betancor.*

---

### 28.º

Maio de 1619.—Petições de Francisco de Lião, lista de seus serviços e attestados.

Francisco de lião que elle tem servido a vossa Magd. de quoatro Anos a esta parte que comesarão no Ano de seissentos e quinze.

Embarqandose com ho capitão mor Alexandre de moura que veio em hua armada de socorro ao maranhão E asestio na ditta comquista athe se entregar A V.ª Magd.

E ahi se embarquou em companhia do capitão mor francisco Caldeira de Castel branquo ao descobrimento da conquista do gram Pará e Ajudou A fazer A fortaleza de Bethlem e foi A fazer pazes as Aldeas do Caite em companhia do capitão pedro Tey.ra

E no tempo que ho gentio se levantou foi elle supp.te em companhia do sargento mor A Aldea de coma dar no enemiguo e loguo dali foi ao sertão de Iguoaa a Recolher hua lancha e gente que estavão fazendo mantimentos donde ho tiverão serquado Alguns dias e vindo ho cappitão mor Jeronimo fraguoso d'Albuq.e a dita conquista vendo o seu bom prosedimento o proveo no carguo de sargento q' vagou de Antonio de Carvalho faiardo que por provisão de V. Magd. posuhia como tudo consta do treslado da provisão do dito capitão mayor e mais sertidoens que hoferece pelo que P. A V. Magd. que avendo respeito a seus serviços em satisfação delles lhe

faça m. confirmar o dito carguo de sargento que Autualmente serve asi he da maneira que o dito Ant.º de Car·
valho faiardo posuhia com o mesmo ordenado.

Francisco de lião.

O sargento fr.º de lião q' a elle lhe he nessesario
p.ª bem de seu Requerimento o treslado de hua provisão que tem do capp.ᵃᵐ mor Jeronimo fragoso dalbuquerque.

P. a V. M. lhe mande dar em modo que faça fee —
E. R. M.

Passe como pede oje dezaseis de maio de seiscentos
e dezanove anos. Manoel Calado.

Treslado que se pede

Hyeronimo fraguozo de albuquerq' fidalgo da casa
de sua Magd. seu capp.ᵃᵐ mor nesta conquista do gram
Para famoso Rio dos amasonas com poderes do governador geral do estado do Brazil Dom Luis de sousa
etc. faço saber aos que esta minha provisão virem que
avendo Respeito a suficiencia de fr.º de lião E a ser dos
primeiros conquistadores desta dita conquista Ei por bem
e servisso do dito S.ᵒʳ de o prover no carguo e serventia de sargento que ora avagou de Ant.º de Carvalho
farjado por melhoramento que teve em prassa de Alferes
que o servira Emquanto Eu asim ho ouver por bem E
sua Magd. não mandar o contrario e com elle avera ho
ordenado que tinha o dito Ant.º de Carvalho asy he la
manr.ª que na sua provisão se conthem. E esta se registrara nos livros da fazenda desta comquista pera por
ella aver so os paguamentes na forma declarada notifico
asim ao provedor da fazenda de sua Magd. desta dita
conquista lhe mande dar a posse do dito carguo E asi
a todos os officiais e mais soldados ajão e tenhão ao
dito fr.º de lião por sargento de hua companhia na sobredita manr.ª... juramento em minhas mãos de bem e in-

teiramente ho servir guardado En tudo o serviço de sua
Magd. pera o que lhe mandey passar o presente sob meu
sinal e sello de minhas armas Para o primeyro de **Mayo**
de seis sentos e dezanove annos Hyeronimo frz.º dalbuquerq' seja Registrada no livro da fazenda do Para oie
seis de maio de seis sentos e desanove annos · o
quoal treslado de provisão eu Antonio frz. Ribr.º Tabalião do publiquo judisial e notas nesta comquista do
gram Para e amazonas fis tresladar da propria provisão
que torney a parte e com ella este treslado consertey e
a ella me Reporto sobescrevy e asiney de meus sinais
publiquo E razos que tais são Para dezasete de mayo
de seissentos dezanove annos.

Ant.º Frz. Rib.º

Consertado com o proprio q' tornei a parte por
min T.ᵃᵐ

Ant.º Frz. Rib.º

Christovão Vaz de Betancor escrivão da fazenda
certifico q' o signal publico e subscripsão dos papeis
asyma he de Ant.º frz. Ribr.º tabalião nesta conquista.
E por verdade assino. Para 17 de Maio 619.

*Christovão Vaz de Betancor.*

---

29.º

Informações prestadas por Manoel de Sousa Deça a respeito de
Belchior Vaz, Francisco de Lião e Francisco de Frois.

Enformação de Manoel de sousa deça sobre tres homens que aqui está suas petições.

Antes de satisfaser ao q' V. Magd. me manda convem ao serviço de V. Magd. hua lembransa e he que
da gente da guerra do maranhão E Pará q' vem requerer,

ha huns q' forão os primeiros q' gainharão a terra as pelouradas com a Espada na mão com muito risco de suas pessoas padecendo muitas fomes e necessidades trasendo a madeira as costas pera as fortificações q' se fiserão, outra q' forão en tempo. q. nada disto ouve, E porq' os q' maes merecem veio q' menos alcansão o que deve de proceder de não enformarem a V. Magd. com esta differensa. me pareceo devera fazer esta lembrança, para q' V. Magd. sendo servido mande se faça distinção nas enformações entre esta gente pera q' assi a haia na renumeração dos serviços.

Enformação de Belchior Vaz.

Satisfazendo ao q' V. Magd. me manda me parece dever V. Magd. sendo servido faser ir a Belchior vas por ser dos primeiros conquistadores do Maranhão E estar servindo de Capp. da aldea de Pacoriuba, de q' he principal mandioqua puba de o confirmar na d.ª capitania E administração da d.ª aldea; pello tempo que V. Magd. for servido com praça de cabo de esquadra q' são outo crusados cada mes, q' com este ordenado e proes e percalsos q' semelhantes administrações custumão dar se podera mui bem sostentar isto me parece V. Magd. pode mandar o q' for servido.

Enformação de francisco de leão.

Francisco de leão foi com Alexandre de Moura ao maranhão, E dos primeiros q' entrarão no Para, onde tem servido com satisfação, me parece deverlhe V. Magd. sendo servido faserlhe merce de lhe confirmar a provisão de sargento cujo treslado appresenta, q' lhe passou hieronymo d'albuquerque pellos respeitos. V Magd. podera mādar o q' for servido.

Enformação de francisco de frois.

A Francisco de frois pellos serviços q' allega pode V. Magd. sendo servido faser m.ᵉ de apontador das obras do Pará por tres annos com seis crusados cada mes q' he praça de soldado, q' nesta forma o provi quando la estive em hum hieronymo que ia esta neste Reino e não tornava, e convem a fazenda de V. Magd. aver este officio pello q' la me aconteceo sendo provedor. E foi, q' dous ferreiros q' la avia e hum pedreiro me fiserão petição lhes mandasse pagar as obras q' tinha feito a V. Magd. pera bem da fortalesa a custa do roes q' emportavão maes de trasentos mil, E enformandome eu do q' passava achei q' ao som das obras de V. Magd. se fasião as dos maes da cõquista pello que lhes não mandei pagar nada, E ordenei ouvesse apontador, q' poes a fortalesa não valia tresentos como pedião de obras della tresentos mil isto me parece. V. Magd. mandara o q' for servido.

*Manoel de sousa deça.*

-----

## 30.º

9 de Dezembro de 1619.—Carta dos Camaristas de S. Luiz do. Maranhão a El-Rei narrando a installação da primeira camara do logar e serviços que vae fazendo.

Senhor.

Humilmente Beixamos a mão A V. Magd. os officiais da camara desta sua cidade de são luis do maranhão em nome de todo este povo pela muy sinalada Mrc. q' fez a portugual E a suas comquistas em vir vezytar este Reyno E fazer-lhe a seus vasalos Mrc. com q' esperamos na Real grandeza de V. Magd. nos alcançara muyta parte asìm pelo muyto cabedal q' os snores Reis pasados meterão no descubrimento desta comquista perdendo sobre isso muytas armadas E vasalos como por ela se comquistar no felice tempo de V. Magd. e com muito trabalho e sangue dos comquistadores a cujo exemplo desejamos todos oferecer a vida ao Real serviço de V. Magd. em lhe fundar aqui hu novo imperio pera q' a terra tem grande desposição Em Riquezas, bondades e largueza.

Posto q' temos escrito a V. Magd. por tres vias como não tivemos Reposta ategora e os susesos do mar são incertos com a boa ocazião da felix vinda de V. Magd. a estes Reinos asentamos a Recitar de novo tudo o q' temos escrito e q' com esta carta fosse a V. Magd. como vay o capp.<sup>am</sup> simão estacio da silveira Beixar humilmente a mão por todos nos e este povo e pedir-lhe ho Bom despacho e Rezulução das cousas de q' damos comta a V. Magd. a quem pedimos seja servido mandallo ouvir e favorecer a cerqua dos negocios desta comquista e seus particulares porq' se ofereceo per isto cõ bom animo.

A criação desta cam.<sup>ra</sup> teve principio cõ a chegada de jorge de lemos de betancor e da gente que V. Magd. por ele Mandou trazer a esta comquista e sentarão o cap.<sup>am</sup> mor dela dioguo da costa machado E o provedor da fazenda Luiz de madureira E juntamente hos homens bons da comquista q' Comvinha ordenasse Republiqua e cidade p.<sup>a</sup> augmento da comquista e Bom governo dos m.<sup>res</sup> o q' ategora se não avia feito por estarem as cousas muito nos principios posto q' avia pera isso muitas ordens de V. Magd. do governador geral deste estado comunicandose isto com o dito jorge de lemos ho aprovou he com sua asistencia E intervenção se ordenou a camara procedendo chamarse o povo com bando p.<sup>o</sup> e tomarão todos tres os votos om q' sahirão por eleitores Ruy de sousa E o cap.<sup>am</sup> pero da cunha davila e o seu alferes Symão da Cunha e Alvaro barbosa de Mendonça estes da comp.<sup>a</sup> do dito jorge de lemos e da terra o sargento mor desta comquista afomsso glz. fr.<sup>a</sup> e e cap.<sup>am</sup> bento maciel parente E por votos destes q' se ordenarão na forma da ordenação sahirão por juizes p.<sup>a</sup> este anno os capitãis simão estacio da silveira e Jorge da costa machado E por vereadores o dito alvaro barboza e o sargento mor E Antonio vaz borba e por procurador sahio Antonio Symõis q' todos desejamos mostrar no serviço de V. Magd. o zello q' he nesesario pera lhe fundar hua nobre cidade tanto dos principios como esta em q' figuamos entendendo na aRumação das ruas em traçar as fontes no piovimento dos mantimentos na fabriqua da igreja E caza do comss.º cadeia e mais obras pp.ⁿˢ q' vosa Magd. por sua grandeza e Re..l clemencia deve ser servina mandar favorecer com algua ajuda p.ª q' se comsiguam os bons intentos com q' mandou comquistar estas provincias e posão nesta cidade Reduzirse os gentios a nosa samta fe catholica E aver nele as grandezas e utylidades q' se esperão a fazenda de vossa Real Magd. E vassalos.

Porq' he muito aparelhada esta provincia e m.ᵗᵒ dilatada cõ grandes Rios q' Regam excelentisimas terras huas de maçapezes muito mais extendidos q' as vargias de pernãobuquo outras de grandes matos e madeiras em q' cada dia se vão descubrindo muitas de grande preço e outras infinitas cousas de muito prestimo e pesquados monterias he aves de grande utylidade E cujas partyculardades se fiquaram fazendo mais largas Relaçõns para se emviarem a V. Magd. cõ alguas mostras q' como isto se hordenou ha tam pouquo tempo não ha ainda lugar nem ordem pera se fazerem como comvem e são estas provincias do maranhão quapazes de imriquecer em pouquos anos quoanta gente a em espanha E muita mais e pera isso sera muito conveniente q' venhão nestes principios homens de cabedal e artifices especialmente de embarquaçõins cõ q' se posa vadear o muito q' ha q' descubrir e lograr o q' esta descuberto e assy serradores e a servirem os indios por administração como nas indias e o muito q' importa a esta conquista q' os reveis sejão cativos e q' se não hinovem as ordens sobre isso dadas por não dar ocaziam a aver novas imquietaçõns entre os indios e pertubação dos m.ᵉˢ e q' venhão a terra criaçõis como são vaquas, quabras ovelhas eguoas e porquos q' facilmente podem vir asim do Brazil como do cabo verde e q' pelos pagamentos dos soldados venhão a terra alguns escravos de guine q' de angola e dos rios podem vir baratos e algum dr.º pera o meneio e governo do povo e cõ apertadas ordens q' não saya da terra e por entretanto ho não ha ordenamos q' corrão os pagamentos do almazem de V. Magd. pelo mesmo valor e q' pasem por moeda mas sempre isto he molesto e confusão entre nos por q' não ha trocos nem com que comprar meudezas.

ho q' pedimos a V. Magd. em nome deste povo se sirva de mandar a ele frades franciscanos q' he gente humilde pouco cobiçosa e boa de contentar muito amada e desejada do gentio pelo muito que estimavão os Religiosos franciscanos q' aquy estiverão e q' lhes mande V. Magd. dar hua ajuda pera fabriquarem mostr.º e hua ordinaria de vinho e farinha cera ornamentos e a maior fabrica p.ª a samchristia.

E isso mesmo seja V. Magd. servido de mandar fazer a capela mor e samchristia da igr.ª matris q' ja não cabe a gente na q' avia e provela com ornamentos e hum ritabolo com tres imagens hua de nossa senhora da victoria q' he o orago da jgreja em lembrança da q' D ˢ foy servido dar nesta conquista contra os francezes, outra de sam felipe avoguado da fortaleza q' se fundou com o nome de V. Magd. e outra de são luis q' he o nome da cidade e asy de hum palio para sahir o Sr.ºr fora vinho farinha cera por ordinarios E a mais fabriqua pera ho altar e ornamentos da capela mor e de mandar prover a Ig.ª de dous sinos e hu Relogio e hum orgam e organista pera se celebrarem os oficios divinos cõ a solenidade devida.

E pera esta camara pedimos a V. Magd. seja servido mandarnos a provizão dos cidadãos do porto q' V. Magd. concedeo a estes novos m.ʳᵉˢ pera as suas camaras e asy nos he muito nesesario o livro das ordenaçõis do Reyno para o comss.º cõ q' nos guovernemos e hua bandeira pera sahirmos fora nas procisois e vinte varas vermelhas cõ as armas pintadas p ª os oficiais da camara e dous livros hu pera se Registarem as provisois de V. Magd. e outro pera os asentos e algum papel e hua campainha e tinteiro de latão cõ salva porq' o concelho não tem ainda atheguora nenhu quabedal nem renda nem ha aquy ho para q' posa suprir estas cousas porq' de tudo esta ainda a terra falta e a muytas obras p.ᶜᵃˢ a q' acudir e quada hum as suas particulares.

E nesta entrada devia V. Magd. ser servido mandar dar de sua fazenda algum socorro a estes poucos m.ʳᵉˢ q' chegarão e aos mais q' se esperão porq' quasy todos estão em estado q' vivem do q' damos de nossas casas adevertindo a V. Magd. o muyto q' importa a esta comquista ser governada pelo capitão mor dioguo da costa macbado por seu bom zelo e christandade em quem todos hos m.ʳᵉˢ e os mais q' de novo vierem acharão pay e emparo e os alementa e sostenta do seu com muita largueza e caridade por onde todos desejão e procurão fiquar aquy e os indios estão delle muito contentes e conformes vezitando e provendo esta cidade do nesesario porsua vontade com muito gosto dizendo q' agora estão a sua vontade e se tem por forros e livres e sendo cazo q' V. Magd. lhe aja de dar licença como ele pede pera se hir se lembre da muita importancia desta conquista e quamto comvem ser governada pera seu aumento por hu homem velho expremcentado de boa conciencia desenteresado e afamado como he o dito cap.ᵃᵐ mor.

E V. Magd. deve ser servido mandar a esta comquista todos os quarenta cazais q' Ant.º p.ʳᵃ provedor da fazenda das ilhas se obrigou a mandar a esta parte e a mais q' delas ouver de vir a povoar por q' o para esta muito uos principios e não se espera q' estão vivos os valentes soldados q' la estavão ja afeitos a guerra e a fome quoanto mais os pobres desarmados cõ molheres e meninos gente miseravel doente do mar e chegada de novo posta em estado q' não trazem couza algua com que se Remidiar nem vestirem mais a morrer que a povoar tam largas terras como forão e são estes que aquy estão vindos na comp.ᵃ de jorge de lemos e isto pelo respeito de no para estar o gentio todo levantado como V. Magd. já dever ser avizado asy pelo g.ᵒʳ Dom luis de sousa como por via do pataxo q' ahy veio trazer o socorro em o qual veio André p.ʳᵃ p. cap.ᵃᵐ e por outras vias q' tambem temos avizado por este teor a V. Magd.

E asy deve V. Magd. mandar pera a gente q' vier e qua está armas espingardas arcabuzes q' servem p.ª as guerras destas partes E quoanto mais pequenos e leves milhores cõ seus frasquos e polvora e as mais moniçõis especialmente quatro bandeiras e hoyto tambores e quatro venables e duas trombetas bastardas q' tudo he pera o serviço de V. Magd. e pera lhe fazermos hua grande colonia nestas partes e esperamos em deos q' com seu devino favor e com o que de V. Magd. e sua real grandeza esperamos pedimos avemos m.,º cedo de por esta comquista em bom estado edefiquando nella hua nobre sidade em q' se faça hua famosa colonia da christandade em estas partes de muyto Rendim.ᵗᵒ a fazenda de V. Real Magd.

Jorge de lemos de betancor avendo estado nesta comquista perto de quatro meses tratou de se hir pera o para dizemdo q' V. Magd. o mandava la a negocios de importancia a q' esta camara acudio porquanto fiquava o povo clamando sem lhe aver dado terras e punha ele duvida adolosa os comquistadores e pesoas q' autualmente estão servindo na comquista e vindo sobre isto a esta camara por alguas vezes se lhe apontou q' a provizão que ele trazia pera dar as terras não lemitava q' o fazia só cõ a gente q' ele trouxera das hilhas em sua companhia coanto mais q' deses estava a maior parte sem datas e q' a dita provizão se Remetia aho Regimento de manoel de sousa no qual se contem q' serão preferidos no repartir das terras os comquistadores e os q' actualmente estão servindo na comquista e asy se lhe fez lembrança como V. Magd. manda q' com a gente q' ouvese de deixar nesta comquista ordenase hua povoação na parte onde com o cap.ᵃᵐ mor dela asentase ser mais cõviniente e por não soseder em nenhua destas cousas se pasou hum prequatorio desta camara p.ª o cap.ᵃᵐ mor desta comquista d.º da costa machado e p.ª o provedor da fazenda luis de madureira em q' se lhes pedio detivesem ao dito Jorge de lemos até dar cõprimento as provizõis de V. Magd. e eles como tão zelosos do serviço de V. Magd. mandarão embargar o navio e tomarão lhe as velas e insistindo o dito Jorge de lemos e sendo alguas vezes chamado a esta camara donde estavão o dito capitão mor e provedor da fazenda se asentou q' pois não avia outro Remedio cõ o dito Jorge de lemos q' o navio se despachase cõ recado a V. Magd. pera prover como fose mais seu real serviço ficando entretanto o dito Jorge de lemos na conquista pera dar comprimento ao q' V. Magd. ordeuasse e antão sosedeo o dito Jorge de lemos em dar as terras conforme ao Regimento e sobre a povoação fez hua petição das rezois q' tinha pera a não poder fazer ha quoal remetemos ao capitão mor da comquista a quem V. Magd. emcomendava a dita povoaçãc tambem a nosso Requerimento se fez rezenha de toda a gente q' veio nos tres navios da comp.ª do dito Jorge lemos e se acharão noventa e cinquo cazais e neles cõ alguns mancebos mais se acharam quinhentas e sesenta e hua almas as quoais fiquam todas nesta comquista agasalhados e remediados em suas doenças e nesesidades q' forão muytos especialmente na gente q' veio ultimamente no navio de Vianna tudo por ordem e a custa da fazenda do cap.ᵃᵐ mor desta comquista di.º da costa machado q' neste negocio ha trabalhado e gastado muito mostrandose pay de cada hum delles em particular casando e emparando a maior parte das moças que vierão na jornada e muitas delas orfans no q' se tem mastrado muito grande servidor de V. Magd.

E posto que o dito Jorge de lemos tinha obrigação de levar ao para a gente que restasse da terça parte de mil almas q' haqui esta são duzentos e vinte e oito com tudo comsiderando o estado e aperto em q' esta o para e como esta gente são os mais deles mulheres e meninos e homens ynutiles pera ha guerra e juntamente vendose ha capitolo do regymento do governador deste stado em q' dispoem q' estando o para de guerra q' não passe desta comquista venhua desta gente por não hirem comsumir os poucos mantimentos q' ha no para de conformidade do dito Jorge de lemos e do cap.ᵃᵐ mor desta comquista se

asentou q' fiquasem aquy todos como ficão athe V. Magd.
ordenar outra couza as datas q' se lhe derão forão em
utilidade da fazenda de V. Magd. e pera q' todos folgem
de vir a esta comquista aonde ha muyto q' dar deve V.
Magd. ser servido mandalas comfirmar e favorecer as couzas
desta comquista pera q' creça q' tem citio e grandezas
por essa terra firme q' fiquara atras todo ho q' he descuberto no Brazil.

Ate aqui he o q' se tem escrito a V. Magd. desta
camara por tres vias de q' ainda como dizemos não ou-
vémos Reposta.

de novo se oferece dizer a V. Magd. o muyto merecimento e boas partes do cap.ᵃᵐ mor dioguo da costa
machado q' ate hoje esta sustentando a custa de sua fazenda a maior parte da gente q' trouxe Jorge de lemos
hos veste remedia em suas nesesidades e doença ajudando
a dotar as donzellas pobres e pasão de corenta e tantos
os q' tem casado.

E com grande brevidade fez de novo o forte de sam
fràncisco q' se queimou por hum desastre ajudando niso
cõ sua fazenda e pesoa e asim fez hua nobre fonte que
nesta cidade não avia e fiqua aquabando hua grande e
nobre ig.ᵃ matris nesta cidade sobre seu credito e a custa
de sua fazenda no q' esta muy empenhado e se espera
dizerse misa nela pelo natal tambem por sua industria
se descobrirão agora huns gentios q' chamão os barbados
os quoais tem reduzidos a nosa amizade vestindoos e
dandolhes dadivas em q' tem gastado muyto de sua fazenda.

Tem muyto conhecimento e experiencia das cousas
desta comquista por ser dos primeiros comquistadores
e ser homem velho de maduro entendimento e q' tem
mais noticias e conhecimento das cousas desta comquista
q' todos os q' nela ha e asy p.ᵃ V. Magd ser inteiramente informado dos aproveitamentos que nela ha e dos
q' se poderão fazer e esperar ao diante deve ser servido mandalo hir asy e que se trate com elle os meios
convenientes para ho aumento e utilidade desta comq.ᵗᵃ

e como a fazenda de V. Magd. receba dela muito grandes proveitos e nos pelo q' nisto vay a conquista e ao proveito da fazenda de V. Magd. o pedimos de merce.

Como ate agora não ouve cam.ª custumavão os capitãis mores dar as datas de chãos pera as casas nesta cidade aonde estão ainda muitos por dar e por q' isto he jurisdição da camara em todas as partes pedimos a V. Magd. mande declarar q' os capitãis mores senão emtremetão nestas datas nem em nenhua outra cousa q' competir a camara e muyto menos na jurisdição dos juizes ordinarios e causas de justicia dantre os m.ᵉˢ e isto sob tangra vespenas q' a justicia conserve em pas sem ocasiam de controversia q'he o q' V. Magd. mais encomenda Ds. guarde a catholica pesoa de V. Magd. dada em camara nesta cidade de sam luis do Maranhão aos nove dias do mes de dezembro de mil e seis centos e dezanove annos e eu João barbosa de caldas escrivão da cam.ʳᵃ q' o escrevy. Symão Estacio da Silv.ᵃ Jorge de Betancor. o Capitão e sargento mor diogo da Costa Machado. Alvaro Barbosa de mendonsa. Antt.º Symoins. Antonio Vas Borba. pero da Cunha davila.

---

### 31.º

10 de Dezembro de 1619.—Carta de Diogo da Costa Machado a El-Rei.

Sr.

Eu e toda esta conquista Bejamos humilmente A mão A V. Magd. por tão acinallada merce como fez a todo esse Reino E a esta conquista em vir a elle a fazernos merces E com sua Real Prezença emparar as couzas dum Reino E Vassalos tão leais que tamta nessecidade tinhão disto expessialmente os que rezidimos nesta conquista.

Posto que por Alguas Vias tenho escrito A V. Magd. o estado das couzas desta comquista athe oje nã vyo

reposta nem provimento em alguas que apontey E porque com a felice Vinda de V. Magd. Esperamos milhor
expediente nos negocios E que pora os olhos como
verdad.ʳᵒ senhor no muito cabedal que os senhores Reis
passados meterão em descobrir esta comquista perdendo
sobre isso muittas Armadas e Vassallos e no muito
trabalho com que os conquistadores que nella estão a
conquistarão e conservão tenho por nesseçario Ressitar
de novo assy o que tenho escritto como o que de novo
se ofereçe.

Por morte de Jeronimo de Albuquerque que foi
o Cappitão mor que conquistou esta comquista nomeou
pera o governo della a seu filho Antonio de Albuquerque
mansebo de vinte e dous annos E por ter pouqa experiencia fosse eu seu adjunto e ho cappitão Bento
maciel Parentte athe avizar a V. Magd. E como mosso
dava muittas ocazioins a se acabar de Perder A comqista por Alguns principios que danttes tinha acontesido
me foi forçado hir daqui o mes de Outubro de 618 a
esse Reino dar conta a V. Magd. pessoalmente das
couzas que importavão E herão nesseçarias para o augmento assy da fazenda de V. Magd. como desta comquista sucedeu me hir ao Paraa o qual achey desbaratado foi paresser de todos fizesse a viagem por pernãobuqo a dar comta ao g.ᵒʳ geral do estado das couzas
das comqistas, pera que assy podesse acodir com socorro por ser mais perto, Em quanto eu hia emformar
A V. Magd. e ho governador vendo o aperto das conquistas e ho modo Em que eu sobre ellas o emformava
me negou de todo a lissença pera hir a V. Magd. vendo
quam nesseçaria hera minha pessoa nas dittas comqistas pella experiencia E conhecimento que dellas tenho
como primeiro conquistador E homem de sesemta annos.

Trouxe por ordem do governador Entre outras
couzas que tornasse hasistir ao governo desta conquista
com o ditto Antonio de Albuquerque não fiando mais
delle do que seu proprio pay fez que melhor o co-
nhessia E que não querendo nesta forma governar su-

cedesse eu soo no ditto governo pera o que me passou provizão particular.

Estava Antonio de Albuquerque tão Elevado com o cargo e acustumado A fazer tudo a sua vontade que sofreo o meu conselho nem a ordem do governador e sendolhe notificada dezistio do cargo E por este modo succdi eu nelle, no qual comtinuo ha nove mezes trabalhando quanto posso por asertar no servisso de D.ᵇ E de V. Magd. E gastando pera isso quanto posso E tinha de meu como hee notorio.

Tenho sustentado e sustento a gente que aqui trouxe Jorge de lemos asy por ser gente pobrisima como por adoecerem geralmente quazi todos com grande mizeria sem terem outro remedio mais que o que Eu lhe busqei por a terra estar muitto nos Principios e não aver nella pessoas que tenhão cabedal que ajudem esta obra alem disso tenho cazadas mais de quarenta domzellas das que vierão nesta jornada dotandoas com o q' tinha E vestindoas por Estarem quasi todas nuas.

Muitto nesseçario he que V. Magd. como Rey e snor. tão catholico mande acudir com Algum socorro a esta gente porque Eu jaa não tenho que lhes dar, E a terra posto que he muitto boa não hee de proveitto para gente tão mizeravel que não tem com que Rossar um palmo de terra nem elles são nella de proveitto em quanto não haa pessoas de cabedal a cuja sombra vivão. V. Magd. deve ser servido mandar conduzir alguas pessoas riqas fazemdolhe homras que não custem muitto A fazenda de V. Magd. com que folgem de vir A comqista E se V. Magd. mandar hordem a Pernãobuqo pera se darem Alguns habittos a qem aqui vier fundar Engenho de asuqar sera de muitto efeitto.

Porque esta terra he de Exselente temperamento boas aguas E sadia com grande ventagem nisto a Pernãobuqo E a viagem he mais breve. Ha emfenita largeza de terras e vargeas, campinas, E grandes mattas de Exselenttes madeiras, todas estas terras são regadas com sette rios caudais E Imfenittos outtros huns que dezemboqão no salgado outros que saem nos rios principais a navegação de todos he muy facil as pescarias, cassas, E outros aproveitamenttos não se podem emcaresser, Basta que Vaa hum homem com quatro negros E em quinze dias tras duzentos cruzados de mantimento da fartura que haa por essa terra firme.

Nestes Dias Proximos me fez Deos hua grande merce em servisso de V. Magd. foi descobrir-se o comercio de hum gentio a que chamão os Barbados que comfinão com os Rios mony, tapecuru, E meary, gente que por tradiesão se prezão de desenderem dos Portugezes que aqui se perderão nos tempos passados E asy não hão qeiido nunqa a amizade dos francezes dizendo q' não herão dos verdadeiros Branqos a que elles chamão Peroos.

Alguns se vierão por minha Industria que sabendo que amdavão em serttas comedias de mangauas sobre o Rio mony lhes mandey por vezes ferram.ᵗᵃ E outtros Resgattes Em parageins donde as Recolhião deixando em seu lugar plumas branqas, freichas e outtros sinais de Pax, athe que deliberadamente mandey ter com elles dous homens branqos com quarenta yndios os quais forão muitto festejados E logo mandou o Prinçipal hum filho seu com hum criado a ter comigo Eu os vesty e festejey E lhes mostrei as couzas dos branqos maudandoos pellas Aldeas aonde se lhe fizerão muittas festtas E danças E diserão missas pera que vissem com quanta melhoria estão os outtros gentios com nosqo vestidos E providos de todo o nesseçario que mandey lhe mostrassem vestindosse com suas molheres E filhos.

Tornandoos a mãodar comtenttes com m.ᵗᵃˢ ferramentas que tudo lhe dey A minha custa tenho rogado que vão a descobrir huas serras de queten ho boas informaçois pellos yndios que caa estão ·de aver nella riqezas E por assim mo dizer o Principal mandio puua emcomendey este descobrim.ᵗᵒ a tres soldados que laa são com os mesmos yndios que lhe forão mostrar tudo E por entre tanto me mandarão hua pedra das que trazem no beiço que dizem ser de Alabastro a qual envio A V. Magd. porque se for de Algua emportancia sou emformado que são grandes as pedreiras e sobretudo he de muitta ymportancia este negocio por respeitto deste gentio por ser muita gente e ocuparem boas terras E comfinar com outros muittos gentios que se podem comqistar com a mão desttes.

 Estou esperando que venhão tres Principais acomfirmar as pazes E amizade E estou empenhado por busqar duzenttos cruzados com q' os Peittar pello muitto que tenho gastado em servisso de V. Magd. E augmento desta conqista.

 Pera estas couzas q' são de tanta ynportancia hee nesseçario que V. Magd. mande Provimento que esteja a hordem do Cappitão mor E que desse cabedal se me page o que tenho gastado de minha fazenda, E vou gastando comfiado na grandeza de V. Magd. que sera servido mandallo pagar porqde tenho tres filhas na Ilha de são Migel domzellas sem nenhum remedio E eu estou consumido por acudir a estas couzas de tanta ymportancia no servisso de D.ˢ E de V. Magd. e bem da comqista.

 Tambem fico acabando sobre meu creditto e a custa de minha fazenda hua fermoza ygreja de sento E tantos Palmos de comprido a fora A capella porque a que avia se aruinou E não hera desente nem capaz pera o culto devino nem pera recolher A gente que ha espero com ajuda de D.ˢ dizersse missa nella pello natal Podera fazer de custo hum comto de Reis V. Magd. se sirva de mandar pagar porque não haa na terra de que se poder tirar esta comtia.

 Nem Eu tenho forças pera tanttos gastos E pera esta ygreja he nesseçario que V. Magd. mande clerigos da boa vida e custumes e que venha A esta comqista alguns Relegiosos de são francisco que he gente caridoza humilde e dezentereçada a que todos os yndios desta comqista tem grande devoção pellos que jaa qaa estiverão em tempo dos francezes, os sinnos nessoçarios, orgaons E quem os tanja comforme o que se Reqer numa see q' esta em hua cidade.

Tambem fiz hua fortaleza q' esta na emtrada da Barra de muy diferente feitio do que danttes tinha por se qeimar por hum dezastie que ouve, Este podera V. Magd. esçuzar quando mande quatro pessas dalcause. pera este forte são felipe que he o que se tomou aos fransezes que com ellas defendera a emtrada da Barra E he nesseçario na terra firme haver forttes pera onde se pode mudar e outro que esta em tapary E nesta Ilha não aver mais que este e isto tenho jaa avizado por muittas vias A V. Magd. the agora não ouve Provimento.

Tambem mandey fazer hua fonte nesta cidade q' he de muitta jnportancia por não haver outra nenhua de melhor comodo que ella A qual fiz a minha custa e não é esta tão pouqo curioza que em todas as parttes do Brazil haa outra semelhante isto são desejos de servir A V. Magd. e remedear o bem comum das couzas q' hão mister.

Fora grande remedio para os soldados desta comqista mandarlhe A conta de seus Pagamenttos escravos tapanhunos porque com isso poderão fabriqar Algua couza p.ª sua sustentação, e assi tambem mandar se lhe page seu soldo a metade em d.ro e a demazia em roupas.

Ha muitta falta de carapinas da Rib.ra que são muy nesseçarios pera esta comqista hir em cresimento como se dezeja por cauze que não ha quem fassa embarqaçõins pera serventia dos Rios e descobrimentos e assy hee muitto nesseçario haver na conqista alguas pessoas q' tenhão conhecimento de minas de metais e pedras porque se espera acharemce Alguas em serras q' dominão estes gentios que ora se Reduzirão em nossa amizade e lembro a V. Magd. que pera qualquer obra que se haja de fazer a esta comqista ha grande deficuldade porq' não haa com que pagar aos officiais que trabalhão os dias que servem e somente se lhes daa hua prassa hordinaria de seis cruzados com que se não podem sustentar nem acistir ao trabalho das obras sem grande clamor e qeixas comtinuas e pera se poder fazer o que he nesseçario nas obras de V. Magd. são nesseçarios trinta escravos que sirvão e trabalhem nellas ajudando aos officiais e acarretandolhe as materias porque os Indios são ocupados em outras couzas e em cortar as madeiras no matto e acarretallas e asistem mal a este servisso e se lastimão muitto quando nelles os hocupão e não se pode apertar tamto com o gentio da terra a que comvem ter comtente e gostozo.

O P. Vig.ro Baltezar Joam correa se foi per essa cidáde de lix.ª a procurar couzas nesseçarias pera esta ygreja e deixou em seu lugar o coadjutor domingo glz Vaz o qual huzando de sua natureza dezinqietou e desconsolou a todo este povo tratando de satisfazer suas paixõins particulares com Ajordição Ecleziastica e sobre isso se veyo a travar com a camara he comigo e mandandolhe eu imtimar hua hordem do ditto Vig.ro que deixou na minha mão em que lhe mandava não fizesse estaçoins nem procedesse com sensuras sob penna de excomunhão ipso factto não soomente dezobedesseo a tudo mas com hum pao qebrou hum braço ao escrivão q' com elle foi fazer diligencia e logo me declarou por excomungado fazendo nesta terra tamttos Alvoroços e motins e dizendo nas estaçoins tamttas impertinencias e disparattes alguns delles hereticos que por não virem as couzas a peores termos e acontesser ao ditto P.e algum desastre com os soldados que andavão Alt~rados comtra elle tive por servisso de D.s e de V. Magd. embarqallo como foi no navio de Jorge de lemos com os avizos e papeis de suas culpas V. Magd. se sirva de mandar examinar tudo porque se achara que o ditto P.e he incapaz de ser cura de Almas sirvasse V. Magd. de mandar despachar ao P.e Vig.ro e q' se venha pera a comqista acudir a sua obrigação.

Por entretanto entreguei a ygreja ao liçençiado Migel Barreto de consentimento da camara e mais povo o qual athe gora tem acodido pontualmente a suas obrigaçõins pregando e comfessando com satisfação de todos porem hee soo na comquista e comvem q' haja nella mais ministros da ygreja.

Sobre todas estas couzas se sirva V. Magd. mandar ouvir ao cappitão simão Estacio da Silv.ʳᵃ que com esta envio a V. Magd. que como pessoa de vista poderá imformar mais largamente ao qual dey poler e a camara pera acistir aos negocios desta comqista por não haver tido reposta de outtras cartas q' escrevy anttes desta, elle aprezentara a V. Magd. hua hacha, hua paletilha e frechas de gentio selvagem que a V. Magd. digo p' tenhó reduzido ao servisso de V. Magd. e juntamente hua pedra das que custumão a trazer no beiço que he notavel.

Eu estou velho com muittos achaques aqeridos no servisso de V. Magd. de muittos annos serqado de obrigaçõins de tres filhas domzellas q' tenho na Ilha de são Migel p.ᵃ emparar Reseberey de V. Magd. m.ᵗᵒ grande merce em V. Magd. ser servido darme lisença para hir a esse Reino acodir a estas obrigaçõins com a merce que espero da Real grandeza de V. Magd. juntamente poderey como primeiro comquistador pella experiencia e pratica que tenho desta terra apontar a V. Magd. as cousas e meyos nesseçarios para o augmento della de que rezolve a vossa Real fazenda grandes aproveitamentos Deos guarde a catholjca pessoa de V. Magd.

Maranhão 10 de dezenbro de 619 annos.

*D.º da costa machado.*

32.º

24 de Junho de 1633.—Decisões Regias sobre medidas a tomar para o triumpho de Pernambuco na sua lucta com a Hollanda.

Em carta de S. Magd. de 24 de Junho de 633. Sobre o soccorro de Pernambuco.

O que se refere em hua cons.ª do cons.º destado de 11 do presente sobre os avisos q' se contem nas cartas q' se recebera do capitão da Parayba e de Mathias dalbuquerque e do conde de Banholo acerca dos recontros e successos que de proximo se tiverão em Pernambuco com os inimigos de que já se me havia dado conta com as cartas originaes q' dahy se me enviarão metem com hum continuo cuidado E desvello pela extrema necessidade a q' ha chegado a guerra de Pernambuco a q' tanto convem acudir com tempo porque o soccorro q' se lhe enviar seja de effeito para impedir os intentos dos inimigos e em tal forma que se possa conservar o que fica daquella capitania e q' lhe chegue o soccorro grande para os desalojar daquelle estado como o cons.º o repres.ª com quem ouve por bem de me confirmar nesta p.e e encarregarlhe como faço q' com todo cuidado, e applicação despache logo este soccorro pois vee q' importa não se deter hua hora de tempo e porque convem lançar mão de todos os meyos q' se offerecerem pois da promptidão com q' se soccorrer aquella capitania depende o acerto das mais cousas que se dispõem, e da dilação se pode impossibilitar sua restauração que Ds. não permitta como se colige dos avizos que cada dia recebemos porque posto que o successo de quinta fr.ª de endoenças foi bom a sua divina Magd. todavia ficou faltando algua gente da nossa p.e da pouca q' ahy havia e os rebeldes tem occupado o posto que chamão dos afogados q' he de muita importancia por estar no passo por donde vem o sustento ao arrayal q' he de tanto dano e perigo para a conservação daquella praça como se deixa ver expres.ª nas cartas do Conde de Banholo pelo aperto grande a

q' hão chegado as cousas e estado em q' se acha minha
fazenda gastada com o continuo soccorro e despeza q'
della se hão feito q' não se pode obrar com ella por não
estar ainda a renda fixa acabada de assentar e ser nesess.º
demais este soccorro não se parar hum ponto no apresto
da armada de que trata, resolvy que o Conselho destado
lance logo mão do que ouver de minha fazenda e se use
de todos os meyos que estavão applicados a casa do
Infante Dom Carlos meu muito amado e muito presado
irmão que Ds. haja q' se contem em outra carta q' vae
com esta e se execute o hum por cento no consulado
conforme a provisão que para isso mandev passar por
ser hum dos meyos approvados pelo governo e pela Camara dessa cidade para a renda fixa, e aos Prelados titulos, donatarios e nobreza se escreverá sirvão todos nesta
occasião tão precisa com os mais que puderem; e no
Reino se acabará de por o Real dagoa pois está já assentado na mayor p.ᵉ delle mandandosse tomar logo contas
as pessoas que hão cobrado dr.º de minha fazenda por
qualquer via q' seja para cujo effeito se avisa delles em
outra carta q' vae com esta, e a camara desta cidade
mando escrever faça tambem nesta occasião algum serviço moderado, pois ha feito muy grandes nas passadas,
e porque havendo eu mandado por tantas vezes e com
ordens tão apertadas que para que as cousas de Pernambuco não chegassem ao estado em que estão. fosse
Dom fadrique de Toledo com as armadas de hua e outra
coroa a soccorrer aquelle estado se não fez nem executou
o enviaremse os mil e quatrocentos homens de soccorro
em caravellas nem o ir enviando duas caravellas todos
os mezes com soccorro como mandey a que se pode atribuir haver chegado as cousas de Pernambuco ás extremidades a q' hão vindo o q' não ouvera sido se ouverão
obedecido com a pontualidade q' he justo minhas ordens
em q' se pode reparar muito mormente quando se vê
que eu estive sempre com hum continuo cuidado e gasto
de minha fazenda de hua e outra coroas por soccorrer
o Brazil como se vio nas armadas q' la mandei, e que

de presente se está aprestando, e convem que quando minha fazenda e a de meus vassalos desta coroa de castella se gasta nesta occasião que os desse Reino accudão ao q' tão propriamente lhes toca pois a principal causa da conservação delle mediante Ds. depende da restauração de Pernambuco como por tantas vezes se metem representado pelo governo hey por bem que para tudo o que faltar para o apresto do soccorro que agora vay e armada q' fica aprestando se valha o cons.º destado da terça parte da venda de hum ano dos bens da coroa tenças juros e salarios por emprestimos consignandosse as pessoas a quem se ouverem suspendido as taes couzas e pagam.tos dellas nos dous ou tres primeiros annos de renda fixa cujo assento esteja tão adiante e se pedirá hum emprestimo aos homens de negocio naturaes deste Reino entrando tambem nelle os que se achão nesta corte e em Sevilha e aos cristãos velhos e estrangeiros que ahy negoceão cobrandosse tambem o q' se está devendo do emprestimo passado com o qual fica todo a conta do Cons.º destado a execução do que fica referido em que espero procederá com o cuidado e brevidade q' convem para impedir e atalhar os danos q' se está receando pois qualquer dilação pode ser de ruina irreparavel.

E porque havendo tantos anos que dura a guerra em Pernambuco não se vê que os Vassalos desse Reino de mayor qualidade passem a me servir aly mostrando nisso o animo e valor com q' procederão em outras occasiões em imitação daquelles de quem descendem q' he muy de notar se porá logo edito e se passarão as ordens necessarias porque não se faça nem consultem m.cs senão para as pessoas que ouverem servido ou forem a servir a India e Pernambuco e questas taes precedão sempre a todas as outras nos despachos o que as pessoas a que se ha feito merces de qualquer genero com obrigação de servir nas armadas cumprão com hua dellas na p.ª q' sair para Pernambuco e quando haja causa justa e aprovada por my para se não embarcar dem por cada armada mil crusados para o gasto q' se ha de fazer com os que se embarcarem em seu lugar, e q' não fazendo nhua destas cousas fiquem perdendo as merces, o que tudo se executará com pontualidade e me acuzará de se haver feito assy.

*Phelippe dc Mesq.*ᵃ

---

## 33.º

24 de Junho de 1633.—Ordens Regias para serem executados varios devedores da Fazenda afim de se obter dinheiro de prompto para soccorrer o Brazil.

Em carta de S. Magd. de 24 de Junho 633.

Para que por todas as vias se trate dos meos q' ha de que se possa tirar dinheiro prompto para o socorro do Brasil que se está aprestando com) se avisa em outra carta que vay com esta ouve p. bem de resolver q' se execute a Manoel ferras barreto q' esta prezo, pelo que está devendo do tempo porque servio de thesoureiro do consulado, da casa da india, e q' na mesma forma se proceda com os herdeiros de Helena Roiz pello que deve do contrato de Angola e se averigue em que estado está o q' Henrique gomes da costa ficou devendo e se cobre tambem de francisco libão o q' dever sabendosse se a quinta está bem arrematada na forma do Regimento, q' se arrecade dos herdeiros de Heitor mendes o que devem do contrato do cobre e enteresses de questão ambos pendentes, cobrandosse tãobem de André da fonseca, que foi contratador do cabo verde o que dever e aos thesoureiros da companhia do comercio da junta da fazenda e se arrecadará delles o que estiverem devendo, e se cobre tãobem o q' dever de fianças do q' se deve aos proprios do Reditos que tem corrido. E a thomé pinheiro da veiga se ordenará avise logo do q' se tem cobrado das fazendas sonegadas e das mais cousas que tocão as comisões que tem ao cargo, e se saberá o q' se cobrou dos escravos de Angola que João Correa de sousa enviou ao Brazil, ou q' diligensas estão feitas nisto ou se devem fazer.

*Phelippe de Mesq.*ª

---

### 34.º

24 de Junho de 1633.—Carta Regia sobre novas medidas a adoptar para o apresto do soccorro que tem de ser enviado a Pernambuco.

Em carta de S. Magd. de 24 de Junho 633.

Em outra das cartas q' leva este correo em q' se trata dos meos de q' se ha de usar para o apresto de soccorro q' se ha de enviar a Pernambuco se faz menção dos da casa do Infante Dom Carlos meu muito amado e presado irmão: os quaes havendosse ajustado e aprovado nesta corte em hua junta em que se achavão os condes de Crasto e Val de Reis antes de ir a entrar nesse governo se assentou que porq' na cidade de lisboa sendo tão grande não ha mais de hum asougue por cuja causa rendia muy pouco o Real dagua se ordenasse que aja tres e se ponhão em sitios donde comodam.te possão prover toda a cidade e que o que resultasse de augmento do que até agora renderão os dnrs. de agua se aplicasse a casa do Infante pedindosse para isso consentimento a cidade de lis.ª e porque nalguas causas em q' si poem demandas em alguns Juizos se o q' nega depois he condenado paga a decima, se resolveu por regra e ley geral que em todos os tribunaes e juizos paguem dessima sem excepção nenhua assim em lx.ª como nas mais cidades e lugares desse Reino as pessoas que possuem demandas a qual se cobrava do autor depois de dada a sentença e o que nega a demanda sendo condenado a pague na mesma forma q' agora se paga dandosse ordem ao autor para que ao passar a sentença pela chancelaria a cobre de contado do Reo que se vendão os paus, e terras das defesas ou se dem a foro, o qual se me referio que se deixara de fazer por falta de execução e respeitos particulares em que não tão somente se perjudica a minha fazenda deixando de se valer do que isso pode importar mas tãobem ao bem comum desse Reyno, que tanto carece de pão o que em muita parte se pode remediar, cultivandosse os ditos paus, e terras, como hey p. bem q' se faça logo, e que a execução se cometa pello conselho destado em quanto eu não mandar pessoa ou pessoas para esse governo as q' parecerem comvenientes ficando a sua conta dar fim a este negocio na forma da resolução que tomey acrescentandosse ainda os salarios que se pagavão aos couteiros e monteiros q' se mandavão reformar, e o q' resultar do q' ande pagar por lhes faltarem os previlegios das rendas de que são livres e que os juros que se pagão a rezão de desasseis o milhor se subão a rezão de vinte como estava cometido ao conde Dom Diogo da Silva que não se acabou de executar para o que se fica tratando do modo em q' se ha de dispor, de que se avisará brevemente e porque os Senhores Reis meus anteceesores fizerão mercê a diversas pessoas de alguas tenças graciosas com qualidade de que cada amo havia de ir cessando hua parte se averiguara o q' nisto ha e q' tenças ou par dellas hão cessado e a que ouver cessado se aplicará tãobem a isto fazendosse averiguação em conformidade do q' mandey por carta de 22 de Janeiro do anno passado.

*Phelippe de Mesq.*ª

〰〰〰

### 35.º

21 de Julho de 1633.—Carta Regia sobre os meios a usar em soccorro e para a restauração de Pernambuco.

Para o Conde de Basto Viso Rey. 21 de Julho 633.

Por carta de 24 de Junho passado que mandey escrever ao secretario Phelippe de Mesquita com occasião do q' se me referio em hua consulta do cons.º destado de 11 do mesmo sobre os avizos que se continhão em cartas q' se havia recebido do capitão da Parayba de Mathias d'Albuquerque e conde de Banholo acerca dos recontros e sucessos q' havião succedido em Pernambuco com os inimigos de q' me vinhão hum continuo cuidado e desvello a extrema necessidade a q' ha chegado a guerra de Pernambuco a q' tanto convem acudir com tempo para q' o soccorro q' se lhe enviar seia de effeito para impedir os intentos dos inimigos e em tal forma q' se possa conservar o q' fica daquella capitania até q' lhe chegue o soccorro grande para os desalojar daquelle estado como o cons.º tinha representado com quem ouve por bem de me conformar nesta parte encarregandosselhe q' com todo o cuidado e applicação dispuzesse logo este soccorro e com toda a brevidade o despachasse pelo que importa não se deter hua hora de tempo e que porq' convinha lançar mão de todos os meyos q' se offerecerem pois da promptidão com q' se soccorrer aquella capitania depende o acerto das mais cousas q' se dispõem e da dilação se pode impossibilitar sua restauração q' Ds. não permitta como se colige dos avizos que cada dia recebem porque posto que o successo de quinta fr.ª de endoenças foi bom graças a sua divina Magd. todavia ficou faltando algua gente de nossa p.ᵉ da pouca q' ahy havia e os rebeldes tem occupado o posto que chamão dos afogados q' é de muita importancia por estar no passo por onde vem o sustento ao arrayal q' he de tanto dano e perigo para a conservação daquella praça como se deixa ver e se repres.ª nas cartas do Conde de Banholo pelo aperto grande a q' hão chegado as cousas e estado em q' se acha minha fazenda tão gastada com os continuos soccorros e despezas q' della se ha feito q' não se pode obrar com ella por não estar ainda a renda fixa acabada de assentar e ser neness.º demais este soccorro não se parar hum ponto no apresto da armada de que se trata, tinha resoluto que o Conselho destado lançasse logo mão do que ouvesse de minha fazenda e se usassede todos os meyos que estavão applicados a casa do

Infante Dom Carlos meu muito amado e muito presado irmão que Ds. haja q' se continha em outra carta q' lhe mandei tambem escrever e se execute o hum por cento no consulado conforme a provisão que para isso mandev passar por ser hum dos meyos aprovados pelo governo e pela Camara dessa cidade para a renda fixa, e aos Prelados titulos, donatarios e nobreza se escrevesse sirvão, todos nesta occasião tão precisa com os mais que puderem; e no Reino se acabasse de por o Real dagoa pois está já assentado na mayor p.e delle mandandosse tomar logo contas as pessoas que hão cobrado dr.º de minha fazenda por qualquer via q' seja para cujo effeito se avisaria delles e a camara desta cidade mandava escrever fizese tambem nesta occasião algum serviço moderado pois os ha feito muy grandes nas passadas, e porque havendo eu mandado por tantas vezes, e com ordens tão apertadas que para que as cousas de Pernambuco não chegassem ao estado em que está fosse Dom fadrique de Toledo com as armadas de hua e outra Coroa a soccorrer aquelle estado se não fez nem executou o enviaremse os 1400 homens de soccorro em caravellas nem o ir enviando duas caravellas todos os mezes com soccorro como mandey a que se pode atribuir haver chegado as cousas de Pernambuco ás extremidades a q' hão vindo o q' não ouvera sido se ouverão obedecido com a pontualidade q' he justo as minhas ordens em q' pode repararse muito mormente quando se vee que eu estive sempre com hum continuo cuidado e gasto de minha fazenda de hua e outra coroa por soccorrer o Brazil como se vio nas armadas q' la mandei e que de presente se está aprestando e convem que quando minha fazenda e a de meus vassalos desta coroa de Castella se gasta nesta occasião que os desse Reino accudão ao q' tão propriamente lhe toca pois a principal causa da conservação delle mediante Ds. depende da restauração de Pernambuco como por tantas vezes se me tem representado pelo governo Havia por bem que para tudo o que faltar para o apresto do soccorro que agora vay e armada q' se fica aprestando se valha o cons.º

destado da terça parte da renda de hum ano dos bens da
coroa tenças juros e salarios por emprestimo consignandosse as pessoas a q' se ouverem suspendido as taes
couzas o pagam.to dellas nos dous ou tres prim.ros annos
de renda fixa, cujo assento está já tão adiante e se pe-
diria hum emprestimo aos homens de negocio naturaes
deste Reino entrando tambem nelle os que se achão nesta
corte e em Servilha e os christãos velhos e estrangeiros
que ahy negoceão cobrandosse tambem o q' se está devendo do emprestimo passado com o qual ficava de
todo a conta do Cons.° destado a execução do que ficou
referido em que eu esperava procedesse com o cuidado
e brevidade que convem para impedir e atalhar os danos
q' se está receando pois qualquer dilação pode ser de
ruina irreparavel. E porque havendo tantos anos que
dura a guerra de Pernambuco não se vê que os vassalos
desse Reino de mayor qualidade passem a me servir aly
mostrando nisso o animo e valor com q' procederão em
outras occasiões em imitação daquelles de quem descendem
q' he muy de notar se poria logo edito e se passarão as
ordens necess.as porque não se fizessem nem consultassem
m.ces senão para as pessoas que ouverem servido ou forem
a servir a India e Pernambuco e que estas taes precedão sempre a todos os outros nos despachos e que as
pessoas a que se ha feito merces de qualquer genero com
obrigação de servir nas armadas cumprão com hua dellas
na p.a q' sair para Pernambuco. E quando haja causa
justa e aprovada por my para se não embarcarem dem
por cada armada mil crusados para o gasto q' se ha de
fazer com os que embarcarem em seu lugar, e que não
fazendo nhua destas cousas fiquem perdendo as merces
e tudo se executará com pontualidade e se me avizará
se haver feito assy. E porque meu intento he suposto o
q' fica dito na carta referida q' se use dos meyos mais
suaves q' se acharem de q' haja logo dr.° prompto para
acudir ao soccorro e restauração de Pernambuco, vos encomendo e mando q' em consideração disso useis dos
meyos e effeitos q' vos parecerem mais a preposito por-

que... que ellegereis os que mais comvenha e com q'
se assegure o fim para que mando tratar delles q' he
de tanta importancia como se vê, e em q' não se pode
permitir ponto de dilação por q' a necessidade presente
pede que não se achando logo cutros se execute o que
pela dita carta mando.

Phelippe de Mesq.ª

---

## 36.º

21 de Julho de 1634.—Carta Regia nomeando D. Antonio de Ygual
y Caiallo contador da artilheria da armada a cargo de D. Antonio de Oquendó.

Phelippe dor la gracia de dios etc.

. Por quanto para algunos efeitos de mi servicio he
mandado juntar en los puertos de lisboa y cadiz una
armada de navios y encarregado el gouierno della a D.
Antonio de Oquendo del mi consejo de guerra y almirante
general de la armada del mar oceano y siendo necessario
nombrar persona que sirva el oficio de contador de la
artilleria della y tenga la quenta y raçon de la gente
que me sirue en el dicho ministerio y de la artilleria
municiones y otros pertrechos de ella assi de mar como
de campana que se enviarem do que concurrem en vos
Antonio de ygual y caiallo de algunos anos a esta parte
em mi armada del mar oceano e nel ministerio de papele
y el oficio de contador de la artilleria della con satisfa-
cion y que al presente estais exerciendo he tenido por bien
de delijir y nombrarvos como en virtud de la presente o eleyo
y nombro por mi contador de la artilleria de la armada del
cargo del dho Dom Antonio de Oquendo. Durante las oca-
siones y effeitos en q' se ocuparem yo ordeno y mando for-
meis libros los que viereis convenir para la quenta y raçon
dela artilleria armas municiones y pertrechos que llevare
la dha armada y el sueldo de los artilleiros oficiales en-
tretenidos y otras perssonas que sirvierem por quenta de
la artelleria y de el dinero que se librare para ello pro-

curando siempre el buen cobro y veneficio de mi ha-
cienda para la qual auereis libranças segun y dela forma
y manera y con los requisittos que las anecho y deven
hacerlos otros contadores que ansido y son dela artilleria
de mis armadas que por la presente vos doy poder y fa-
cultad para todo lo suso dicho y para usar y exercer el
dito oficio em todos los casos y consas a el anejas y
concernientes tomando al dho D. Antonio de Oquendo
al teniente de Capitam general dela artilleria que fuere
sirviendo en la dha armada al Veedor provedor contador
pagador y los demais oficiales gente de mar y guerra
della que os ayan y tengam por tal Contador della artilleria de ella y ussen con vos el dho oficio y vos guarden
y ayan guardar las onrras gracias mercedes franqueças
y liventades que os coran y os deven ser guardadas y
con el dho oficio aveis de levar de sueldo treinta escudos
al mes veinte para vuesta persona y diez para un oficial
efectivo que vos ayude al exercicio del dho oficio todo el
tiempo que lo servieredes y durare la jornada y mando
al pagador dela dha armada os lo pague solamente en
virtude de unas cartas de pago y de treslado autoridade
de este titulo sin que sea necesario o ter recaudo alguno
y mando se le reciva y passe en quenta lo que assi es
pagaren y enclusso y exercizio del dho oficio, guardaren
las ordenes e instruciones que se havieren dado a los
otros contadores dela artilleria y dela presente tomaram
la raçon D. Juam de Castillo mi sr.º do registro de
mercedes y Bentura de frias mi secretario y contador
de la artilleria de Espana y en los libros de la conta-
duria della artilleria de la armada del mar Oceano. En
Madrid a veinte y nueve de noviembro mill y seiscientos
y treinta y tres anos yo El Rey. Pedro colomo Secretario del Rey nuestro señor lo hice escrever por su
mandado, tomo la raçon con suplemento de su Magd. de
veinte y uno de Jullio mill seiscientos y trienta y quatro
a nuevo de agosto dho ano D. Juam de Castillo tomo
la raçon Bentura de frias.

## 37.º

15 de Fevereiro de 1634.—Carta Regia sobre o apresto da armada grande para a restauração de Pernambuco.

Em carta de S. Magd. de 15 de Fevereiro 634.

O apertado estado em que se acha a guerra de Pernambuco q' vos he muy presente pedia q' todas as horas se lhe estivessem enviando continuos soccorros em cuja consideração mandey aprestar por ambas as coroas a esquadra com q' se está entre mãos para alentar a gente que aly assiste emquanto não lhe vay a armada grande da recuperação e havendo considerado que a esquadra dessa coroa não estava ainda acabada de aprestar se bem a sete do mes passado estava detida desta coroa de castella sendo que convinha que partissem ambas ao mais tardar até fim de Dezembro, por todos os respeitos e particularmente por que pudessem tornar a espanha os galeões a tempo porq' servissem para a armada grande o que ja se não pode conseguir posto q' partissem agora ouve p. bem de resolver q' se pare no apresto da dita esquadra e se aparelhem os galeões del'a com todos os mais que ouver para a armada grande no presuposto firme de que ha de partir em Agosto que vem, porq' o caso he chegado a extremidade e não se ha de deixar com mais dilações perder de todo o Brazil e nesta conformidade me enviareis hua relação dos galeões do Norte para se compor esta armada a qual tenho resoluto que ha de ser de vinte mil toneladas e por esta coroa se ordena outra das mesmas vinte mil toneladas que estara prestes para o dito tempo e porque desta coroa se da tão grande ajuda em tempo em que tem tanto a q'acudir como se sabe he necessario que por essa coroa se disponha o que lhe toca de maneira q' não se falte por seu respeito a couza tão grave e porq' as cousas de Pernambuco estão em estado q' he necessario alentalas emquanto não vay esta armada vos encarrego muito q' a deshilada socorrais aquella praça com oitocentos até mil homens e fazendas para provimento delles e dos mais que aly assistem de que tanta necessidade ha como me representão

*Phelippe de Mesq.*

---

## 38.º

**15 de Dezembro de 1634.**—Carta Regia ao Vice Rei sobre os aprestos dos Galeões da primeira esquadra do Brazil e medidas a tomar.

Em carta de S. Magd. de 15 de Dezembro de 634.

Com occasião do que Mathias de Albuquerque escerveo em carta de 23 de Setembro passado, de que o inimigo tinha tido sua gente junta e lhe havia dado munições, e estava para fazer jornada em vinte navios e os receos que havia de que fosse intentar a Paraiba, ou o Cabo de Santo Agostinho, donde no mesmo dia havião parecido oito naos suas quatro leguas ao mar, por cujo respeito ficauão com as armas na mão, e Mathias de Albuquerque tão enfermo que não podia acudir como convinha a empedir seus desenhos, me representou o Conde de Basto Viso Rei o que se lhe offerecia sobre a materia; e porque ella he de qualidade que soo consiste a conservação do Brazil em se lhe acudir logo com socorro pronto para que possa resistir as forsas com q' o inimigo se acha tão empenhado em querer ganhar de todo aquelle Estado, que não soo muito trata de conservar os postos que tem, mas emprende outros de novo e se succedesse (o q' Ds. não permitta) tomar pee em algum delles, se impossibilitaria mais a restauração do Brazil por cuja cauza qualquer hora de dilação que ouver em lhe chegar o socorro pode ser de dano irremediavel. Com estas considerações, que me tem com o cuidado, e desvelo que he justo, vos rogo e encomendo que no dia em que chegardes a Lisboa, posto que seja feriado, chameis os Ministros que correm com o apresto da armada dessa

Coroa, e sabendo delles o estado em que está, deis as ordens necessarias para que se negocee e apreste o que falta, e se ponha em ordem de partir athe seis de Janeiro que vem, porque nisso, mediante o favor de Ds consiste chegar ao Brazil em monção que se possa conseguir o bom successo dos effeitos que se pretendem e se para isso for necessario que se trabalhe nos dias feriados, e se juntem os ministros a conselho disporeis assy. E porq' tenho entendido que ha falta de enxarcea e polvora, fareis que se procurem logo haver toda a necessaria para que por nenhum respeito se detenha a armada, e posto que nos navios de Cadiz que hão de vir a essa cidade, tenho mãdado que va toda polvara que poder ser, demais da q' lhes he necessario a qual se vendera a essa Coroa pagandoselhe logo a dinheiro, contudo convem que se fasa diligensia por todas as vias, para q' haja a que se ha mister, pois he uma das cousas principaes em que comsiste o socorro. E porque tambem se dis que ha falta de gente, vos rogo que deis as ordens necessarias para que se levante e junte com a brevidade que convem, advertindo que se a não hover voluntaria, se hade procurar aiuda que seja por forsa porque com prosuposto de que se não ha de deixar de socorrer o Brazil por nenhum respeito, e na dilação pode haver tanto risco, se ordenará que os soldados que faltarem se tragam das pias ou quintados, para que por todos os caminhos se assegure haver a gente que baste para este socorro, e assy neste particular, como em tudo demais de que trata esta carta, vos encomendo muito que procureis a execução com a brevidade que convem, pois a importancia da materia he a que vos deve ser presente, e em que consiste o acerto della por cujo respeito vos enviei no rigor do emverno a governar esses Reinos fiando de vosso cuidado, que tudo se consiguirá com a anticipação que emporta, e do que fordes fazendo me dareis logo conta por hum correo extraordinario.

(Com uma assignatura impossivel de decifrar).

## 39.º

23 de Dezembro de 1634.—Carta do Vice Rei ao Conselho da
Fazenda.

O Conselho da Fazenda vendo o que S. Magd. manda
ordene ao provedor dos almazens que logo sem dilassão
alguma fassa relassão do estado em que se acha a armada do soccorro do brazil e o que lhe falta de jente
e monisão bastimentos e materiais e mais couzas nessesarias e quanto dr.º importara o que faltar de cada
jenero por estar inteiramente aprestada e quanta dessas
couzas se podera achar na terra ou donde se podem
conduzir se nella os não ouver porque possa partir a
armada com a brevidade que S. Magd. manda e me dira
logo o Conselho o dr.º que ha pera as compras do que
falta e pera os aprestos e gasto nesesarios desta armada
dos efeitos que a ella estão aplicados ate partir satisfazendo a tudo em a brevidade que pede negosio de tanta
importansia e a forma desta ordem de S. Magd. pera se
fazer asi e tudo o mais que tocar a essa materia se jun-
tara o Conselho todos os dias a tarde ainda que seião
feriados e de festa. Lx.ª 23 de Dezembro 634.

*Rubrica do Viso Rei.*

Fez-se Consulta a 17 de Dezembro de 634.

———

## 40.º

2 de Março de 1635 —Informações prestadas pelo Provedor Ruy
Correa Lucas sobre o pessoal do Trem de Artilheria.

Senhor.

Manda V. Magd. q' eu informe sobre as pessoas q'
podem servir pera o trein da art.ª Pouca gente se acha
aqui q' tenha exercicio dos off.ºˢ da art.ª de maneira q'

possa bem servir nesta jornada, fasendo a delig.ª posivel
e comonicandoo com o Capitam Asenco Ortelano, como
V. Magd. tem mandado, das q' se soube as mais a preposito são as seguintes :

Pera contador Antonio de igoal e Castilho servio
aqui este off.º na armada real, estava nomeado com o
mesmo, na q' o inverno passado se aprestava pera o
mesmo, e havia de hir ha ordem de dom Ant.º oquendo
tinhãoselhe nomeado trinta escudos de soldo, vinte pera
sua pessoa, e des pera hum official effectivo, pudera tambem a meu ver servir este off.º Joam de figueiredo, que
estava servindo de goarda na náo saude por ser homem
de boa conta e resão.

Pera mayordomo se falava na mesma armada em
francisco ambrosio, não chegou a ter titulo nem estaa
resolvido em hir, mas não se acha aqui outro q' possa
suprir este lugar.

Pera gentis homens puderam servir luis de loyola,
e dioguo roiz de medina sargentos reforñados da coroa
de Castella.

Capitão de gastadores Pedro Ros, ou Joam da Rocha,
o segundo tenho por mais a proposito se se acomodar.

Aguasil podera ser dioguo luiz de medina, ou qualquer contino dos almasens ou outra pessoa deligente por
ser off.º de siensia.

Condutores, Jeronimo lopes, e manoel frc., armeures
Miguel Jorge e Miguel serv.ra ou quaesquer outros por
q' hum e outro off.º soo requere homem trabalhador e
deligente ; serralheiro pedralvez se oferece, ou elle ou
outro q' parecer mais a preposito e ajudantes os obreiros
de quaesquer tendas.

Ferreiro francisco alvares e antonio siinões se offe-
recem, e pera hum dos off.os d.os de sousa, qualquer he
bastante ou outro que V. Magd. mandar, porq' tambem
não he off.º q' requeira particular siencia mais q' a ordinaria de ferr.º

Carpinteiro he o mesmo, dominguos de oliv.ra se oferece e q' dara off.es

Oficial de artereiros de fogo não ha aqui suficiente o que parece q' poderia ter algum geito he manoel da silva, não se sabe se querera hir, elle poderia buscar algum ajudante.

Arcabuzeiro lucas frz. e os off.ᵉˢ manoel roiz e ant.º niculao.

Armeiro se não tem achado athe agora quando se ache se dará conta a V. Magd. q' mandará o que for servido Lx.ᵃ 2 de Março 635.

*Ruy Correa Lucas.*

### 41.º

º Março de 1635.—Pareceres do Conselho sobre o pessoal do rem de Artilheria a seguir na Armada do Soccorro do razil.

Snnor.

Em carta de V. Magd. de 17 de janeiro deste prezente ar.c le 635 Diz V. Magd. que por o muito que convem que esta armada do soccorro do Brazil Vá o traim de artel..ria na forma que V. Magd. tinha resolutto, pareceo a V. Magd. encommendar a s.ra Princesa Margarida e rogarlhe fizesse que assy se dispuzesse, e que por nenhum cazo deixasse de hir, e avizasse a V. Magd. com o primeiro correo o que disto estava já previnido, e o que faltava.

Por decreto do governo de 29 de janeiro deste anno a margem da dita carta de V. Magd. rellatada ordena a s.ra Princesa que este cons.º saiba do Provedor dos Almazens, e pessoas que correrão com o traim, o que lhe falta para elle se acabar de todo, e o que se poderia fazer de custo, e se ha aqui tudo o que para elle he necess.º, assy das couzas concernentes, como de officiais, e fazendosselhe rellação dos termos em que achar; e de tudo o mais se ordene que se va trabalhando nellepara que

possa hir n<sup>a</sup> Armada como V. Magd. manda pellas dittas
cartas.

Desta hordem, e carta de V. Magd. se ordenou ao
Provedor dos Almasens por este cons.° Que informasse
sobre as pessoas que podiam servir para o traim da artelheria a que satisfez dizendo que pouca gente se achava
aqui q' tivesse exercicio dos off.<sup>os</sup> da Artelheria de man.<sup>ra</sup>
que possa bem servir nesta jornada fazendo a deligencia
possivel, e comonicandoo com o capitão Ascenço ortelano,
como V. Magd. tinha mandado, e que das que se soube
as mais a preposito herão as seguintes

Para contador, Antonio de Igoal, e Castilho, servio
aquy este off.° na Armada Real, estava nomeado com o
mesmo na que o inverno passado se aprestava para o
mesmo, e havia de hir a hordem de Dom Antonio Oquendo:
tinhãoselhe nomeado trinta escudos de soldo, vinte para
sua pessoa e dez para hum official effectivo; e que pudera tão bem a seu ver servir este officio João de figueiredo q' está servindo de guarda na náo saude por
ser homem de boa conta e razão.

Para mayordomo se falava na mesma Armada em
francisco Ambrosio não chegou a ter titt.°, nem esta re-
zolutto em hir, mas não se acha aqui outro que possa
suprir este lugar.

Para gentis homens, poderião servir luis de Loyola
e Dg.° Roiz de medina, sargentos reformados da coa
de Castella.

Capitão de gastadores P.° roz, ou João da Rocha e
que o segundo tem por maes a preposito se se aco....

Agoazil poderá ser Dg.° Roiz de molina, ou a
quer outros, por que hum e outro off.° so req<sup>re</sup> h ...
trabalbador e deligente.

Serralh.°, Pedralvez se offerece; ou elle ou outio c...
parecer ser maes a preposito.

E ajudantes, os obreiros de quaesquer tendas.

Ferreiro, francisco alvez e Antonio Simões se o...
recem, e para hum dos off.<sup>es</sup> Domingos de souza: Qu...
quer destes he bastante, ou outro que V. Magd. mardar;

porque tão bem não he off.º que requeira particular sciencia maes que a oidinaria de ferreiro.

Carpintr.º he o mesmo, Domingos de Oliv.ʳᵃ se offerece, e que dará officiaes.

Official de artificio de fogo, não ha aqni sufficiente, e que o que parecia que poderia ter algun geito he Manoel da silva; é que não se sabe se querera hir, e que elle poderá buscar algum ajudante.

Archabuz.ʳᵒ lucas frz. e off.ᵉˢ Manoel Roiz e Ant.º Nicolao.

E que armeiro se não tem achado ategora, e quando se ache, se dará conta a V. Magd.

Pareceo a este Cons.º que na conformidade do q' o Provedor dos Almasens apponta em sua informação deve V. Magd. ser servido mandar fazer a nomeação destes off.ᵉˢ

V. Magd. mandará q' ouver por seu serv.º

A 3 de Março de 1635. Cuanto a armeiro o deve V. Magd. vir de Castella.

Conde de Miranda. Dom francisco de Valcacer. Francisco Leitão. Rodrigo.

O Cons.º da fazenda ordene que o provedor dos Almazens torne a informar nomeando mais pessoas e que tenhão idades, calidade e suffissiencia pera esses offissios. 6 de Março 635.

---

## 42.º

8 de Março de 1635.—Parecer do Conselho sobre o pessoal do Trem de Artilheria de acordo com a informação do Provedor dos Armazens.

Lendose neste cons.º o despacho do Governo posto a margem desta consulta se ordenou logo ao Provedor dos Almasens tornase a imformar nomeando maes pesoas para os off.ᵉˢ do traim que tenhão idade calidade e suficiencia.

Satisfez o Provedor dizendo que neste Reino de Portugal nunca ouvera Contador dartilleria Mayordomo nem gentis homens capitaens de gastadores nem os maes off.<sup>os</sup> que requerem particular sciencia dos conteudos na relação e dos que pella coroa de Castella se achão com algua noticia destas ocupaçoens se fisera a relação referida nesta consulta; E nos que se podia ter esperança que algum portugues poderia saber se dobiara o numero como V. Magd. podia mandar ver della, e escasamente se poderião achar os que se apontarão, e que fora delles não sabia de nhua outra pesoa que tivesse serviço para estas ocupaçoes e que isto era o que lhe parecia.

Pareceo ao Cons.º que com a informação referida do Provedor dos Almazens se satisfas ao que V. Magd. manda no dito decreto. Em Lx.ª 8 de Março 635.

Conde de Miranda. João Sanches. Francisco Leitão. Rodrigo.

—

Veya Vm. a consulta sobre o trem da artilheria e faça as patentes p.ª aquelles officiaes que S. A. tem aprovado, com declaração dos seus soldos, venhãome para lhe por os vistos e yrem asinar logo por S. A. e sejão as primeiras a do contador, dos dous gentis homens da artilheria, Aguazil e capitão de gastadores porq' estes são precisamente necessarios hoje p.ª se começar a carregar o trem da arti.ª e advirta Vm. que onde se fala por escudos e ducados se ha de declarar q' são de dez reales cada hum. Ds. guarde a Vm. De caza 20 de Abril 635.

*Conde de miranda.*

gentis homens a 20 escudos de des realles cada hum.
Capitão de gastadores 18.
Aguazil 15.

Dizem q' vierão errados estes despachos da gente do Trem da artilh.ª porq' gentis homens se chama hum

Antonio Portilho e outro Lucas de Oyolde, e são entre âmbos sargentos reformados e asy o hão de dizer as patentes. Pedro Aveiro se chama o Capitão de gastadores ordene V. Magd. q' este desp.º se reforme e se faça logo para q' se assine a 23 de Abril 635.

Passense os despachos necessarios aos officiaes do Trem se informe o q' aponta o Conde P.ᵗᵉ visto ser       da informação q' tes o provedor dos Almasens, e pagarão mea annata devendoa.

Lx.ª 26 d'Abril de 635.

*Conde de Miranda.*

---

## 43.º

Proposta de Antonio de Portilho e Lucas de Loyoldo para gentis homens de Trem de Artilheria.

. Os sargentos Antonio de Portilho, e lucas de loyoldo querião servir a Sua Magd. no socorro que agora se ha de enviar ao Brazil de Gentiles hombres da artilharia, e Pedro Razo de Cap.ᵃᵐ de Gastadores, não devem mea annata das ditas praças por serem de pe de exercito e asim ó declarar o comisario por desp.º de vinte e sete de abril de anno presente de 635. lix.ª em dito dia. Com uma rubrica que parece D.ᵒˢ Reiz.

---

## 44.º

Alvará de nomeação de Antonio Portilho para gentil homem do Trem de Artilheria.

Eu El-Rey faço saber aos que este Alvara virem que considerando eu o quanto convem a meu serviço haver pessoas de experiencia e muita suficiencia q' hajão de servir na faculdade que a cada hum lhe tocar para o traim da artelheria do exercito que tenho mandado se embarque na Armada q' hora invio ao soccorro do Brazil: Hey por bem qne Ant.° portilho, sargento reformado, sirua de Gentil homem do dito traim com vinte escudos de graça em cada mez, de dez realles cada escudo, os quaes começara a vencer de tantos, e lhe serão pagos per conta de minha fazenda na cõformidade que se pagarem aos maes officiaes da melicia que forem na dita armada e ficarem servindo em Pernambuco; Pello que mando ao Governador Geral do Estado do Brazil, Capitão mor de Pernambuco, e aos maes ministros e officiaes a que tocar q' fação com effeito pagar ao dito Ant.° Portilho os ditos 20 escudos de dez realles cada escudo por mez com puntualidade, e pello treslado deste conseuo.<sup>to</sup> e certidão de capitão mor de Pernãobuco p. q' conste que o dito Ant.° Portilho exercita o dito off.° de gentil homem, serão levados em conta ao feitor, Almx.° recebedor, ou thez.<sup>ro</sup> q'os ditos 20 escudos de des realles cada escudo pella dita maneira lhe pagar cada mes; e o provedor dos meus armasens e armadas lhe dara a posse do dito cargo e lho deixe servir e aver o dito soldo na maneira referida

dara juramento dos santos evangelhos que bem se elle verdadeiramente guardando em todo meu serviço.

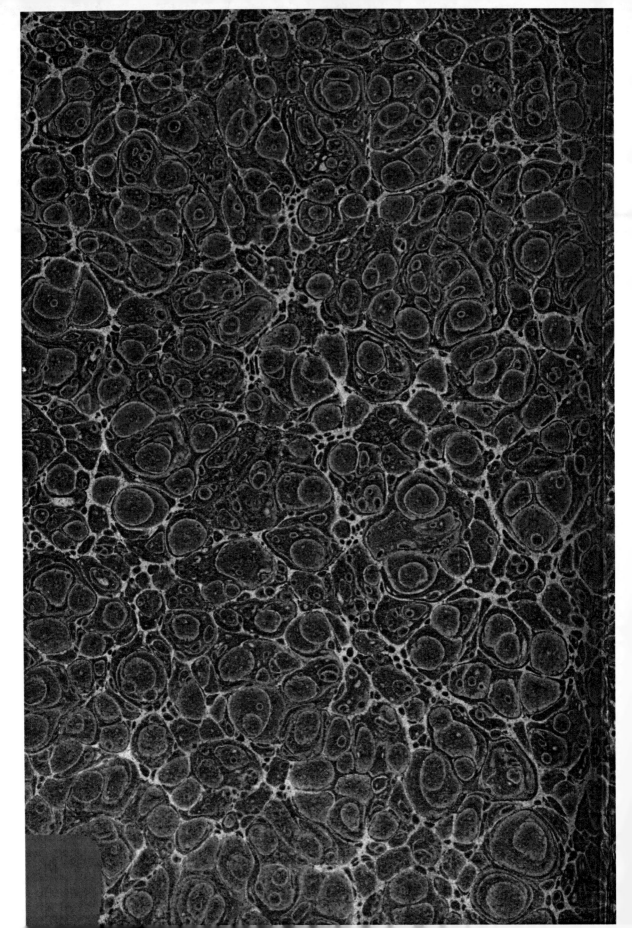

CPSIA information can be obtained at www.ICGtesting.com
Printed in the USA
BVOW01s1122050914

365655BV00025B/506/P